职业院校潍柴博世校企合作项目教材

商用车底盘构造与维修

王林超　刘海峰　**主　编**
王晓哲　鞠吉洪　王振龙　**副主编**

人民交通出版社股份有限公司
China Communications Press Co.,Ltd.

内 容 提 要

本教材借助潍柴博世的订单式培养项目，采用任务驱动教学法，较系统地阐述了商用车底盘构造与维修方面的问题。

本书分为 5 个学习模块，包括商用车传动系构造与维修、商用车行驶系构造与维修、商用车转向系构造与维修、商用车制动系构造与维修、商用车防滑控制系统构造与维修等。

本书可作为职业院校汽车运用与维修专业（商用车方向）的教材，也可作为汽车、机电从业人员岗位培训教材和汽车专业技术人员参考用书。

图书在版编目(CIP)数据

商用车底盘构造与维修 / 王林超，刘海峰主编. —北京：人民交通出版社股份有限公司，2018.6
ISBN 978-7-114-14682-4

Ⅰ. ①商… Ⅱ. ①王… ②刘… Ⅲ. ①汽车—底盘—结构—职业教育—教材 ②汽车—底盘—车辆修理—职业教育—教材 Ⅳ. ①U463.1 ②U472.41

中国版本图书馆 CIP 数据核字(2018)第 091190 号

书　　名：商用车底盘构造与维修
著 作 者：王林超　刘海峰
责任编辑：张一梅
责任校对：孙国靖
责任印制：张　凯
出版发行：人民交通出版社股份有限公司
地　　址：(100011)北京市朝阳区安定门外外馆斜街 3 号
网　　址：http://www.ccpcl.com.cn
销售电话：(010)59757973
总 经 销：人民交通出版社股份有限公司发行部
经　　销：各地新华书店
印　　刷：北京市密东印刷有限公司
开　　本：787×1092　1/16
印　　张：17.25
字　　数：397 千
版　　次：2018 年 6 月　第 1 版
印　　次：2023 年 11 月　第 2 次印刷
书　　号：ISBN 978-7-114-14682-4
定　　价：43.00 元

(有印刷、装订质量问题的图书，由本公司负责调换)

职业院校潍柴博世校企合作项目教材编审委员会

主　　任：李绍华

副 主 任：李秀峰　栾玉俊　陈　键

委　　员：(按姓名拼音顺序)

鞠吉洪　李　波　李鹏程　李正銮　刘岸平

刘海峰　刘洪勇　刘江伟　王　成　王桂凤

王晓哲　王玉刚　王振龙　吴芷红　叶小朋

张　旭　张利军　张润林　周　弘　周新勇

丛书主审：李景芝

组织单位：济南英创天元教育科技有限公司

支持单位：潍柴动力股份有限公司

　　　　　博世汽车服务技术(苏州)有限公司

　　　　　北京福田戴姆勒汽车有限公司

　　　　　山东交通学院

　　　　　扬州大学

前言
PREFACE

截至2017年年底,全国机动车保有量达3.1亿辆;2017年,全国汽车保有量达2.17亿辆,与2016年相比,全年增加2304万辆,增长11.85%。从车辆类型看,载客汽车保有量达1.85亿辆,载货汽车保有量达2341万辆,商用车保有量的增加幅度较大。

随着商用车市场的发展、保有量的不断增加和技术革命的到来,后市场从业人员的素质、技术、管理等均需与行业的发展相匹配,商用车后市场人才匮乏的问题日益凸显。

作为商用车使用大国,我国拥有众多优秀的自主品牌,为适应我国柴油机排放要求提高的新形势,满足商用车行业对技术人才的迫切需求,济南英创天元教育科技有限公司组织来自全国各职业技术院校的专业教师,紧密结合目前商用车运用与维修专业教学需求,编写了职业院校潍柴博世校企合作项目教材。

在本系列教材启动之初,中国汽车维修行业协会在潍柴动力股份有限公司、博世汽车技术服务(中国)有限公司以及济南英创天元教育科技有限公司的支持下,组织召开了商用车暨柴油动力人才培养交流会,邀请行业内专家以及各职业院校对该专业的人才培养模式和教材编写大纲进行了商讨。教材初稿完成后,每种教材由一名企业专家或业内知名教授进行主审,编写团队根据主审意见修改后定稿,实现了对书稿编写全过程的严格把关。

2016年11月,为落实与教育部所签订的协议,潍柴集团与博世公司在校企合作、人才培养方面达成共识,结成战略合作伙伴。依托双方在柴油动力领域行业地位和领先技术,着力打造最强校企合作班校企合作项目(英文缩写"WBCE")和最先进的实训中心,推进合作院校商用车专业建设,为我国商用车暨柴油动力后市场培养高端维修人才。

商用车的底盘结构发生巨大的变化,特别是商用车采用组合式变速器、机械式自动变速器、电子控制空气悬架、液压动力转向、气压双管路制动系统、盘式制动器、辅助制动系统(排气制动、液力缓速器、电涡流缓速器)、防滑控制系统(ABS、ASR、ESC、TPM),使整体性能得到很大的提高。《商用车底盘构造与维修》教材系根据商用车专业人才培养方案要求编写,它是汽车类专业的专业基础课。本书较系统地阐述了汽车底盘各系统的功用、结构、原理、检修等方面的基本知识和基本方法,编写模式为任务驱动教学法,以中、重型商用车为例,图文并茂,语言通俗易懂,内容翔实,既有一定理论知识,同时又具有实践技能。在传统结构的基础上,重点论述新知识方面的内容,为学生今后从事汽车行业后市场工作打下了坚实基础。

本课程的建议学时为:

模块内容	建议学时
学习模块1 商用车传动系构造与维修	46
学习模块2 商用车行驶系构造与维修	40
学习模块3 商用车转向系构造与维修	18
学习模块4 商用车制动系构造与维修	46
学习模块5 商用车防滑控制系统构造与维修	10
学时合计	160

本教材由王林超、刘海峰担任主编,王晓哲、鞠吉洪、王振龙担任副主编。参与本书编写的还有段德军、侯鹏鹏、吴天林、杨琦、王晓鹏、姜峰。

本书在编写过程中,得到陕汽重卡济南特约维修站、东风汽车济南特约维修站及许多相关企业单位、专家和工程技术人员的大力支持和帮助。除了所列参考文献外,还参考了许多国内出版、发表的报刊、网站等相关内容,在此对原作者、编译者表示由衷感谢。由于编者水平有限,本书疏漏与不妥之处,恳请专家和读者指正。

编 者
2018年5月

目录

学习模块 1　商用车传动系构造与维修 ·············· 1
　学习任务 1.1　离合器构造与维修 ·············· 1
　　学习任务 1.2　普通三轴手动变速器构造与维修 ·············· 17
　　学习任务 1.3　组合式变速器构造与维修 ·············· 35
　　学习任务 1.4　万向传动装置构造与维修 ·············· 52
　　学习任务 1.5　驱动桥构造与维修 ·············· 63

学习模块 2　商用车行驶系构造与维修 ·············· 86
　　学习任务 2.1　车架构造与维修 ·············· 86
　　学习任务 2.2　转向桥构造与维修 ·············· 95
　　学习任务 2.3　车轮与轮胎构造与维修 ·············· 108
　　学习任务 2.4　悬架构造与维修 ·············· 119

学习模块 3　商用车转向系构造与维修 ·············· 134
　　学习任务 3.1　机械式转向系构造与维修 ·············· 134
　　学习任务 3.2　液压动力转向系构造与维修 ·············· 146

学习模块 4　商用车制动系构造与维修 ·············· 163
　　学习任务 4.1　鼓式车轮制动器构造与维修 ·············· 163
　　学习任务 4.2　盘式制动器构造与维修 ·············· 178
　　学习任务 4.3　液压制动传动装置构造与维修 ·············· 187
　　学习任务 4.4　气压制动传动装置构造与维修 ·············· 198
　　学习任务 4.5　辅助制动系统构造与维修 ·············· 217

学习模块 5　商用车防滑控制系统构造与维修 ·············· 243
　　学习任务 5.1　商用车防滑控制系统构造与维修 ·············· 243

参考文献 ·············· 265

学习模块1　商用车传动系构造与维修

模块概述

　　汽车传动系是对从发动机到驱动车轮之间所有动力传递装置的总称,其作用是将发动机的动力传给驱动车轮以保证汽车在不同使用条件下正常行驶,并具有良好的动力性和燃油经济性。传动系具有以下功能:实现减速增矩及变速;实现倒车;必要时中断动力传递;驱动其他机构;差速作用。不同的汽车,传动系组成稍有不同:商用车一般是由离合器、手动变速器/自动变速器、万向传动装置(万向节和传动轴)、驱动桥(主减速器、差速器、半轴、桥壳)等组成,有些汽车还装有分动器及液力缓速器等。

　　本模块主要学习商用车传动系的构造、原理及维修。

【建议学时】

46学时。

学习任务1.1　离合器构造与维修

1. 通过查阅资料和观摩,掌握离合器的组成及其工作原理。
2. 学会离合器的检修操作方法。
3. 根据环保要求,妥善处理辅料、废弃液体和损坏零部件。

　　一辆离合器采用常规主缸—工作缸液压操纵控制气压助力式操纵系统的商用车,发现离合器分离不彻底、换挡困难,初步怀疑是由于离合器主缸故障而引起,需要用专用仪器设备进行检查。

任务准备

　　离合器是传动系中重要的组成部分,安装在发动机与变速器之间,用来接通与切断动力。

1.离合器的功用、种类及要求

1)离合器的功用

①使发动机与传动系逐渐接合,保证汽车平稳起步。
②暂时切断发动机的动力传输,保证变速器换挡平顺。
③限制所传递的转矩,防止传动系过载。
④保证发动机的动力传给变速器。

手动变速器利用摩擦式离合器传输动力;自动变速器则利用液体在液力变矩器内运动传输动力。

2)离合器的种类

汽车上应用的离合器主要有以下三种形式。

①摩擦式离合器。是指利用主、从动部分的摩擦作用来传递转矩的离合器。目前在汽车上广泛采用。

②液力耦合器。是指利用液体作为传动介质的离合器。原来多用于自动变速器,目前在汽车上几乎不采用。

③电磁离合器。是指利用磁力传动的离合器,如汽车空调压缩机就是应用这种离合器。

摩擦离合器从不同的角度来分类,有如下方面。

①按从动盘的数目。按从动盘的数目,摩擦离合器可以分为单片离合器和双片离合器。轻型汽车多采用单片离合器,双片离合器多用于重型车辆上。

②按压紧弹簧的类型。按压紧弹簧的类型,摩擦离合器可以分为周布弹簧离合器、中央弹簧离合器和膜片弹簧离合器。周布弹簧离合器和中央弹簧离合器采用螺旋弹簧,分别沿压盘的圆周和中央布置;膜片弹簧离合器采用膜片弹簧,目前应用最广泛。

3)对离合器的要求

根据离合器的功用,应满足下列要求。

①具有储备能力,既能保证可靠地传递发动机的最大转矩,又能防止传动系过载。
②接合时应平顺柔和,以保证汽车平稳起步,减少冲击。
③分离时应迅速彻底,以保证变速器换挡平顺和发动机顺利起动。
④具有良好的通风散热能力,防止离合器温度过高。
⑤旋转部分的平衡性好,且从动部分的转动惯量小。
⑥操纵轻便,以减轻驾驶人的疲劳。

2. 膜片弹簧离合器结构和工作原理

离合器的基本结构如图 1-1-1 所示。根据各元件的动力传递和作用不同,离合器可分为主动部分、从动部分、压紧装置、分离机构和操纵机构。

根据分离机构的运动方式不同,分为推式膜片弹簧离合器和拉式膜片弹簧离合器。

1)推式膜片弹簧离合器

(1)结构。

①主动部分:包括离合器盖和压盘等。离合器盖 7 通过螺栓固定在飞轮上,为了保持正确的安装位置,离合器盖通过定位销进行定位。压盘与离合器盖之间通过周向均布的三组或四组传动片来传递转矩。传动片用弹簧钢片制成,每组两片,一端用铆钉铆在离合器盖上,另一端用螺钉连接在压盘上。它的作用是将发动机旋转的动力传递给压盘,从而

使压紧的压盘和飞轮共同带动从动盘摩擦片一起旋转。

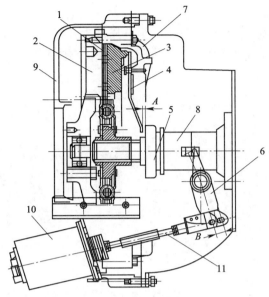

图1-1-1　推式离合器结构图

1-从动盘；2-飞轮；3-压盘；4-膜片弹簧；5-分离轴承；6 分离叉；7-离合器盖；8 分离套筒；9-飞轮壳；10-离合器工作缸（分泵）；11-推杆

②从动部分：主要为从动盘。从动盘也称为离合器片或摩擦片。

从动盘主要由从动盘本体、摩擦衬片和从动盘毂等组成，如图1-1-2和图1-1-3所示。为消除传动系的扭转振动，从动盘一般都带有扭转减振器。

从动盘钢片外圆周铆接有波浪形弹簧钢片，摩擦衬片分别铆接在弹簧钢片上，从动盘钢片与减振器盘铆接在一起，之间夹有摩擦垫圈和从动盘毂。从动盘毂、从动盘钢片和减振器盘上都有圆周均布的窗孔，减振弹簧装在窗孔中。

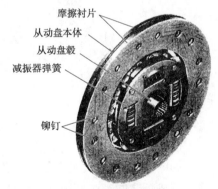

图1-1-2　从动盘的结构

当从动盘受到转矩作用时，转矩从摩擦衬片传到从动盘钢片，再经减振弹簧传给从动盘毂，此时弹簧将被压缩，吸收发动机传来的扭转振动。

③压紧装置：主要为膜片弹簧。图1-1-1中膜片弹簧4是一个鼓形弹簧，在内圈圆周上开有若干槽，它一方面起到将压盘3紧紧将从动盘1压紧在飞轮2上的作用，同时又起到分离杠杆的作用。

膜片弹簧的径向开有若干切槽，形成弹性杠杆。切槽末端有圆孔，固定铆钉穿过圆孔，并固定在离合器盖上。膜片弹簧两侧装有钢丝支承环，这两个钢丝支承环是膜片弹簧工作时的支点。膜片弹簧的外缘通过分离钩与压盘联系起来。

④分离机构：包括分离杠杆、分离轴承与分离套筒、分离叉等。膜片弹簧既是压紧弹簧又是分离杠杆。分离轴承与分离套筒组装成一体，套在变速器输入轴套管上，可轴向移

动。分离叉为叉形件,叉形端靠在分离套筒的两个凸起位置上,另一端与操纵机构的推杆相连接。

操纵机构分为机械式、液压式、液压操纵气压助力式等。

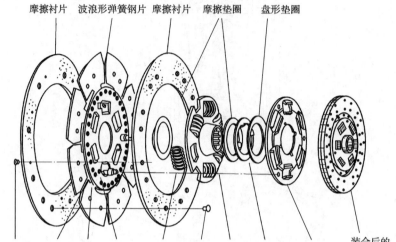

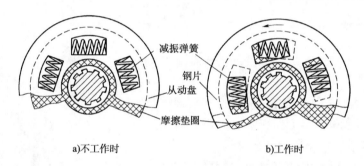

a) 不工作时　　　　b) 工作时

图 1-1-3　带扭转减振器的从动盘

（2）工作原理。

如图 1-1-4 所示,当发动机运转而驾驶人没有踩离合器踏板时,分离轴承 5 与膜片弹簧的分离指之间有一间隙 A（自由间隙）,膜片弹簧 4 靠弹力将压盘 3 紧紧地将从动盘 1 压紧在飞轮 2 表面上。此时,发动机的动力将通过飞轮、压盘传递给从动盘,从而带动变速器一轴旋转。

驾驶人踩下离合器踏板时,通过离合器主缸控制离合器工作缸 10 使工作缸推杆 11 伸出（图 1-1-1）,从而分离叉推动分离轴承 5 向前移动,分离轴承消除间隙 A 后,即将推动膜片弹簧,膜片弹簧在支承点的作用下,将压在压盘上的弹力消除,压盘后移,将从动盘释放,离合器分离。

当驾驶人逐渐放松离合器踏板时,分离轴承逐渐后撤,膜片弹簧弹力重新作用在压盘上,而且随踏板行程的减小,弹力逐渐加大,飞轮、从动盘、压盘之间先出现滑摩,直到完全放松踏板,膜片以全负荷弹力压在压盘上,从而实现离合器平稳接合。

由离合器的工作原理可知,当从动盘摩擦片磨损变薄后,为了保证离合器处于接合状态,传递发动机转矩,则压盘必须向前移动。此时膜片弹簧（或分离杠杆）外端和压盘一起向前移,其内端向后移。如果膜片弹簧(或分离杠杆)与分离轴承之间没有间隙,由于机械式操纵机构的干涉作用,压盘最终无法前移,即导致离合器不能接合,出现打滑现象。为此,在离合器膜片弹簧(或分离杠杆)内端(分离指)与分离轴承之间预留一定的间隙,一般为几毫米,这个间隙称为离合器的自由间隙,如图1-1-1中A所示。

离合器分离过程中,为消除离合器自由间隙和分离机构、操纵机构零件的弹性变形所需要踩下的踏板行程称为离合器踏板自由行程。

2)拉式膜片弹簧离合器

如图1-1-5所示,膜片弹簧4的外圆周边支承在离合器盖上,膜片鼓心朝前,将压盘3和从动盘1紧紧地压在飞轮2上,当驾驶人向下踩动离合器踏板时,离合器主缸通过工作缸10将推杆顶出,推动分离叉6摆动。分离叉的摆动使离合器分离轴承5后撤。

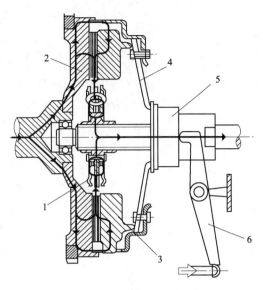

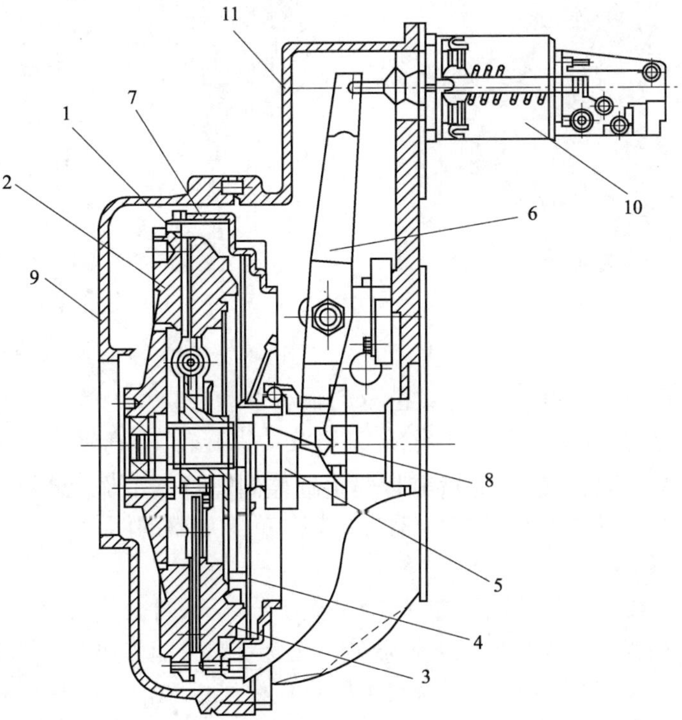

图1-1-4 推式离合器工作原理图

1-从动盘;2-飞轮;3-压盘;4-膜片弹簧;5-分离轴承;6-分离叉

图1-1-5 拉式离合器结构简图

1-从动盘;2-飞轮;3-压盘;4-膜片弹簧;5-分离轴承;6-分离叉;7-离合器盖;8-分离轴承壳;9-飞轮壳;10-离合器工作缸(分泵);11-离合器壳

如图 1-1-6 所示,在拉式离合器膜片中心分离指上用卡环固定有一个分离环,分离环上有六个环卡,膜片弹簧相应位置的分离指上有六个宽开口,分离环从膜片弹簧里面(飞轮面)向外(分离轴承面)装到膜片弹簧的分离指上,然后用环卡将分离环固定。在分离环上还安置了一个弹簧卡丝,卡丝的挂钩平时是挂住的,离合器分离轴承头部为一锥面,在分离轴承套上有一个波纹弹片。在安装分离轴承时,可将卡丝挂钩摘开,把分离轴承装入,然后将卡丝挂钩重新挂合,卡丝即把分离轴承在膜片弹簧的分离指上定位,波纹弹簧使分离轴承与膜片弹簧无间隙地连接到位。

如图 1-1-7 所示,当驾驶人踩下离合器踏板时,离合器主缸通过工作缸将推杆向前推出,分离叉的摆动,推杆支点使分离叉头拉动分离轴承向后(变速器方向)移动,由于弹簧卡丝把膜片弹簧的分离指固定在分离轴承上,因此膜片弹簧分离指也被向后(变速器方向)拉动,膜片弹簧将压盘释放,离合器彻底分离。当驾驶人慢慢放松离合器踏板时,分离轴承随工作缸推杆的缩回而逐渐向前移动,膜片弹簧分离指向前移动,使其对压盘的压力逐渐加大,离合器平稳接合。

图 1-1-6 分离指上的分离环

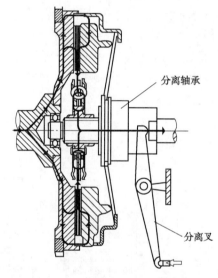

图 1-1-7 拉式离合器工作原理图

从上述分析可以看出:拉式离合器的分离轴承永远和膜片弹簧分离指连接成一体而没有间隙。因此,分离轴承是常接合式,即只要发动机旋转,分离轴承就和离合器压盘总成一起旋转。一般拉式离合器的分离轴承都是长效免维护型的。安装拉式离合器的车型,就没有分离轴承间隙,因此,也就没有分离轴承间隙调整的问题。

3) 离合器的操纵机构

离合器的操纵机构起始于离合器踏板,终止于分离叉,可分为机械式和液压式。

主从动部分和压紧机构是保证离合器处于接合状态并能传递动力的基本机构。分离机构和操纵机构是使离合器分离的装置,主要有机械操纵和液压操纵两种形式。机械操纵机构一般包括离合器踏板、分离拉杆、分离叉、分离套筒、分离轴承、分离杠杆、复位弹簧等。为保证操纵机构操作轻便,中重型柴油汽车离合器操纵机构还有助力装置,助力装置主要形式有弹簧助力、气压助力。

(1)带弹簧助力器的机械操纵机构。

如图 1-1-8 所示,弹簧助力器结构简单,但助力效果不大(一般仅可降低 25% ~ 30%),仅用于轻型和中型载货汽车上,如解放 1092 柴油汽车。

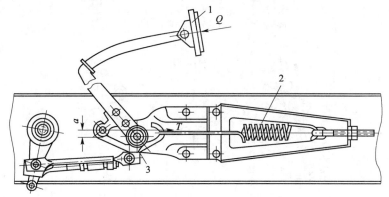

图 1-1-8 弹簧式助力器
1-离合器踏板;2-助力弹簧;3-钩耳

(2)液压操纵机构。

如图 1-1-9 所示为解放六吨平头系列柴油汽车离合器液压操纵机构图,主要由离合器踏板 12、主缸 14、油管 15 和工作缸 16 等组成,主缸安装在驾驶人左脚上部的前围板外侧,工作缸安装在离合器总成左外侧,两者靠油管连接成一套整体。

如图 1-1-9 所示,离合器踏板在抬起状态下,离合器主缸限位螺钉 8 将补偿阀打开(补偿阀出油口在活塞外),储油杯内的离合器油经主缸活塞、补偿阀 9 流入主缸活塞与缸体形成的下腔,进而流入工作缸 16 的油腔中。

当踩下离合器踏板时,踏板摇臂使主缸挺杆推动主缸活塞带动补偿阀一起下移,当补偿阀与主缸限位螺钉(限位螺钉固定在泵体上不随活塞运动)脱离时,补偿阀在其复位弹簧的作用下降阀关闭,即补偿出油口进入活塞内部,离合器油不再流入主缸活塞与缸体形成的下腔;用于主缸活塞下移,下腔容积逐渐变小,油压不断上升,将形成的高压油压入工作缸,高压油推动工作缸活塞移动,工作缸活塞推动工作缸挺杆,挺杆再推动推臂带动分离轴承,实现离合器的分离过程。

松开离合器踏板后,离合器主缸活塞在其复位弹簧的作用下带动补偿阀一起上移,当补偿阀与主缸限位螺钉接触后,补偿阀被再次打开,由于油管和油孔的阻尼作用,工作缸活塞慢慢后退,这样一方面使离合器能较柔和地接合,另一方面离合器的油不能迅速从工作缸流回主缸下腔,储油杯内的油再次经补偿阀补充至主缸下腔,当工作缸内油流回主缸下腔时,下腔多余的油便经补偿阀流回储油杯。

(3)液压操纵气压助力式。

目前重型汽车离合器采用常规主缸—工作缸液压操纵控制气压助力式操纵系统,只是推式离合器与拉式离合器的助力工作缸结构略有不同,如图 1-1-10 所示。

如图 1-1-11 所示,离合器主缸基本上由推杆、活塞、主缸壳体和油杯组成。在安装时应注意当离合器的踏板完全松开时,推杆与活塞应保持 0.5 ~ 1.0mm 的间隙。

推式膜片离合器助力工作缸如图 1-1-12 所示,由两部分组成:一部分是液压控制部

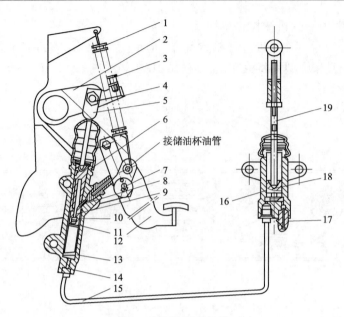

图 1-1-9 液压操纵机构

1-复位弹簧;2-踏板摇臂;3-限位螺栓;4-偏心螺栓;5-主缸挺杆;6-主缸活塞;7-轴;8-主缸限位螺钉;9-补偿阀;10-补偿阀出油口;11-补偿阀复位弹簧;12-离合器踏板;13-主缸活塞复位弹簧;14-主缸;15-油管;16-工作缸;17-放气塞;18-工作缸活塞;19-工作缸挺杆

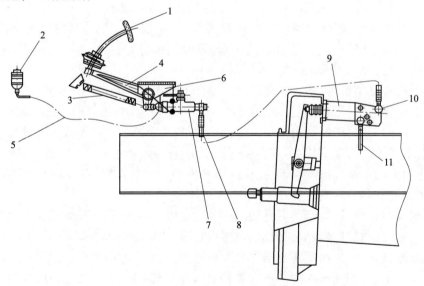

图 1-1-10 拉式液压操纵气压助力操纵系统

1-离合器踏板;2-储油罐;3-踏板复位弹簧;4-踏板分离叉;5-油管;6-踏板支架;7-离合器主缸;8-连接油管;9-离合器助力工作缸;10-工作缸油管接头;11-工作缸气管线接头

分,一部分是气压助力部分。

当驾驶人踩下离合器踏板时,踏板分离叉推动主缸内的活塞,首先封闭了储油罐的进油口,继而将控制油液经管线压入助力工作缸。如图 1-1-12,控制油液从助力缸进油口 4 进入 B 腔,油压一方面推动活塞推杆 3 向左移动,同时油压经通道 11 进入控制油腔 10,

2. 离合器助力工作缸检测器

如图 1-1-21 所示为组成原理图,实物图如图 1-1-22 所示。

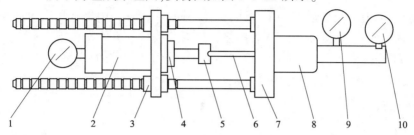

图 1-1-21　离合器助力检测器原理图

1-测力器压力表;2-测力器油缸;3-测力器支板滑套;4-测力器柱塞;5-测力器调整直杆;6-助力工作缸推杆;7-检测器支架;8-离合器助力工作缸总成;9-助力工作缸控制油压表;10-助力工作缸气压表

①支架由一个铸钢的连接板和两根滑杆组成。
②测力器由油压表和测力油缸及油缸连接板组成。
③插入支架滑杆,测力器在支架滑杆上可以前后移动(移动测力器时,需要双手将滑套外圈向后拉动,然后将测力器整体向前或向后移动),从而调整测力器与支架连接板的距离,以便适应不同长度的离合器助力工作缸推杆。

图 1-1-22　离合器助力检测器

④气压表是用以测量助力工作缸输入气压的,由于两种助力工作缸的气压接头规格不同,因此配备了两种气压表连接接头。
⑤油压表是用以测量来自离合器主缸的控制油压的。在测量油压时,是将油压表连接到助力泵的放气螺钉孔上,由于不同种类的助力泵有两种不同规格(M8 和 M10)的放气螺钉,因此配备了两个连接接头。
⑥测力器实际是由一个液压油缸和油压表组成,助力器推杆推力通过测力器油缸柱塞产生油压,经油压表指示出实测的油压数据,可换算出推杆的推力,用以检测助力泵推杆实际的推力,以便判断助力工作缸是否正常。

3. 离合器助力工作缸检测器的安装方法

两种离合器助力器助力工作缸在检测器上的安装方法,如图 1-1-23 和图 1-1-24 所示。

图 1-1-23　检测器与 1 型助力工作缸连接

图 1-1-24　检测器与 2 型助力工作缸连接

将助力工作缸用四只螺栓固定在检测器支架的连接板上,连接板上四只长孔是为了适应不同规格的助力工作缸不同的连接尺寸。装上工作缸推杆,调整测力器的位置,用测力器顶压工作缸推杆,使推杆缩回到初始位置。局部距离的调整,可以通过旋出或旋入柱塞调整螺杆来实现。

将离合器助力工作缸进气接头拆卸,根据不同接头类型,用带有气压表的接头螺栓或用带有卡箍螺母的三通管线将气压表串接在助力工作缸的进气接头上。

将助力工作缸的放气螺钉拆卸,根据助力工作缸放气螺钉的规格,选用合适的接头将油压表连接到放气螺孔上,用专用放气工具将空气排空后并拧紧。

任务训练

①将故障车上的离合器助力器从离合器壳上拆卸下来,就车将助力工作缸安装到检测器上,如图1-1-25、图1-1-26所示,同时将助力工作缸的进气管、检测器气压表安装就位。拆卸助力工作缸的放气螺钉,安装油压表,进行排空气操作后将油压表旋紧。调节测力器柱塞调整螺杆,使助力工作缸推杆紧紧地顶在测力器柱塞上。

图1-1-25 检测器与1型助力工作缸连接　　　图1-1-26 检测器与2型助力工作缸连接

注意:检测前,必须将工作缸推杆顶压缩回到初始位置,并将油压表接头处空气完全排净。

②起动发动机为气路充气至气压表读数为0.8MPa,踩下离合器踏板后,保持踏板不动,而油压读数逐渐下降,到油压表指针指到2MPa位置停留片刻,说明离合器主缸故障。

解决办法:更换离合器主缸,故障解除。

若起动发动机,观察检测气压表读数到0.8MPa时,踩下离合器踏板并保持踏板行程不变,观察助力器油压表读数是否稳定在某一个数值,如果该油压表的读数能在任何一个读数下保持不动,且该读数随踏板行程的增大而增大,说明离合器主缸是合格的。

③保持监测气压表在0.8MPa不变,逐步踩下离合器踏板,使主缸提供的油压保持在2MPa,观察测力器压力表读数是否大于标准。如果实测结果等于或大于标准,则离合器助力工作缸是合格的;如果实测结果低于标准,显然助力工作缸存在故障,应予以更换。

如果用检测器实测证实离合器主缸与助力工作缸均是正常的,显然,离合器故障在离合器总成本身,此时必须解体离合器总成,详细检查故障所在。

从动盘检查评价表

表1-1-1

序号	内容及要求	评分	评 分 标 准	自评	组评	师评	得分
1	准备	10分	设备准备好相关的器材(5分); 工具与量具(5分)				
2	清洁	5分	按要求清理工位				
3	外观检查	5分	检测点清晰,能够说明原因				
4	检查从动盘摆动量	20分	工具、量具使用恰当,读数正确,判断合理				
5	从动盘的校正	20分	检测方法正确,检测结果准确				
6	检测从动盘铆钉的深度	10分	工具、量具使用恰当,读数正确,判断合理				
7	检测从动盘花键毂侧隙	10分	检测方法正确,检测结果准确				
8	检测减振弹簧和波纹片	10分	检测方法正确,检测结果准确				
9	安全文明生产	10分	结束后清洁(5分); 工量具归位(5分)				

指导教师总体评价:

指导教师_____
____年___月___日

练 一 练

一、单项选择题

1.（　　）是汽车离合器的主要作用。
   A.保证汽车怠速平稳　　B.使换挡工作平顺　　C.实现倒车　　D.增加变速比

2.汽车离合器安装在（　　）。
   A.发动机与变速器之间　　　　　　　　B.变速器与后驱动桥之间
   C.分动器与变速器之间　　　　　　　　D.变速器与主减速器之间

3.为了避免共振,缓和传动系所受的冲击载荷,在很多汽车离合器从动盘上安装了（　　）。
   A.减振器　　　　　　　　　　　　　　B.扭转减振器
   C.减振弹簧　　　　　　　　　　　　　D.膜片弹簧

4. 当膜片式离合器从动盘磨损后,离合器踏板的自由行程(　　)。
   A. 变大　　　　　　　　　　　　　　　B. 不变化
   C. 变小　　　　　　　　　　　　　　　D. 以上答案都有可能
5. 在正常情况下,发动机工作,汽车离合器踏板处于自由状态时,(　　)。
   A. 发动机的动力不传给变速器　　　　　B. 发动机的动力传给变速器
   C. 离合器分离杠杆受力　　　　　　　　D. 离合器的主从部分分离

二、多项选择题

1. 汽车传动系主要是由(　　)总成组成。
   A. 离合器　　　　　　　　　　　　　　B. 变速器
   C. 万向传动装置　　　　　　　　　　　D. 驱动桥
2. 汽车传动系的主要作用是(　　)。
   A. 实现减速增矩及变速　　　　　　　　B. 实现倒车
   C. 必要时中断动力传递　　　　　　　　D. 驱动其他机构
3. 离合器的主要作用是(　　)。
   A. 使发动机与传动系逐渐接合,保证汽车平稳起步
   B. 暂时切断发动机的动力传动,保证变速器换挡平顺
   C. 限制所传递的转矩,防止传动系过载
   D. 保证发动机的动力传给变速器
4. 离合器主要由(　　)组成。
   A. 主动部分　　　　　　　　　　　　　B. 从动部分
   C. 压紧装置　　　　　　　　　　　　　D. 分离机构和操纵机构
5. 根据车型不同,离合器分离机构和操纵机构主要有(　　)。
   A. 机械操纵　　　B. 液压操纵　　　C. 电动操纵　　　D. 气压操纵

三、判断题

1. 离合器使用过程中,不允许出现摩擦片与压盘、飞轮之间有任何相对滑移现象。
   (　　)
2. 膜片弹簧离合器的结构特点之一是用膜片弹簧取代压紧弹簧和分离杠杆。
   (　　)
3. 离合器在紧急制动时,可防止传动系过载。(　　)
4. 为使离合器接合柔和,驾驶人应逐渐放松离合器踏板。(　　)
5. 为了保证离合器在传递转矩时处于完全接合状态,不会出现打滑现象,离合器在接合状态时,在分离杠杆内端与分离轴承之间必须预留一定量的间隙。(　　)

四、简答题

1. 离合器的主要功用是什么?
2. 离合器是由几部分组成?
3. 简述离合器的工作原理。
4. 什么是离合器的自由间隙和离合器踏板的自由行程?
5. 离合器液压操纵机构的工作原理是什么?

学习任务1.2 普通三轴手动变速器构造与维修

1. 通过查阅资料和观摩,掌握普通三轴手动变速器的组成及其工作原理。
2. 学会普通三轴手动变速器的检修操作方法。
3. 根据环保要求,妥善处理辅料、废弃液体和损坏零部件。

一辆五挡变速器的东风货车,挂任一挡位均发出异响,空挡也不例外,只是较轻,而且重车异响比空车大。初步判定为变速器内部齿轮或轴承有故障。

变速器安装在离合器与万向传动装置之间。

1．变速器的功用

1) 改变传动比,扩大驱动轮转矩和转速的变化范围

汽车上广泛采用活塞式内燃机,其转矩和转速变化范围较小,而复杂的使用条件则要求汽车的牵引力和车速能在相当大的范围内变化。为解决这一矛盾,在传动系中设了变速器,来改变传动比,扩大驱动轮转矩和转速的变化范围,以适应经常变化的行驶条件,同时使发动机在有利(功率较高而耗油率较低)的工况下工作。

汽车行驶驱动力产生的原理见图1-2-1,驱动力 $F_t = F_0 = M_t/r$,且 $F_t \leq F_\varphi$,(F_φ 为驱动轮与路面的附着力),要充分利用轮胎与地面的附着力,必须对发动机输出转速和转矩再进行降速增矩。因为传动比 $i = n_e/n_t = M_t/M_e(i = 10 \sim 60)$,所以 $n_t = n_e/i$,$M_t = M_e i$。可见,n_e 下降 i 倍,M_t 就扩大 i 倍。

2) 改变驱动轮的旋转方向

在发动机旋转方向不变的前提下,使汽车能倒退行驶,为此,变速器设置1~2个倒挡,实现汽车倒向行驶。

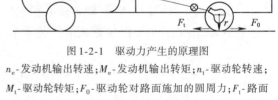

图1-2-1 驱动力产生的原理图

n_e-发动机输出转速;M_e-发动机输出转矩;n_t-驱动轮转速;M_t-驱动轮转矩;F_0-驱动轮对路面施加的圆周力;F_t-路面对驱动轮的驱动力;r-驱动轮滚动半径

3) 中断动力传递

变速器设置空挡,中断动力传递,有利于发动机的起动、热起、怠速,便于换挡或汽车滑行、暂时停车等使用工况。

4) 驱动其他机构

如自卸车的油泵、某些汽车的绞盘等,通过变速器将发动机的动力输出。分动器装在多轴驱动的越野汽车上,其功用是将转矩分配到各个驱动桥上。

2．变速器的种类

汽车变速器的结构类型,按传动比变化情况可分为有级、无级和综合三种。所谓传动比就是输入轴转速与输出轴转速的比值。

1)有级变速器(MT)

有级变速器也称为手动变速器,应用最广泛。它采用齿轮传动,具有若干个定值传动比。按所用轮系类型不同,分为有轴线固定式变速器(普通变速器)和轴线旋转式变速器(行星齿轮变速器)两种。目前,轿车和轻、中型货车变速器的传动比通常有3~5个前进挡和1个倒挡(每个挡位对应一个传动比),在重型货车用的组合式变速器中,则有更多挡位。所谓变速器挡数即指其前进挡位数。

2)无级变速器(CVT)

无级变速器的传动比在一定的数值范围内可按无限多级变化,常见的有电力式、液力式(动液式)和金属带式三种。电力式无级变速器的变速传动部件为直流串激电动机,除在无轨电车上应用外,在超重型自卸车传动系中也有广泛采用的趋势。动液式无级变速器的传动部件是液力变矩器,金属带式无级式变速器可通过改变主、被动带轮的直径从而改变传动比,具有结构紧凑、工作可靠、寿命长、效率高且噪声低等优点,广泛应用在小型车上。

3)自动变速器(AT)

自动变速器是指由液力变矩器和行星齿轮式有级变速器组成的液力机械式变速器,其传动比可在最大值与最小值之间的几个间断的范围内作无级变化,目前应用较多。

按操纵方式分,变速器可分为强制操纵式、自动操纵式、半自动操纵式和手自一体式四种。

①强制操纵式变速器靠驾驶人直接操纵变速杆换挡,为大多数汽车所采用,通常称为手动挡(MT)。

②自动操纵式变速器的传动比选择(换挡)是自动进行的。驾驶人只需操纵加速踏板,即可控制车速,如无级变速器、自动变速器和机械自动变速器(AMT)等。机械自动变速器是以普通变速器为基础,把离合器的自动控制和电子液压顺序换挡相结合,通过加装电控单元控制的自动操纵系统来实现离合器和变速器挡位变换的自动化。

③半自动操纵式变速器有两种类型:一种是常见的几个挡位自动操纵,其余挡位则由驾驶人操纵;另一种是预选式,即驾驶人预先用按钮选定挡位,在踩下离合器踏板或松开加速踏板时,接通一个电磁装置或液压装置来进行换挡,如组合变速器。

4)手自一体变速器

有两套换挡机构,既可自动操纵换挡,也可驾驶人手动换挡。

3.手动变速器基本原理

1)齿轮传动的基本原理

一对齿数不同的齿轮啮合传动时,若小齿轮为主动齿轮,带动大齿轮转动时,转速就降低了;若大齿轮驱动小齿轮时,转速升高,如图1-2-2所示。这就是齿轮传动的变速原理。

主动齿轮转速与从动齿轮转速之比值称为传动比,用i_{12}表示,有:

$$i_{12} = \frac{n_1}{n_2} = \frac{z_2}{z_1}$$

式中, n_1、z_1——主动齿轮的转速、齿数;
$\quad\quad n_2$、z_2——从动齿轮的转速、齿数。

汽车变速器就是根据这一原理利用若干大小不同的齿轮副传动而实现变速的。

如图1-2-3所示,发动机的转矩经输入轴Ⅰ输入,经两对齿轮传动,由输出轴Ⅱ输出,其中第一对齿轮,1为主动齿轮,2为从动齿轮;第二对齿轮,3为主动轮,4为从动轮,传动比计算过程如下:

$$i_{12} = \frac{n_1}{n_2} = \frac{z_2}{z_1} \quad\quad 所以, n_1 = \frac{z_2}{z_1}n_2$$

$$i_{34} = \frac{n_3}{n_4} = \frac{z_4}{z_3} \quad\quad 所以, n_4 = \frac{z_3}{z_4}n_3$$

式中: i——传动比;
$\quad\quad n$——齿轮转速;
$\quad\quad z$——齿轮齿数。

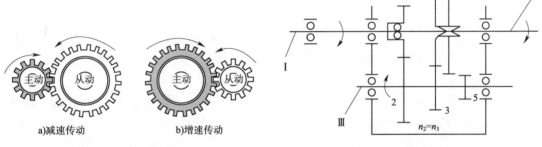

图1-2-2 齿轮传动原理　　　　　图1-2-3 两级齿轮传动简图

齿轮2、3在同一中间轴Ⅲ上,转速相同,即 $n_2 = n_3$,总传动比 $i_{14} = \frac{n_1}{n_4} = \frac{z_2}{z_1} \cdot \frac{z_4}{z_3} = i_{12} \cdot i_{34}$。同理,多级齿轮传动的传动比:

$$i = \frac{所有从动齿轮齿数的连乘积}{所有主动齿轮齿数的连乘积} = 各级齿轮传动比的乘积$$

汽车变速器某一挡位的传动比就是这一挡位各级齿轮传动比的连乘积。

由于 $i = \frac{n_入}{n_出} = \frac{M_出}{M_入}$($M$表示转矩),可见传动比既是变速比又是变矩比。降速则增矩,增速则降矩。汽车变速器就是利用这一关系通过改变速比来适应汽车行驶阻力变化的需要。

2)换挡原理

若将图1-2-3中齿轮3与4脱开,再将齿轮6与5啮合,传动比变化,输出轴Ⅱ的转速、转矩也发生变化,即挡位改变。当齿轮4、6都不与中间轴上的齿轮3、5啮合时,动力不能传到输出轴,此时变速器处于空挡。

3)变向原理

如图1-2-4所示,相啮合的一对齿轮旋向相反,每经一传动副,其轴改变一次转向。图1-2-4a)所示为两对齿轮传动1和2、3和4,其输出轴与输入轴的转向相同,这是普通

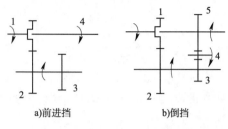

图 1-2-4 齿轮传动的转向关系

三轴式变速器前进挡的传动情况。图 1-2-4b)所示为齿轮 4 装在中间轴与输出轴之间的倒挡轴上,三对传动副 1 和 2、3 和 4、4 和 5 传递动力,输出轴与输入轴的转向相反,这是三轴式变速器倒挡的传动情况。齿轮 4 称为倒挡轮或惰轮。

4. 中型汽车典型手动变速器

手动变速器包括变速传动机构和操纵机构两大部分。变速传动机构包括轴、齿轮、轴承、支承壳体等,主要作用是改变转矩、转速的数值和方向;操纵机构的作用是实现变速器传动比的变换——换挡。

变速传动机构是手动变速器的主体。手动变速器按工作轴数量(不包括倒挡轴)可分为二轴式手动变速器和三轴式手动变速器。目前轻型、中型商用车普遍采用三轴式手动变速器。

变速传动机构主要由齿轮、轴、壳体和支承件等组成。如图 1-2-5 所示为典型的三轴式五挡变速器,其构造、工作情况分析如下。

1)构造

该变速器通过壳体前端面的四个螺栓固定在离合器壳后端面上,它有三根主要轴,即第一轴、第二轴和中间轴,故称三轴式,另外还有倒挡轴。

(1)第一轴。

第一轴(输入轴)前后端以轴承分别支承在曲轴后端的内孔及变速器壳的前壁,其前部花键部分装离合器的从动盘,后部有常啮合齿轮 2,后端有一短齿轮为直接挡齿圈。第一轴轴承盖 29 的外圆面与离合器壳相应的孔配合,保证第一轴和曲轴的轴线重合。

(2)第二轴。

第二轴(输出轴)前后端分别用轴承支承于第一轴后端内孔和壳体。一、倒挡齿轮 13 与轴以花键形式配合传力,可轴向滑动。二、三、四挡齿轮 11、7、6 分别以滚针轴承形式与轴配合,并与中间轴齿轮 23、24、25 常啮合,其上均有传力齿圈。第二轴前端花键上套装四、五挡花键毂 28,用卡环轴向定位,接合套 4 在花键毂 28 上轴向滑动实现换挡。花键毂 27 和接合套 9 实现二、三挡的动力传递。在二、四挡齿轮后面分别装有承受轴向力推力环。

后轴承盖内装有里程表驱动蜗杆和蜗轮,轴后端花键上装有凸缘,连接万向传动装置。

第一、二轴的轴向定位大都靠后轴承,轴承外环装有弹性挡圈,使轴承不能向壳体内移动,靠轴承盖压住轴承外环端面使轴承不能向外移动,实现轴承的轴向定位。轴承内环又被卡环、螺母或其他的结构固定在轴上,实现轴的轴向定位。为保证轴承盖压住轴承外环端面、盖与壳体之间的密封,轴承盖密封垫厚度应恰当。

(3)中间轴。

中间轴 18 两端用轴承支承在壳体上,与第一轴齿轮常啮合传动齿轮 26、二挡齿轮 23、三挡齿轮 24、四挡齿轮 25 用半圆键装在轴上,一、倒挡齿轮主动 21 与轴制成一体。其轴向定位与第一、二轴类同。有的中间轴和几乎所有的倒挡轴为固定式轴,用过盈配合

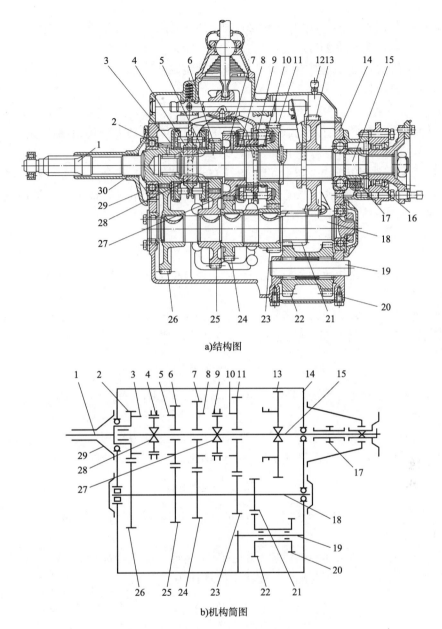

a)结构图

b)机构简图

图1-2-5 东风EQ1092型汽车变速器

1-第一轴;2-第一轴常啮合传动齿轮;3-第一轴齿轮接合齿圈;4、9-接合套;5-4挡齿轮接合齿圈;6-第二轴四挡齿轮;7-第二轴三挡齿轮;8-三挡齿轮接合齿圈;10-二挡齿轮接合齿圈;11-第二轴二挡齿轮;12-通气孔;13-第二轴一、倒挡滑动齿轮;14-变速器壳体;15-第二轴;16-驻车制动器底座;17-车速里程表传动齿轮;18-中间轴;19-倒挡轴;20、22-倒挡中间齿轮;21-中间轴一、倒挡主动齿轮;23-中间轴二挡齿轮;24-中间轴三挡齿轮;25-中间轴四挡齿轮;26-中间轴常啮合传动齿轮;27、28-花键毂;29-第一轴承盖;30-轴承盖回油螺纹

压装在壳体上以防漏油,并用锁片定位。为装配方便,固定式轴两端轴颈直径稍有差异,有定位槽的一端稍粗,装配时应将轴的另一端穿过壳体和齿轮。

(4) 倒挡轴。

该轴固定在壳体上，倒挡中间齿轮 20、22 制成一体，以滚针轴承的形式套装在倒挡轴上，齿轮 22 与中间轴齿轮 21 常啮合。

有的变速器倒挡轴外端制有螺纹孔以使其拆装方便。

2) 各挡齿轮的传动情况

(1) 空挡。

第二轴换挡的接合套、传动齿轮均处于中间空转位置，动力不传给第二轴。

(2) 一挡。

前移一、倒挡滑动齿轮 13 与中间轴 18 上的一挡齿轮 21 啮合。动力经第一轴齿轮 2、中间轴常啮齿轮 26、中间轴一挡齿轮 21、第二轴一、倒挡齿轮 13，传到第二轴使其顺时针旋转（与第一轴同向）。一挡传动比为：

$$i_1 = \frac{z_{26}}{z_2} \times \frac{z_{13}}{z_{21}} = 7.31$$

第二轴输出的转速和转矩分别为 $n_1 = n_e/i_1 (\text{r/min})$；$M_1 = M_e i_1 (\text{N·m})$。

(3) 二挡。

后移接合套 9 与第二轴二挡齿轮上的齿圈 10 啮合。动力经齿轮 2、26、23、11、接合套 9、花键毂 27，传到第二轴使其顺时针旋转。二挡传动比为：

$$i_2 = \frac{z_{26}}{z_2} \times \frac{z_{11}}{z_{23}} = 4.31$$

第二轴输出的转速、扭矩分别为 $n_2 = n_e/i_2 (\text{r/min})$；$M_2 = M_e i_2 (\text{N·m})$。

(4) 三挡。

前移接合套 9 与第二轴三挡齿轮 7 的齿圈 8 啮合。动力经齿轮 2、26、24、7、8 接合套 9、花键毂 27，传到第二轴使其顺时针旋转。传动比为：

$$i_3 = \frac{z_{26}}{z_2} \times \frac{z_7}{z_{24}} = 2.45$$

第二轴输出的转速、扭矩分别为 $n_3 = n_e/i_3 (\text{r/min})$；$M_3 = M_e i_3 (\text{N·m})$。

(5) 四挡。

后移接合套 4 与第二轴四挡齿轮 6 的齿圈 5 接合。动力经齿轮 2、26、25、6、5 接合套 4、花键毂 28，传到第二轴使其顺时针旋转。传动比为：

$$i_4 = \frac{z_{26}}{z_2} \times \frac{z_6}{z_{25}} = 1.54$$

第二轴输出转速、扭矩分别为 $n_4 = n_e/i_4 (\text{r/min})$；$M_4 = M_e i_4 (\text{N·m})$。

(6) 五挡。

前移接合套 4 与第二轴常啮合传动齿轮 2 的齿圈 3 啮合。动力直接由第一轴传到第二轴。传动比为 1，此挡称为直接挡。第二轴的转速与第一轴相同（$n_5 = n_e$），第二轴输出扭矩 $M_5 = M_e$。在路况较好的情况下使用五挡，提高运输效率。

(7) 倒挡。

后移第二轴上的一、倒挡齿轮 13 与倒挡齿轮 20 啮合。动力经齿轮 2、26、21、22、20、13，传给第二轴使其逆时针旋转，汽车倒向行驶。传动比为：

$$i_R = \frac{z_{26}}{z_2} \times \frac{z_{22}}{z_{21}} \times \frac{z_{13}}{z_{20}} = 7.66$$

第二轴输出的转速、转矩分别为 $n_R = n_e/i_R(\text{r/min})$；$M_R = M_e i_R(\text{N·m})$。

小型汽车的最高前进挡传动比多数都小于1,即第二轴的转速高于第一轴转速,称为超速挡。低速挡用于坏路或爬坡,高速挡用于在好路加速行驶。

3) 齿轮的换挡结构类型

车用变速器齿轮多采用常啮斜齿轮,利用同步器改组换挡。一对齿轮在进入啮合开始时的圆周速度必须相等(同步状态),否则会在齿端发生冲击和噪声,降低齿轮寿命。同步器换挡机构能防止齿轮在同步前啮合,消除齿轮间的冲击,缩短换挡时间。所以,同步器在汽车变速器上应用广泛。

4) 齿轮的轴向限位

斜齿轮在传力时产生轴向力,应采用轴向限位装置,多用推力环。在轴上空转的斜齿轮必须有适当的轴向间隙。此间隙的大小由推力环的厚度来调整;有的变速器由衬套长度来保证。

5) 润滑与密封

(1) 润滑。

为减少内摩擦引起的零件磨损和功率损失,须在壳体内注入齿轮油,大多数变速器采用飞溅方式润滑各齿轮副、轴与轴承等零件的工作表面。因此,壳体一侧有加油口,壳体底部有放油塞。油面高度即由加油口位置控制。

(2) 密封。

为了防止漏油,变速器第一轴和第二轴与轴承盖之间多采用回油螺纹或自紧式油封。变速器前端多为回油螺纹,后端为自紧式油封,有的变速器前后端都为自紧油封。许多变速器轴承盖的下部有回油凹槽,壳体上有相应的回油孔,进入轴承多余的油流回壳体内。壳体与变速器盖、轴承盖间一般装有纸垫或用密封胶密封。还有的采用橡胶密封条。为防止壳体内的气压过高造成渗油现象,多在顶盖上装有通气塞。

5. 同步器

变速器在换挡过程中,必须使所选挡位的一对待啮合齿轮轮齿的圆周速度相等(即同步),才能使之平顺地进入啮合而挂上挡。如两齿轮轮齿不同步时即强制挂挡,势必因两轮齿间存在速度差而发生冲击和噪声。这样,不但不易挂挡,而且影响轮齿寿命,使齿端部磨损加剧,甚至使轮齿折断。因此,目前汽车变速器中广泛采用同步器。

同步器的作用是使接合套与待啮合的齿圈迅速同步,缩短换挡时间,且防止在同步前啮合而产生接合齿之间的冲击。同步器有两种类型:锁环式惯性同步器、锁销式惯性同步器。

1) 锁环式惯性同步器

轿车和轻、中型货车的变速器广泛采用锁环式惯性同步器。

(1) 构造。

如图1-2-6所示,花键毂7用内花键套装在第二轴外花键上,用垫圈、卡环轴向定位。花键毂7两端与齿轮1和4之间各有一个青铜制成的锁环(即同步环)5和9。锁环上有短花键齿圈,其花键齿的尺寸和齿数,与花键毂、齿轮1和4的外花键齿均相同。两个齿轮和锁环上的花键齿,靠近接合套8的一端都有倒角(即锁止角),与接合套齿端的倒角相同。锁环有内锥面,与齿轮1、4的外锥面锥角相同。在锁环内锥面上制有细密的螺纹(或直槽),当锥面接触后,它能及时破坏油膜,增加锥面间的摩擦力。锁环内锥面摩擦副称为摩擦件,外沿带倒角的齿圈是锁止件,锁环上还有三个均布的缺口12。三个滑块2分别装在花键毂7上三个均布的轴向槽11内,沿槽可以轴向移动。滑块被两个弹簧圈6的径向力压向接合套,滑块中部的凸起部位压嵌在接合套中部的环槽10内。滑块和弹簧是推动件。滑块两端伸入锁环5的缺口12中,滑块窄缺口宽,两者之差等于锁环的花键齿宽。锁环相对滑块顺转和逆转都只能转动半个齿宽,且只有当滑块位于锁环缺口的中央时,接合套与锁环才能接合。

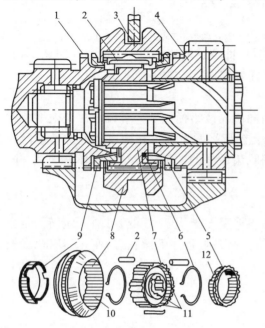

图1-2-6 锁环式惯性同步器

1-第一轴齿轮;2-滑块;3-拨叉;4-第二轴齿轮;5、9-锁环;6-弹簧圈;7-花键毂;8-接合套;10-环槽;11-三个轴向槽;12-缺口

(2)工作原理。

以二挡换三挡为例(图1-2-7),说明同步器的工作原理。

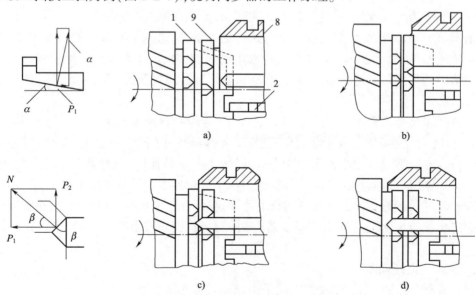

图1-2-7 锁环式惯性同步器工作过程示意图(图注同图1-2-6)

①空挡位置。接合套8刚从二挡退入空挡时(图1-2-7a),三挡齿轮1、接合套8、锁环9以及与其有关联的运动件,因惯性作用而沿原方向继续旋转(图示箭头方向)。设齿轮

1、接合套8、锁环9的转速分别为n_1、n_8、n_9。因接合套通过滑块前侧(图中下侧)推动锁环一起旋转,所以$n_9 = n_8$,因$n_1 > n_8$,故$n_1 > n_9$。此时锁环是轴向自由的,其内锥面与齿轮1的外锥面没有摩擦(图示虚线)。

②摩擦力矩形成与锁止过程。欲换入三挡(直接挡)时,推动接合套8连同滑块2一起向左移动(图1-2-7b),滑块又推动锁环移向齿轮1,使锥面接触。驾驶人作用在接合套上的轴向推力,使两锥面有正压力(N),又因两者有转速差($n_1 > n_9$),所以产生摩擦力矩。通过摩擦作用,齿轮1带动锁环相对于接合套向前转动一个角度,使锁环缺口靠在滑块的另一侧(上侧)为止,此时接合套的内齿与锁环上的齿错开了约半个齿宽,接合套的齿端倒角面与锁环的齿端倒角面互相抵住,锁止作用开始,接合套暂不能前移进入啮合。

驾驶人的轴向推力使接合套的齿端倒角面与锁环的齿端倒角面之间产生正压力N,力N可分解为轴向力P_1和切向力P_2。P_2形成一个企图拨动锁环相对于接合套反转的力矩,称为拨环力矩M_2。P_1使锁环和齿轮1的锥面进一步压紧,两锥面间的摩擦力矩M_1使齿轮1相对于锁环迅速减速而趋向与锁环同步,齿轮1以及与其相关联的零件产生一个与旋转方向相同的惯性力矩,又通过摩擦锥面以摩擦力矩的方式传到锁环上,阻碍锁环相对于接合套反向转动,起到锁止作用。

③同步啮合。随着驾驶人施加于接合套上的推力加大,摩擦力矩M_1不断增加,使齿轮1的转速迅速降低。当齿轮1、接合套8和锁环9达到同步时,作用在锁环上的惯性力矩消失。此时在拨环力矩M_2的作用下,锁环9、齿轮1以及与之相连的各零件都相对于接合套反转一角度(因轴向力P_1仍存在,使两锥面以静摩擦方式贴合在一起),滑块2处于锁环缺口的中央(图1-2-7c),两花键齿不再抵触,锁环的锁止作用消除。接合套压下弹簧圈继续左移(滑块脱离接合套的内环槽而不能左移),与锁环的花键齿圈进入啮合。由于作用在锁环齿圈的轴向力和滑块推力都不存在,锥面间的摩擦力矩消失。若接合套花键齿与齿轮1的齿端相抵触(图1-2-7c),则靠齿端倒角面上的切向分力拨动齿轮1相对于锁环和接合套转过一角度,让接合套与齿轮1进入啮合(图1-2-7d),即换入三挡,换挡完成。若由三挡换入二挡,上述过程也适用。不过,齿轮4应被加速到与锁环5、接合套8同步(图1-2-7),接合套再进入啮合换入二挡。

2)锁销式惯性同步器

图1-2-8为五挡变速器的四、五挡同步器。

(1)构造。

两个带有内锥面的摩擦锥盘2,以其内花键分别固装在带有接合齿圈的斜齿轮1和6上,随齿轮一起转动。两个有外锥面的摩擦锥环3,其上有圆周均布的三个锁销8、三个定位销4与接合套5装在一起。定位销与接合套的相应孔是滑动配合,定位销中部切有一小段环槽,接合套钻有斜孔,内装弹簧11把钢球10顶向定位销中部的环槽,使接合套处于空挡位置,定位销随接合套能轴向移动。定位销两端伸入两锥环3内侧面的弧线形浅坑中,定位销与浅坑有周向间隙,锥环相对接合套在一定范围内作周向摆动。锁销中部环槽的两端和接合套相应孔两端切有相同的倒角(锁止角);锁销与孔对中时,接合套才能沿锁销轴向移动;锁销两端铆接在锥环相应的孔中。可见,两个锥环(即摩擦件,其上有螺纹槽)、三个锁销(锁止件)、三个定位销(推动件)和接合套(接合件)构成一个部件,套在花键毂9的齿圈上。

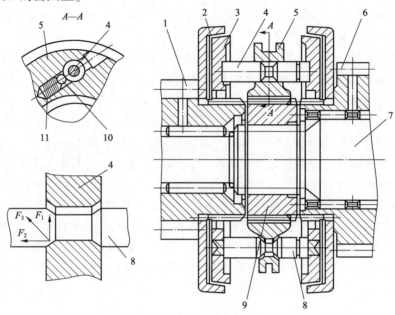

图1-2-8 锁销式惯性同步器

1-第一轴齿轮；2-摩擦锥盘；3-摩擦锥环；4-定位销；5-接合套；6-第二轴四挡齿轮；7-第二轴；8-锁销；9-花键毂；10-钢球；11-弹簧

（2）工作原理。

锁销式惯性同步器的工作原理与锁环式惯性同步器类似。如图1-2-9所示，当接合套5受到轴向推力 P_1 作用时，通过钢球10、定位销4推动摩擦锥环3（图1-2-8）向前移动，即准备换入五挡。因摩擦锥环与锥盘有转速差，故接触后的摩擦作用使锥环和锁销相对于接合套转过一个角度，锁销与接合套上相应孔的中心线不再同心，锁销中部倒角与接合套孔端的锥面相抵住（图1-2-9），在同步前，作用在摩擦面的摩擦力矩总大于切向分力 P_2 形成的拨销力矩，接合套被锁止不能前移，防止在同步前接合套与齿圈进入啮合。同步后惯性力矩消失，拨销力 P_2 使锁销、摩擦锥盘和相应的齿轮相对于接合套转过一个角度，锁销与接合套的相应孔对中，接合套克服弹簧11的张力压下钢球并沿锁销继续向前移动，顺利地换入五挡。

总之，锥环与锥盘的摩擦力矩较大，多用在中型和重型汽车上。

6. 变速器操纵机构

变速器操纵机构的功用是保证驾驶人根据使用条件，将变速器换入某个挡位。变速器操纵机构多为机械式。按操纵杆与变速器的相互位置不同，分为直接操纵式和远距离操纵式两类。

1）构造

（1）直接操纵式。

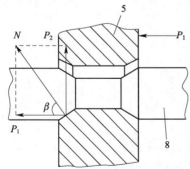

图1-2-9 锁销式惯性同步器锁止原理
（图注同图1-2-8）

大多数汽车变速器布置在驾驶人座椅附近,变速杆由驾驶室底板伸出,驾驶人可直接操纵。它一般由变速杆、拨块、拨叉、拨叉轴以及锁止装置等组成,多集装于上盖或侧盖内,结构简单,操纵方便。

图1-2-10所示为六挡变速器操纵机构的组成与布置示意图。拨叉轴7、8、9和10的两端均支承于变速器盖的相应孔中,可以轴向滑动。所有的拨叉和拨块都以弹性销固定于相应的拨叉轴上。三、四挡拨叉2的上端具有拨块。拨叉2和拨块3、4、14的顶部制有凹槽。变速器处于空挡时,各凹槽在横向平面内对齐,叉形拨杆13下端的球头伸在这些凹槽中。

选挡时可使变速杆绕其中部球形支点横向摆动,则其下端推动叉形拨杆13绕换挡轴11的轴线摆动,从而使叉形拨杆下端球头对准与所选挡位对应的拨块凹槽,然后使变速杆纵向摆动,带动拨叉轴及拨叉向前或向后移动,即可实现挂挡。例如,横向摆动变速杆使叉形拨杆下端球头深入拨块3顶部凹槽中,拨块3连同拨叉轴9和拨叉5即沿纵向向前移动一定距离,便可挂入二挡;若向后移动一段距离,则挂入一挡;若使叉形拨杆下端球头深入拨块14的凹槽中,并使其向前移动一段距离时,便挂入倒挡。对五挡变速器而言,具有三根拨叉轴:二、三挡和四、五挡各占一根拨叉轴,而一挡和倒挡共用一根拨叉轴。

不同变速器的挡数和操纵机构的结构与布置都有所不同,因而相应于各挡位的变速杆上端手柄位置排列,即挡位排列也不相同。因此,汽车驾驶室仪表板上(或操纵手柄上)应标有该车变速器挡位排列图(图1-2-10中左上方图)。

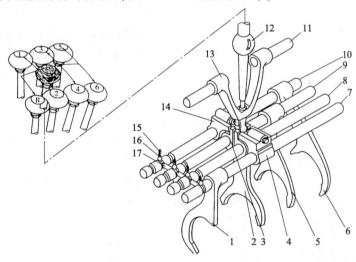

图1-2-10 六挡变速器操纵机构示意图

1-五、六挡拨叉;2-三、四挡拨叉;3-一、二挡拨块;4-五、六挡拨块;5-一、二挡拨叉;6-倒挡拨叉;7-五、六挡拨叉轴;8-三、四挡拨叉轴;9-一、二挡拨叉轴;10-倒挡拨叉轴;11-换挡轴;12-变速杆;13-叉形拨杆;14-倒挡拨块;15-自锁弹簧;16-自锁钢球;17-互锁销

(2)远距离操纵式。

在有些汽车上,由于变速器离驾驶人座椅较远,则需要在变速杆与拨叉之间加装一些辅助杠杆或一套传动机构,构成远距离操纵。这种操纵机构称为间接操纵式变速器操纵机构。图1-2-11所示为较简单的一种,其变速杆在驾驶人侧旁穿过驾驶室底板安装在车

架上,中间通过传动杆4来操纵变速器实现换挡。

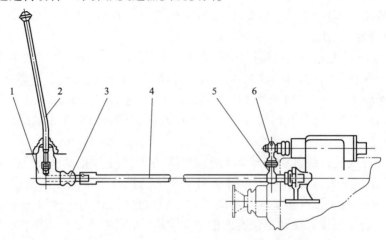

图1-2-11 变速器摆动杆式远距离操纵操纵机构
1-变速杆支架;2-变速杆;3-驱动杆;4-球头拨杆;5-球窝拨杆;6-传动杆支座

远距离操纵机构应有足够的刚度,各连接件间隙不能过大,否则换挡"手感"不明显,且不能保证换挡齿轮全齿长啮合。

2)锁止(定位)装置

锁止装置包括自锁、互锁和倒挡锁。

(1)自锁装置。

自锁装置的作用是防止变速器自动换挡和自动脱挡,保证全齿宽啮合。图1-2-12所示为变速器的自锁和互锁装置。自锁装置由自锁钢球1和自锁弹簧2组成。每一根拨叉轴的上表面沿轴向分布三个凹槽。当任意一根拨叉轴连同拨叉轴向移动到空挡或某一工作位置时,必有一个凹槽正好对准自锁钢球1。于是,钢球在弹簧压力下嵌入该凹槽内,拨叉轴的轴向位置即被固定,从而拨叉连同滑动齿轮(或接合套)即被固定在空挡或某一工作挡位置,不能自行脱出。当需要换挡时,驾驶人必须通过变速杆对拨叉或拨叉轴施加一定的轴向力,克服弹簧的压力将钢球由拨叉轴的凹槽中挤出推回孔中,拨叉轴和拨叉方能再进行轴向移动。拨叉轴上表面相邻凹槽之间的距离,即等于为保证在全齿宽上啮合或完全退出啮合所必需的拨叉及其轴的移动距离。

(2)互锁装置。

互锁装置的作用是防止变速器同时换入两个挡。

图1-2-12所示的互锁装置是由互锁钢球4和互锁销5组成的。每根拨叉轴的朝向互锁钢球的侧表面上均制出一个深度相等的凹槽,任一拨叉轴处于空挡位置时,其侧面凹槽都正好对准互锁钢球4。两个互锁钢球直径之和正好等于相邻两轴之间的距离加上一个凹槽的深

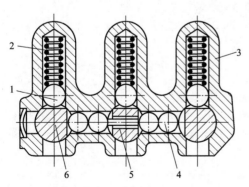

图1-2-12 变速器自锁和互锁装置
1-自锁钢球;2-自锁弹簧;3-变速器盖(前端);4-互锁钢球;5-互锁销;6-拨叉轴

度。中间拨叉轴上两个侧面凹槽之间有孔相通,孔中有一根可以移动的互锁销5,销的长度等于拨叉轴的直径减去一个凹槽的深度。

当一根拨叉轴移动的同时,其他两根拨叉轴均被锁止。但有的变速器互锁装置没有顶销,当某一拨叉轴移动时,只要锁止与之相邻的拨叉轴,即可防止同时换入两个挡。

(3) 倒挡锁。

倒挡锁的作用是防止误换倒挡。

驾驶人必须对变速杆施加较大的力,才能挂入倒挡,起到提醒作用,防止误挂倒挡,提高安全性。多数汽车变速器采用结构简单的弹簧锁销式倒挡锁。

图 1-2-13 为五挡变速器中常用的倒挡锁装置。它由一、倒挡拨块(五挡变速器)中的倒挡锁销 1 和倒挡锁销弹簧 2 组成。锁销 1 杆部装有弹簧 2,杆部右端的螺母可调整弹簧 2 的预压力和锁销的长度。欲换倒挡(或一挡)时,须用较大的力向一侧摆动变速杆 4,推动倒挡锁销 1 压缩弹簧后,变速杆 4 下端进入拨块 3 才能实现换挡。只要换入倒挡,其拨叉轴就接通装在变速器壳上的电开关,警告灯亮、报警器响(有的汽车仪表板上有倒挡指示灯),有效防止误挂倒挡。

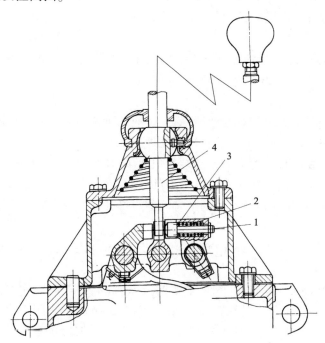

图 1-2-13 五挡变速器倒挡锁装置
1-倒挡锁销;2-倒挡锁销弹簧;3-倒挡拨块;4-变速杆

7. 手动变速器的维修

汽车行驶时,变速器通过齿轮减速增矩将动力传到万向传动装置。齿面间接触力很大,产生磨损或疲劳剥落等现象。汽车行驶时,需要根据行驶条件选择合适的挡位。对于在不良路面上行驶的车辆,由于换挡频繁,会产生冲击载荷,破坏零件的润滑油膜,加之使用和维修不当,更加剧变速器零件的损伤,出现换挡困难、换挡异响、自行脱挡、噪声及渗漏等故障。因此,必须对变速器进行正确的维护,以维持变速器良好的技术状况,延长变速器的使用。

1)变速器的维护

对变速器的维护应按照使用说明书的要求进行。一般情况,在一级维护时应检查变速器润滑油量,通气塞保持畅通。二级维护时,应检查第二轴凸缘的螺母紧固情况,其紧固力矩应符合原厂要求。检查变速器是否有运转异响,判定齿轮、轴、轴承等零件的磨损情况。

2)变速器主要零件的检修

(1)变速器壳体。

①变速器壳体裂纹。轴承孔和安装固定孔出现裂纹,应更换变速器壳体;受力不大部位的裂纹,可黏结修复;重要和受力较大部位的裂纹,可进行焊修。

②变速器壳体变形。变速器壳体是保证齿轮传动副精度的基础件。变速器壳体的变形易使各轴轴线间的平行度误差、轴心距改变,导致齿轮副啮合精度改变。若出现壳体变形,应进行整形修复,可采用镶套修复。无法修复的,应予以更换。

③壳体螺孔损伤。壳体上所有连接螺孔的螺纹损伤不得多于2个牙。螺纹孔的损伤可用换加粗螺栓或补焊后重新钻孔加工的方法修复。

(2)变速器盖。

变速器盖应无裂纹,与变速器壳体接合面的平面度公差为0.10~0.15mm;拨叉轴与轴承孔的间隙为0.04~0.20mm。

(3)齿轮与花键。

①齿轮的啮合面上出现明显的疲劳麻点、斑疤或阶梯形磨损时,必须更换。齿面仅有轻微斑点或边缘略有破损时,可用油石修磨处理。

②固定齿轮或相配合的滑动齿轮的端面损伤不得超过齿长的15%。

③齿轮齿面的啮合面中线应在齿高的中部,接触面积不得小于工作面的60%。

④齿轮与齿轮、齿轮与轴及花键的啮合间隙、径向间隙应符合原厂规定。

(4)轴。

拨叉轴直线度公差为0.05mm,轴上挡位凹槽的最大磨损量为0.5mm,超过此限应换新。

第一轴、第二轴和中间轴,以两端轴颈的公共轴线为基准,中部径向圆跳动公差为0.03mm(轴长120~250mm)或0.06mm(轴长250~500mm),否则应换用新轴。

(5)轴承。

轴承应转动灵活,滚动体与内外滚道不得有麻点、斑疤和烧灼磨损等缺陷,保持架完好,径向间隙不得大于0.1mm。滚动轴承与轴承孔、轴颈或齿轮的配合应符合技术条件要求。

(6)同步器。

①锁环式惯性同步器的检修。锁环式惯性同步器零件的主要损耗是锁环内锥面螺纹槽磨损、滑块磨损。锁环与滑块的磨损会破坏换挡过程的同步性,使换挡时发出机械撞击声。此外,滑块支承弹簧断裂弹力不足,使锁环失去自动对中性能;接合时会发出噪声,换挡过程迟缓。同步器滑块顶部凸起磨损出现沟槽,会使同步作用减弱,必须进行更换。锁

环的接合齿端磨凸,使锁环力矩减弱或消失,亦会导致换挡困难。

②锁销式惯性同步器的检修。锁销式惯性同步器零件的主要损耗是由于换挡操作不当、冲击过猛使锥盘外张,摩擦角变大造成同步效能降低;锥环锥面上的螺纹槽的磨损严重使摩擦系数下降,甚至两者端面接触,使同步作用失效。同步器的锁销和支承销松动或散架,会引起同步器突然失效,一般应换用新同步器。

3) 变速器的装配与调整

变速器装配时应注意以下方面。

①装配前,必须对零件进行认真的清洗,除去污物、毛刺和铁屑等。尤其要注意第二轴上的径向润滑油孔的畅通。

②装配各部轴承及键槽时,应涂润滑油预润滑。总成修理时,应更换所有滚针轴承。

③对零件的工作表面不得用硬金属直接锤击,避免齿轮出现运转噪声。

④注意同步器锁环或锥环的装配位置。装配过程中,如有旧件时应原位装复,以保证两元件的接触面积。因此,在变速器解体时,应对同步器各元件做好装配记号,以免装错。

⑤组装中间轴和第二轴时,应注意各挡齿轮、同步器固定齿座、推力垫圈的方向和位置,以保证齿轮的正确啮合位置。

⑥安装第一轴、第二轴及中间轴的轴承时,只许用压套垂直压在内圈上,禁止施加冲击载荷,轴承内圈圆角较大的一侧必须朝向齿轮。

⑦装入油封前,需在油封的刃口涂少量润滑脂,要垂直压入,并注意安装方向。

⑧变速器装配后,要检查各齿轮的轴向间隙和各齿轮副的啮合间隙及啮合印痕。

⑨装配密封衬垫时,应在密封衬垫的两侧涂以密封胶,确保密封效果。

⑩各挡的齿轮副是否处于全齿长接合位置。按规定的力矩拧紧全部螺栓。

⑪安装变速器盖时,各齿轮和拨叉均应处于空挡位置。

分 动 器

1. 分动器的功用

越野汽车因多轴驱动而装有分动器。它的功用是将变速器输出的动力分配到各驱动桥。其基本结构也是齿轮传动系统。输入轴直接或通过万向传动装置与变速器第二轴相连,其输出轴有若干个,分别经万向传动装置与各驱动桥连接。目前大多数越野汽车装用两挡分动器,兼起副变速器的作用。

2. 分动器的构造

分动器的齿轮传动机构是由若干齿轮、轴和壳体等零件组成,有的分动器还装有同步器。

图1-2-14a)为三个输出轴式两挡分动器,其结构简化为图1-2-14b)。分动器单独安装在车架上,其输入轴1用凸缘通过万向传动装置与变速器第二轴连接。输出轴8、12、17分别经万向传动装置通往后、中、前驱动桥。

分动器的降速增矩作用比变速器大,它的常啮合齿轮均为斜齿轮,轴的支承多采用

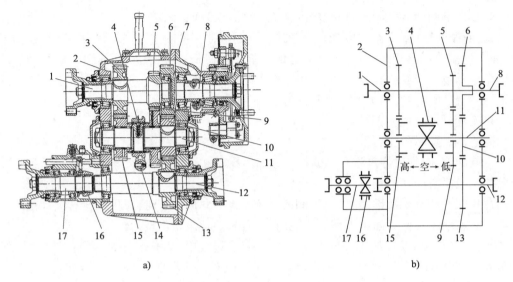

图 1-2-14 3 个输出轴式分动器

1-输入轴；2-分动器壳；3、5、6、9、10、13、15-齿轮；4-换挡接合套；7-分动器盖；8-后桥输出轴；11-中间轴；12-中桥输出轴；14-换挡拨叉轴；16-接合套；17-前桥输出轴

锥轴承(图1-2-14a)。输入轴1前端通过锥轴承支承在壳体上，后端通过锥轴承支承在与轴8制成一体的齿轮6的中心孔内。齿轮5与轴1制成一体。齿轮15和9之间装有接合套4，前桥输出轴17后端装有接合套16，其右移使轴承17和轴12相连接，即前桥驱动。

为了调整轴承预紧度，在轴8两锥轴承之间(除装有里程表驱动齿轮和隔圈外)装有调整垫片；轴1前端、轴11两端、轴12后端和轴17前端的轴承盖处装有垫片，其作用是用来密封，也可调整轴承预紧度，另外，轴11、12两端轴承盖处的垫片可调整轴及齿轮的轴向位置，保证常啮齿轮能全齿长啮合。

图1-2-14b)所示的是分动器空挡位置。将接合套4左移与齿轮15的齿圈接合时为高速挡，动力经输入轴1、齿轮3、15和中间轴11传到齿轮10，再分别经齿轮6、13传到输出轴8和12。因齿轮6和13齿数相同，故轴8和12转速相等。

将接合套16右移，轴17和12相连接，便接上了前驱动桥，再将接合套4右移与齿轮9的齿圈接合时为低速挡，动力由输入轴经齿5、9传到中间轴11和齿轮10，再分别传到输出轴8、12、17，3轴的转速相同。

任务训练

从东风车五挡变速器的结构原理和传动路线可知：如一、二、三、四挡或倒挡单个出现异响，与中间轴和第二轴各挡啮合齿轮或同步器有关；如各个挡位都出现异响，与第一轴斜齿轮和中间轴常啮合斜齿轮的啮合有关；五挡异响，与四、五挡同步器有关；挂各个挡位和空挡均出现异响，则只与第一轴有关。确切地说，异响来自第一轴前、后轴承。拆下第一轴后轴承和后轴承盖，发现后轴承盖的内壁上，有一条约1/4圈、宽度略小于滚珠的发亮磨痕(内壁属于未加工表面，凸出部位首先被磨耗)，滚珠架已部分损坏开裂，滚珠外露。异响来源于第一轴运转时所产生的轴向力推动下,滚珠及滚珠架不停地碰撞后轴承盖的内壁。

第一轴上有一连体左旋斜齿轮。当第一轴运转时,其左旋斜齿轮带动中间轴右旋常啮合斜齿轮转动,第一轴势必产生轴向力,方向朝前,由后轴承(150212)承受。当后轴承良好时,其滚珠及滚珠架远离后轴承盖;当后轴承内外圈滚道磨耗松旷到一定程度时,上述轴向力就推动内圈、滚珠、滚珠架前移,滚珠架先碰到后轴承盖内壁而损坏,接着滚珠及滚珠架不停地碰撞内壁。由于挂行车挡和重车时轴向力较大,挂空挡和空车时轴向力很小,所以在重车与空车、行车挡与空挡不同工况下,滚珠对内壁碰撞轻重程度也不同,这就造成重车异响比空车大、空挡异响比挂行车挡轻的现象。

故障排除:换上新的第一轴后轴承,滚道不再松旷,确保滚珠及滚珠架碰不到内壁,该车变速器异响排除。

任务评价

变速器拆装评价表　　　　　　　　　　　　　　　　　　　　　表1-2-1

序号	内容及要求	评分	评分标准	自评	组评	师评	得分
1	工具的使用	10分	不能正确使用常用工具扣5分; 不能正确使用专用工具扣1~5分				
2	手动变速器的分解	30分	把手动变速器放在作业台上,放出手动变速器齿轮油,未做扣5分; 将手动变速器的盖拆下,取下调整垫片和密封圈,未做扣10分; 取出输入轴和输出轴总成,未做扣15分				
3	零件摆放整齐	10分	摆放不整齐扣5分; 工具、零件落地一次扣5分				
4	正确组装变速器	30分	装入输入轴和输出轴总成,未做扣15分; 装上手动变速器外盖及垫片和密封圈加入齿轮油,未做装配扣15分				
5	工具、现场整洁	10分	未清洁整理工具和现场扣1~10分				
6	安全文明实习	10分	出现安全问题和不文明现象扣1~10分				

指导教师总体评价:

　　　　　　　　　　　　　　　　　　　　　　　　　　指导教师_____
　　　　　　　　　　　　　　　　　　　　　　　　　　____年____月____日

练一练

一、单项选择题

1. 三轴式变速器不包括( )。
   A. 输入轴　　　B. 输出轴　　　C. 中间轴　　　D. 倒挡轴

2. 下列哪个齿轮传动比表示超速挡？( )
   A. 2.15∶1　　　　　　　　　B. 1∶1
   C. 0.85∶1　　　　　　　　　D. 以上答案都不正确

3. 齿轮传动中,若传动比大于1,则输出轴转矩( )输入轴转矩。
   A. 大于　　　　B. 小于　　　　C. 等于　　　　D. 无关系

4. 越野汽车因多轴驱动而装有( ),其主要功用是将变速器输出的动力分配到各个驱动桥。
   A. 分动器　　　　　　　　　B. 变速驱动桥
   C. 主减速器和差速器　　　　D. 半轴

5. 变速器乱挡(在离合器技术状况正常情况下,变速器同时挂上两个挡,或虽能挂上挡,但却不能挂入所需要的挡位,或者挂入后不能退出)的故障原因主要为( )。
   A. 变速操纵机构失效　　　　B. 变速传动机构失效
   C. 变速控制机构失效　　　　D. 变速旋转机构失效

二、多项选择题

1. 变速器的作用是( )。
   A. 改变传动比,扩大驱动轮转矩和转速的变化范围
   B. 改变驱动轮的旋转方向
   C. 中断动力传递
   D. 驱动其他机构

2. 汽车变速器的结构类型,按传动比变化情况可分为( )。
   A. 有级　　　　B. 无级　　　　C. 综合　　　　D. 强制操纵

3. 三轴式变速器的三轴是指( )。
   A. 输入轴　　　B. 输出轴　　　C. 倒挡轴　　　D. 中间轴

4. 同步器分为( )等类型。
   A. 锁环式　　　B. 锁销式　　　C. 常压式　　　D. 增压式

5. 变速器锁止装置包括( )。
   A. 自锁　　　　B. 互锁　　　　C. 倒挡锁　　　D. 挡位锁

三、判断题

1. 汽车设置变速器的目的是改变发动机的转矩,增大发动机功率。( )
2. 变速器的挡位越低,传动比越小,汽车的行驶速度越低。( )
3. 变速器在换挡时,为避免同时挂入两挡,必须装设自锁装置。( )
4. 同步式换挡装置可以保证在换挡时使接合套与待啮合齿圈的圆周速度迅速达到

相等,即迅速达到同步状态,并防止两者在同步之前进入啮合,从而可彻底消除换挡时由于转速不等而造成的冲击。（   ）

5. 互锁装置作用是当驾驶人用变速杆推动某一拨叉轴时,自动锁住其他拨叉轴。（   ）

6. 主动齿轮的转速与从动齿轮的转速之比值称为传动比。（   ）

7. 所谓几挡变速器是指其前进挡的数目。（   ）

8. 超速挡主要用于汽车在良好路面上轻载或空载运行,以提高汽车的燃料经济性。（   ）

9. 三轴式变速器输入轴与输出轴在同一条轴线上。（   ）

10. 手动变速器装配前,必须对零件进行认真清洗,除去污物、毛刺和铁屑等,尤其要注意第二轴齿轮上的径向润滑油孔应畅通。（   ）

四、简答题

1. 变速器的类型有哪几种？举例说明其应用在哪些汽车上。
2. 简述锁环式同步器工作原理。
3. 变速器中的锁止装置有哪些？其装置起到什么作用？
4. 绘制三轴五挡变速器动力传动简图,并说明动力传递情况。

学习任务 1.3　组合式变速器构造与维修

1. 通过查阅资料和观摩,掌握组合式手动变速器的组成及其工作原理。
2. 学会组合式手动变速器的检修操作方法。
3. 根据环保要求,妥善处理辅料、废弃液体和损坏零部件。

一辆陕汽德龙混凝土搅拌运输车,装有 RT-11509C 型富勒变速器,行驶过程中驾驶人发现高低挡转换困难、气压表值不能达到最大值,下车检查发现在副变速器处有漏气现象,需要进行检查和维修。

任务准备

重型载货汽车装载质量大、使用条件复杂,为保证其良好的动力性、经济性和加速性,要求变速器有较多的挡位,以扩大传动比的范围。常采用两个变速器相串联的方式构成组合式变速器。

在组合式变速器中,其中一个为挡数较多且有倒挡的主变速器,另一个为只有高、低两挡的副变速器。副变速器一般有一个直接挡和一个低速挡。副变速器低挡传动比较大时,多置于主变速器之后,以利于减小变速器的质量和尺寸;副变速器低速挡传动比较小时,则置于主变速器之前。

1. 组合式变速器的特点

目前,在重型商用车上广泛采用法士特双中间轴组合式变速器。

(1)双中间轴。

组合式变速器的主、副变速器均采用两根结构完全一样的中间轴,相间180°,如图1-3-1所示。动力从输入轴输入后,分流到两根中间轴上,然后汇集到主轴输出,副变速器也是如此。

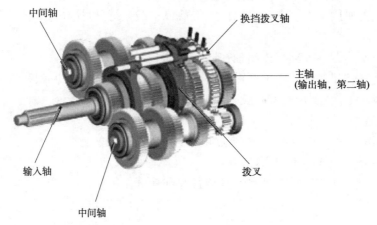

图1-3-1 双中间轴变速器

图1-3-2 双中间轴组合变速器动力传递

理论上,每根中间轴只传递1/2的转矩,所以采用双中间轴可以使变速器的中心距减小,齿轮的厚度减薄,轴向尺寸缩短,质量减轻。采用了双中间轴以后,主轴上的各挡齿轮必须同时与两只中间轴齿轮啮合,如图1-3-2所示。

(2)主轴齿轮呈径向浮动状态。

为了满足正确的啮合并使载荷尽可能地平均分配,主轴齿轮在主轴上呈径向浮动状态,主轴则采用铰接式浮动结构,如图1-3-3所示。主轴轴颈插入输入轴的孔内,孔内压入含油导套,主轴轴颈与导套之间有足够的径向间隙。主轴后端通过渐开线花键插入副变速器驱动齿轮孔内,副变速器驱动齿轮轴颈支撑在球轴承上。

因为主轴上各挡齿轮在主轴上浮动,这样就取消了传统的滚针轴承,使主轴总成的结构更简单。在工作时,两个中间轴齿轮对主轴齿轮所加的径向力大小相等,方向相反,相互抵消,使主轴只承受转矩,不承受弯矩,改善了主轴和轴承的受力状况,并大大提高了变速器的使用可靠性和耐久性。

(3)采用主变速器手动操纵、副变速器气压操纵的组合设计,可配置出8~12个前进挡。

(4)可配置前置全功率取力器、侧取力器、底取力器和后取力器。

(5)轴向尺寸小,质量轻,承载力大,使用可靠,维修方便。

2. 双中间轴全同步器系列变速器的编号规则

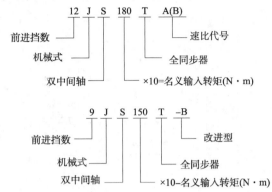

3. 双中间轴全同步器变速器的结构

12挡变速器实物图，如图1-3-4所示，其结构简图如图1-3-5所示。

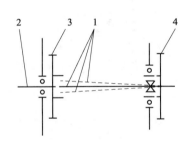

图1-3-3 主轴浮动结构示意图
1-主轴；2-输入轴；3-输入轴齿轮；4-副变速器驱动齿轮

图1-3-4 12挡变速器实物图

4. 12挡变速器动力传递路线

12挡变速器动力传递路线如图1-3-6所示。

5. 同步器

汽车变速器内的同步器使变速器换挡轻便、迅速、无冲击、无噪声，且可延长齿轮寿命，提高汽车的加速性能并节油，故变速器除倒挡外，其他挡位多装用同步器。惯性同步器能确保同步器啮合换挡，性能稳定、可靠，分为惯性锁止式和惯性增力式两种，用得最广泛的是锁环式、锁销式等惯性锁止式同步器。

锁环式同步器由于其结构紧凑，性能良好，使用可靠、成本低，目前得到广泛应用。其不足之处在于同步器摩擦力矩偏小。双锥面锁环式同步器是在工作原理和结构布置与锁环式同步器基本类似的基础上，开发设计的一种新型同步器装置，它既继承了锁环式同步器的优点,又在提高同步器摩擦力矩上弥补了其不足。

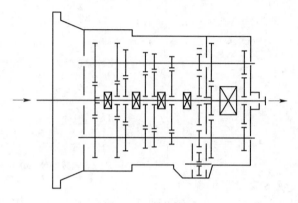

图 1-3-5 结构简图

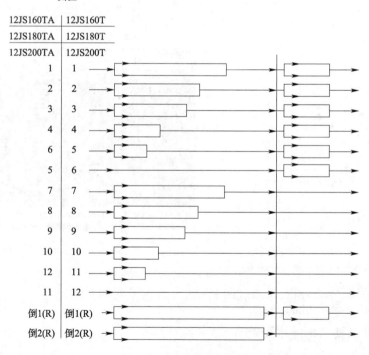

图 1-3-6 动力传递路线图

图 1-3-7 为五、六挡同步器,五挡和六挡皆为双锥面,其同步器齿套、齿毂、滑块、弹簧等为五、六挡共用,且两挡各有三个锥形零件 5、6、8,同步器接合外锥 5 制有 6 个单键与同步器内锥 8 上的 6 个键槽连接在一起,所以外锥 5 与内锥 8 是同变速器二轴一起转动的,而同步锥体 6 上的 6 个凸块与接合圈 7 上的 6 个孔接合,所以锥体 6 是与 5 挡齿轮一起转动的。结果是当变速器由四挡升到五挡或由六挡减到五挡时,五挡齿轮与二轴间产生相对角速度差,此时在五挡的同步器锥体结构中就有两对滑动摩擦锥面开始工作,所以在总体尺寸一样的情况下,加在同步器齿套上的轴向推力在摩擦锥面上所产生的同步摩

擦力矩,就等于作用在两对锥面之间的摩擦力矩总和,即换五挡时产生的同步摩擦力矩约为单锥面同步器的 2 倍,从而减小换挡力约 50%。

其工作过程是:挂挡时,啮合套带动滑块而推动外锥移动,由于同步器安装后存在间隙,外锥受力后推动锥体,锥体推动接合齿圈,带接合齿圈与齿轮相靠,转速差产生的摩擦力矩使外锥相对于啮合套及滑块转过一个角度并由滑块定位,此时齿套受换挡力移动,齿套的锁止角面与外锥的外花键的锁止角面贴合,换挡力经锁止斜面将外锥进一步压紧,此时锥面开始摩擦,在换挡力的作用下锁止斜面上产生的迫使外锥回正的拨环力矩小于锥面间的摩擦力矩,可阻止同步前挂挡。当锥面摩擦力矩克服了被接合部分的惯性力矩后,转速差及摩擦力矩消失。拨环力矩迫使外锥回正,锁止斜面脱开,啮合套克服滑块的弹簧力而越过锁止环与齿轮接合齿同步接合,保证无冲击换挡。

换挡过程简述如下。

在行车过程中,驾驶人摘挡后,变速器各零部件均处于图 1-3-7 所示位置。此时动力由发动机、离合器传到一轴上,再经过渐开线花键传到一轴齿轮上,一轴齿轮同中间轴传动齿轮相啮合,动力传到中间轴上,中间轴上各挡齿轮由于同中间轴固定在一起,所以一起转动。中间轴上各挡齿轮又驱动二轴上的各挡齿轮一起转动,由于各同步器处于空挡位置,所以二轴上各挡齿轮亦处于空转状态,二轴上无动力输出。

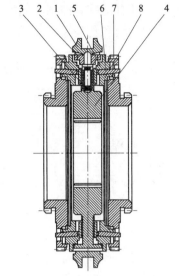

图 1-3-7 主变速器双锥面同步器总成
1-同步器齿套;2-定位块;3-弹簧;4-同步器齿毂;5-同步器外锥;6-同步器双锥;7-同步器接合齿;8-同步器内锥

当驾驶人要挂五挡时,操纵驾驶室的操纵杆,经过变速杆系传动机构使五、六挡拨叉轴带动五、六挡拨叉轴向右移,拨叉的叉脚又推动同步齿套轴向移动,此时在五挡的同步器锥体结构中就有两对滑动摩擦锥面开始工作,当五挡齿轮与二轴相对角速度大约为零时,同步器滑套内花键比较柔和地与五挡齿轮外花键相啮合。至此,整个挂挡过程顺利完成。这样,动力经发动机、离合器由一轴输入后,通过花键传到一轴齿轮上,再传给两个成对称布置的中间轴传动齿轮,又通过两个对称布置的中间轴五挡齿轮传给二轴五挡齿轮,通过花键啮合传给同步齿套、二轴,随后,将动力传到副变速器驱动齿进入副变速器,最终通过副变速器从主变速器输出凸缘盘把动力输出。

副变速器带有锁销式惯性同步器。

6. 操纵机构

12 挡全同步器系列变速器基本操纵机构为单 H 远距离操纵机构,结构紧凑,挡位清晰手感好,R1、2、3、4、5、6 挡在低挡区,R2、7、8、9、10、11、12 挡在高挡区,低挡区空挡位置在 3、4 挡,高挡区空挡位置在 9、10 挡,如图 1-3-8 所示。

单 H 远距离操纵机构主要由操纵装置壳体、外换挡臂、横向换挡杆、倒挡开关控制块、换挡拨头、压缩弹簧、通气塞和指

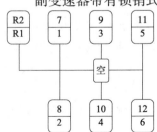

图 1-3-8 变速杆操纵位置图

示灯开关、启动销等零部件组成。其功能为完成变速器的选挡和摘、挂挡。外换挡臂、倒挡开关控制块、换挡拨头、弹簧座、弹簧和卡环装配在横向换挡杆上,通过操纵外换挡臂使横向换挡杆作横向移动和转动,进行选挡和摘、挂挡。换挡拨头两边各有一个扇形凸台,凸台上开有沟槽来控制空挡指示灯开关和气路控制阀,倒挡指示灯开关是由倒挡开关控制块的移动和转动控制的,如图1-3-9所示。

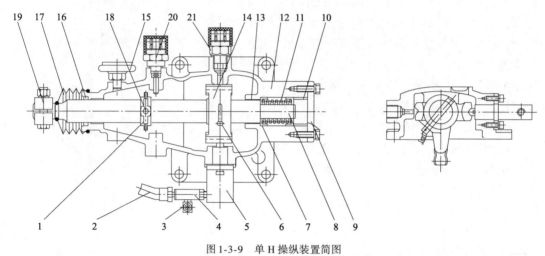

图1-3-9 单H操纵装置简图

1-低倒挡开关控制块;2-气管总成;3-90°快换接头;4-三通管接头;5-气路控制阀;6-圆柱销;7-弹簧座;8-横向换挡杆;9-侧板;10-限位套;11-压缩弹簧;12-操纵装置壳体;13-横向换挡杆衬套;14-拨头;15-通气塞;16-油封;17-套;18-弹性圆柱销;19-LRC外换挡臂;20-倒挡开关;21-空挡开关

7.12挡变速器气路工作原理

如图1-3-10所示,来自整车的0.7~0.8MPa压缩空气,经过空气滤清调节器调压为0.57~0.6MPa后,进入主气管和控制气管。当主变速器处于空挡位置时,气路控制阀开通,压缩空气继而进入气路换向阀。预选开关手柄选低挡,手柄的拨头处于低位,控制出气管由气推动气路换向阀打开低挡气路。压缩空气通过低挡气管进入换挡汽缸的低挡进气口,换挡汽缸活塞带动副变速器同步器滑套和副变速器减速齿轮的接合齿接合,此时变速器全部呈现出低挡,分别为R1、1、2、3、4、5、6挡;预选开关手柄选高挡,手柄的位置处于高位,控制出气管无气,则压缩空气通过气路换向阀的高挡出气口进入高挡气管至副变速器换挡汽缸的高挡进气口,换挡汽缸活塞带动副变速器同步器滑套和副变速器驱动齿轮的接合齿接合,此时变速器全部呈现出高挡,分别为R2、7、8、9、10、11、12挡,低挡区空挡位置在3、4挡,高挡区空挡位置在9、10挡。

注意:①气路控制阀只有在空挡时才接通,当挂挡时气路从气路控制阀处被截断,只有在空挡时才可能进行高、低挡转换。②低挡时控制气路(预选阀)出气管有气,高挡时控制气路(预选阀)出气管无气。

8.汽车组合变速器单H与双H操纵机构

所谓的单H和双H操纵机构,一般是指多挡位变速器变速杆操纵的变化位置路线,它若像一个H则称为单H,若像两个并排的H,就称为双H。

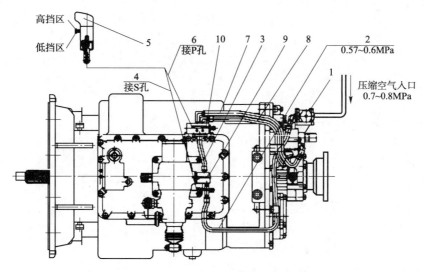

图 1-3-10 单 H 换挡机构气动线路示意图

1-空气滤清调节器;2-主气管;3-过渡气管;4-控制进气管;5-换挡手柄(预选阀);6-控制出气管;7-高挡气管;8-低挡气管;9-气路控制阀;10-气路换向阀

1) 单 H 操纵

采用单 H 的操纵方式时,驾驶人在低速挡变速杆操纵与在高速挡位置上操纵是一样的,也就是说两个 H 是重叠的,故称为单 H 操纵方式。国内目前装有单 H 形操纵机构的变速器有双中间轴直接操纵 9JS150-B 系列变速器,东风带前置或后置副变速器的组合式变速器。操纵手球头位置如图 1-3-11 所示,图中 R 为倒挡,L 为慢挡。

图 1-3-12 为单 H 换挡气动线路示意图。压缩空气经过空气滤清调节器 3,把压力调节到 0.41~0.44MPa 后,进入到换向阀 4,由安装在变速杆下方的预选阀 1 接通高速挡或低速挡。只有主变速器在空挡位置时,才能接通副变速器的高速挡或低速挡。

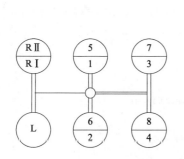

图 1-3-11 9 挡变速器单 H 变速杆操纵位置图

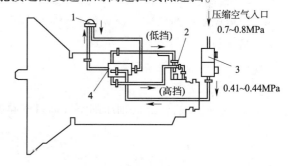

图 1-3-12 单 H 换挡气动路线图

1-预选阀(在手球头下方);2-范围挡汽缸;3-空气滤清调节器;4-换向阀

2) 双 H 操纵

双 H 操纵是变速杆在低速挡和高速挡的操纵位置不一样,形成了两个并排的 H,因此称为双 H。这种操纵机构安全、可靠、挡位明确,不会误挂、错挂挡位。在换挡机构上增设了高挡段和低挡段的转换装置,在换挡拨头上和换挡拨叉上也作了相应的变动。驾驶人操作时,只需按照挡位排列图进行换挡,便可以自动进行主、副变速器的换挡转换,实现

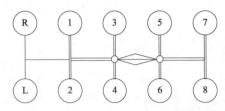

图1-3-13 9挡变速器双H变速杆操纵位置图

换高速挡或低速挡的操作。

双H操纵机构目前普遍应用在组合式变速器上,如綦江齿轮传动有限公司生产的系列变速器、法士特的9JS150系列变速器等。变速杆操纵位置如图1-3-13所示。

(1) 气动路线。

图1-3-14为9JS150T-B双中间轴远距离操纵双H换挡机构的气动路线示意图。变速杆操纵位置如图1-3-13所示,由图可以看出,其空挡位置有两个,一个在低挡区3/4挡的空挡位置,另一个在高挡区5/6挡的空挡位置,操纵机构换挡拨头直接控制双H气阀,使其接通高挡区的气路或低挡区的气路,来实现高、低挡区的自动转换。双H气阀1上的孔口1为进气口,孔口2和孔口4为出气口,孔口3和5为排气口。

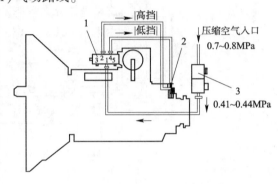

图1-3-14 双H换挡机构气动路线示意图
1-双H气阀;2-范围汽缸;3-空气滤清器

(2) 单臂(单杆远距离操纵)双H操纵装置结构。

单臂是指换挡摇臂和选挡摇臂合二为一,一般称为换挡摇臂,如图1-3-15所示,换挡摇臂1、倒挡开关控制块3、换挡拨头5、定位环9均装在横向换挡轴6上,通过操纵换挡摇臂1,使横向换挡轴6作横向移动和转动,进行选挡、摘挡、挂挡,换挡拨头5上有一部分为扇形面,扇形的边缘设计成一个30°斜面,使横向换挡轴6在高挡区移动时,双H气阀的球面滑柱能顺利地向后回缩,以便压缩空气接通高挡气路,闭合低挡气路,定位环9凸缘的两端设计成与定位柱塞8锥度相同的斜面,在复位弹簧7和10与径向定位柱塞8和小压缩弹簧的作用下,使横向换挡轴6在空挡位置时,始终保持在高挡区5/6挡的空挡或低挡区3/4的空挡位置,以便驾驶人的操作。

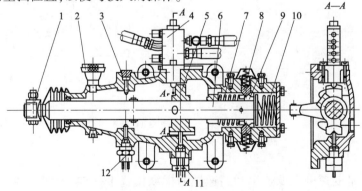

图1-3-15 双H操纵装置结构简图
1-换挡摇臂;2-通气塞;3-倒挡开关控制块;4-双H气阀;5-换挡拨头;6-横向换挡轴;7-复位弹簧Ⅰ;8-定位柱塞;9-定位环;10-复位弹簧Ⅱ;11-空挡信号开关;12-倒挡信号开关

(3)双 H 操纵机构拨头、导块、拨叉结构。

如图 1-3-16 所示为变速器换挡拨头、导块和拨叉结构简图,1、2 挡导块 6 和 3、4 挡导块 8 为双导向槽,换挡拨头 2 的空挡位置在高速挡段时是 5、6 挡,在低速挡段时是 3、4 挡,有两个空挡位置。现图示为换挡拨头 2 处于低速挡段,对准了 3、4 挡导块 8 的 3、4 挡位置,当换挡拨头 2 向左移动一个选挡行程时,换挡拨头 2 就处于高速挡段,对准了 1、2 挡导块 6 的 5、6 挡位置,再继续向左移动一个选挡行程,换挡拨头 2 就对准了 3、4 挡导块 8 的 7、8 挡位置。若换挡拨头 2 回到 3、4 挡导块 3、4 挡位置后,换挡拨头向右移动一个选挡行程,换挡拨头 2 就对准了 1、2 挡导块 6 的 1、2 挡位置,再向右移动一个选挡行程,换挡拨头 2 就对准了倒挡拨叉 4 的位置。向左选挡是高速挡段,向右选挡(包括 3、4)是低速挡段。本结构只有一个倒挡,倒挡拨叉向前是被限死的,所以不能向前挂挡。

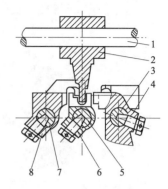

图 1-3-16 双 H 拨头与导块位置图
1-换挡轴;2-换挡拨头;3-倒挡拨叉轴;4-倒挡拨叉;5-1、2 挡拨叉轴;6-1、2 挡导块;7-3、4 挡拨叉轴;8-3、4 挡导块

商用车 AMT

由于手动换挡性能受驾驶人操纵技术水平高低的影响很大,直接影响汽车使用性能的发挥,加之频繁换挡易使驾驶人疲劳,影响汽车行驶安全,所以应用自动变速器一直是人们长期追求的目标。特别是近些年电子技术在车辆上广泛应用,使得自动变速技术在车辆上的应用越来越广泛。

目前商用车应用领域内的自动变速器主要有液力机械自动变速器(AT)和电控机械式自动变速器(AMT)。AT 具有动力性能优越、操纵简便和乘坐舒适性好等优点,但是,它还存在结构复杂、制造困难和成本高以及传动效率低、油耗高的缺点。AMT 是在传统固定轴式机械变速器和干式离合器的基础上应用自动变速理论和先进的电子控制技术,通过电子控制单元控制选挡、换挡和离合器的操纵,从而实现车辆动力系统的自动操纵。下面以法士特 AMT 为例进行说明。

1. 法士特 AMT 的组成原理

不同于传统的机械式手动变速器,AMT 系统离合器动作以及选换挡动作的执行都是由 TCU 控制完成的,TCU 集成于换挡手柄单元中,是整个 AMT 系统的大脑,它采集多种信息作为输入量,经过计算分析处理后,驱动各种执行机构来完成选换挡动作。法士特 AMT 的组成如图 1-3-17 所示。

TCU 的输入信号包括:电源信号(30 号电线,15 号电线,搭铁线)、选挡汽缸活塞位置、换挡汽缸活塞位置、半挡(慢挡或爬坡挡)汽缸活塞位置、范围挡(副变速器高低挡)汽缸活塞位置、离合器执行机构活塞位置、输入轴转速信号、输出轴转速信号、车速信号、驻车制动信号以及 CAN 总线信息等。

TCU 输出信息包括:选挡汽缸电磁阀驱动信号、换挡汽缸电磁阀驱动信号、半挡汽缸电磁阀驱动信号、范围挡汽缸电磁阀驱动信号、离合器执行机构电磁阀驱动信号、变速器制动器电磁阀驱动信号等。

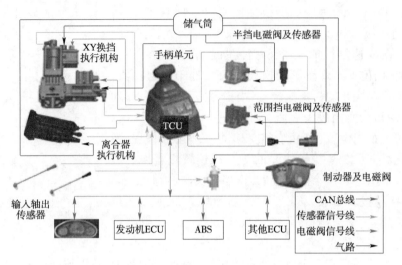

图 1-3-17　法士特 AMT 的组成

AMT 车辆使用的显示装置为 AMT 系统专用仪表(OEM 负责)或者独立显示器(法士特负责),能够显示 AMT 挡位信息、操作模式、故障信息等。

在 AMT 系统中,线束充当着人体神经网络的作用,成为连接 AMT 系统大脑——TCU 和各种传感器、执行机构的必由通道。气管路则扮演着人体肌肉组织的角色,将来自于储气筒的动力传递到各种执行机构。

在驾驶操作过程中,信号采集单元(各传感器)同时采集发动机状态、车辆行驶状态、加速踏板状态、制动状态等信号,由 TCU 对各信号进行分析、处理并发出指令,控制执行机构完成相应的动作。动作是否完成依靠位置传感器的反馈信号来判断,从而实现挡位自动转换。

2. 法士特 AMT 主要零部件

1)换挡手柄单元(内部集成 TCU)

换挡手柄单元结构与功能如图 1-3-18 所示。

2)XY 选换挡执行机构(图 1-3-19)

(1)功能:TCU 通过控制集成在该执行机构上的快速响应的电磁阀组,来实现所要求的选、换挡位置。

(2)组成:由汽缸执行机构、电磁阀组、位移传感器和带换挡指的滑块组成。其安装在变速器的上部并连接气路以及电路,如图 1-3-20 所示。

(3)特性:选换挡汽缸活塞两侧的电磁阀分别激活,活塞推杆分别到达两侧预定位置。通过另一个辅助活塞,与两个电磁阀同时激活时,活塞推杆到达中间位置及换挡的空挡位置或选挡的中间位置。

3)离合器执行机构

(1)功能:气动离合器执行机构(PCA)用于控制离合器分离和接合,如图 1-3-21 所示。

(2)组成:PCA 的动作由 4 个电磁阀控制(2 个控制接合 VCE1&VCE2、2 个控制分离

学习模块1 商用车传动系构造与维修

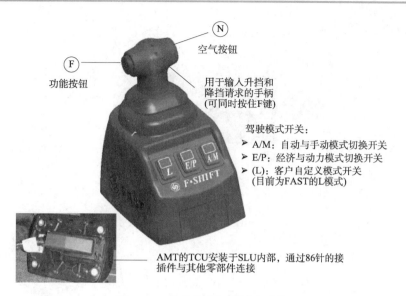

图 1-3-18 换挡手柄单元结构与功能

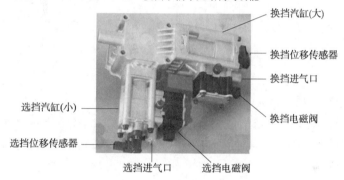

图 1-3-19 XY 选换挡执行机构

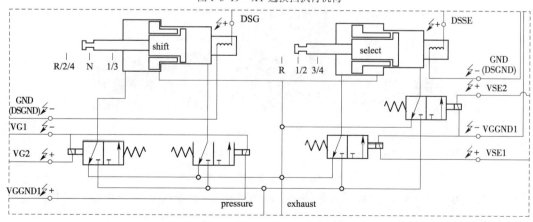

图 1-3-20 连接气路与电路

VCD1&VCD2），并通过位置传感器将离合器的位置实时地反馈 AMT 的 TCU，如图 1-3-22 所示。

（3）特性：控制接合和分离的每对电磁阀都由一快一慢两个电磁阀组成，从而实现不

· 45 ·

同接合和分离速度的控制。

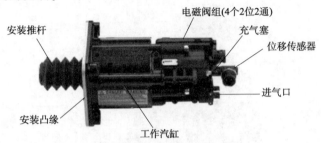

图 1-3-21　气动离合器执行机构（PCA）

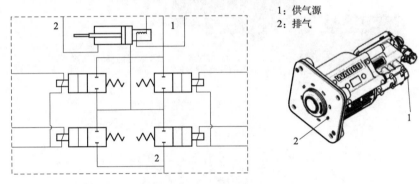

图 1-3-22　连接气路与电路

（4）要求：PCA 必须接近水平地安装，安装时及安装后，PCA 受外界应力压迫；PCA 推杆在其行程范围内不得受任何阻碍，推杆长度必须根据不同配置进行严格计算；任何传感器及电磁阀插接件外观上有破损的零件不得安装；修理及拆下 PCA，必须将工作汽缸内的压缩气体排出干净。

4）半挡、范围挡执行机构（图 1-3-23）

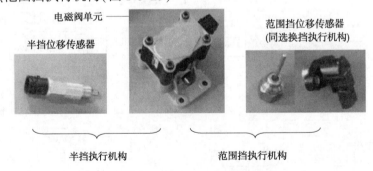

图 1-3-23　半挡、范围挡执行机构

（1）功能：TCU 通过控制半挡、范围挡执行机构上的电磁阀来实现其各自高低位置速比之间选择。

（2）工作原理：每个执行机构均由两个电磁阀分别控制汽缸活塞两侧工作腔充放压缩气体，从而实现各自高低位置的选择，如图 1-3-24 所示。

（3）特性：汽缸活塞的位置分别由与活塞相连的半挡和范围挡位移传感器监测并反馈给 AMT 的 TCU，以确保是否到达正确的高低位置。

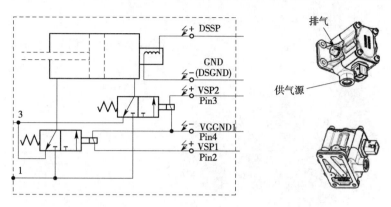

图1-3-24 控制气路与电路

5）输入、输出轴转速传感器（图1-3-25）

图1-3-25 输入、输出轴转速传感器

（1）功能：AMT系统的输入和输出轴转速传感器，分别用于监测变速器输入轴和输出轴转速，以实现换挡同步的功能。

（2）特性：输入轴传感器为感应式传感器（磁电式），输出交流电压信号；输出轴传感器为主动式传感器（霍尔式），输出是脉冲信号，如图1-3-26所示。

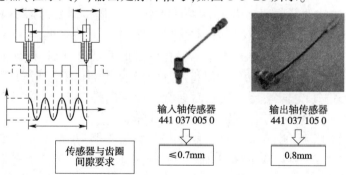

图1-3-26 输出信号及要求

输入、输出轴传感器不可以任换使用，其外形及尺寸一样，靠插接件的颜色来区分：橘黄色为输出轴传感器；黑色为输入轴传感器。

6）制动器（TB）及制动器电磁阀

（1）功能：TB主要在变速器升挡及挂起步挡时起作用，用来同步所需换挡的齿轮转速。

(2)工作原理:分离离合器后,TB电磁阀通电,给TB工作缸充气,变速器制动器工作,中间轴转速降低(转速依靠速度传感器监测),当需要换挡的齿轮达到同步要求时,换挡执行机构进行挂挡动作,如图1-3-27所示。

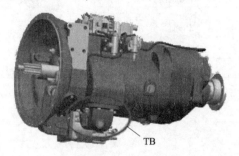 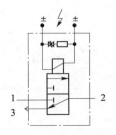

图1-3-27　变速器制动器阀
1-气源;2-出气口;3-排气口

(3)TB性能影响:TB制动性能较差时,换挡时间延长;TB制动性能过强时,输入轴转速降低得过快,容易越过换挡时机,表现为起步挡或升挡难挂。

AMT由于原有的机械传动结构基本不变,因此,具有传统机械变速器传动效率高、成本低、制造容易等优点,同时也具有操纵方便的自动变速功能。其无论在性价比、节能环保以及维护等方面都极具优势。

任务实施

RT-11509C型变速器由主变速器和副变速器组成。主变速器有5个前进挡和1个倒挡,副变速器有高、低速2个挡。主、副变速器均采用双中间轴结构。

1. 低挡时气路分析

如图1-3-28所示,当变速器选择低挡时,来自整车储气筒的压缩空气(0.7~0.84MPa)经过变速器空气滤清调节器调整为0.41~0.44MPa(全同步器变速器的副变速器工作气压为0.67~0.71MPa)后进入双H气阀的进气口。由于此时是低挡,压缩空气会通过双H阀的低挡出气口经由气管进入副变速器换挡汽缸的低挡进气口,推动换挡汽缸的活塞向右侧移动。活塞在向右侧移动的同时将汽缸内残余的气体由换挡汽缸的高挡气管通过双H阀的高挡侧排气口排出,所以换挡时会听到短暂的排气声,这是正常的。可是如双H阀长时间排气,就会影响挡位转换,进而造成故障。

首先,双H气阀漏气并不是双H气阀本身的质量问题,而是由于副变速器换挡汽缸密封不严造成窜气,反映在双H阀上而已。换挡汽缸是用一套三个密封圈来实现密封的,是一个相对密闭的环境,且随着汽缸活塞的往复运动,密封性不断衰减。随着摩擦次数的增多,汽缸的密封环境被破坏,进入汽缸的高压空气因为密封圈失效而直接通过活塞进入汽缸高挡一侧(图中1),最后从双H阀高挡出气口大量排出,造成变速器无法进入低挡区。这种故障一定要首先排除副箱换挡汽缸密封不严的故障,再考虑其他方面的问题。

2. 高挡时气路分析

如图1-3-29所示,当变速器选择高挡时,来自整车储气筒的压缩空气(0.7~0.81MPa)经过变速器空气滤清调节器调整为0.41~0.44MPa(全同步器副箱工作气压为

0.67~0.71MPa)后进入双 H 气阀的进气口。由于此时是高挡,压缩空气会通过双 H 阀的高挡出气口经由气管进入副变速器换挡汽缸的高挡进气口,推动换挡汽缸的活塞向左侧移动。活塞在向左侧移动的同时将汽缸内残余的气体由换挡汽缸的低挡气管通过双 H 阀的低挡侧排气口排出,随着摩擦次数的增多,汽缸的密封环境逐渐被破坏,进入汽缸的高压空气因为密封圈失效而直接通过活塞进入汽缸低挡一侧(图中2),最后从双 H 阀低挡出气口大量排出,造成变速器无法进入高挡区。

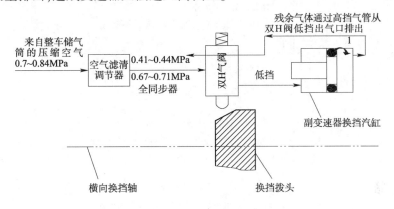

图 1-3-28　低挡时气路

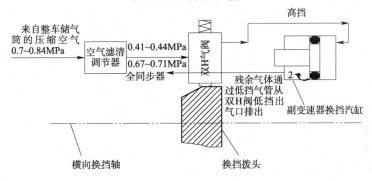

图 1-3-29　高挡时气路

换挡汽缸衬垫密封不严也可造成变速器低挡转换高挡时滞缓或无法换入高挡区。更换换挡汽缸中的密封圈后故障排除。

任务训练

根据维修手册拆装组合式变速器。

任务评价

组合式变速器拆装评价表　　　　　　表 1-3-1

序号	内容及要求	评分	评分标准	自评	组评	师评	得分
1	工具的使用	10 分	不能正确使用常用工具扣 5 分; 不能正确使用专用工具扣 1~5 分				

续上表

序号	内容及要求	评分	评分标准	自评	组评	师评	得分
2	组合式变速器的分解	30分	把组合式变速器放在作业台上,放出组合式变速器齿轮油,未做扣5分; 将组合式变速器的盖拆下,取下调整垫片和密封圈,未做扣10分; 取出输入轴和输出轴总成,未做扣15分				
3	零件摆放整齐	10分	摆放不整齐扣5分; 工具、零件落地一次扣5分				
4	正确组装变速器	30分	装入输入轴和输出轴总成,未做扣15分; 装上组合式变速器外盖及垫片和密封圈加入齿轮油,未做的装配扣15分				
5	工具、现场整洁	10分	未清洁整理工具和现场扣1~10分				
6	安全文明实习	10分	出现安全问题和不文明现象扣1~10分				
指导教师总体评价:							

指导教师_____
____年___月___日

练一练

一、单项选择题

1. 在组合式变速器中,主变速器有6个挡,副变速器有2个挡,共组合成( )挡位。
   A. 4   B. 8   C. 10   D. 12

2. 双中间轴组合式变速器主、副变速器均采用两根结构完全一样的中间轴,相间( )。
   A. 60°   B. 90°   C. 120°   D. 180°

3. 为满足正确啮合并使载荷尽可能地平均分配,主轴齿轮在主轴上呈( )状态。
   A. 径向浮动   B. 轴向浮动
   C. 径向固定   D. 轴向固定

4. 双锥面锁环式同步器用下锁止斜面上产生的迫使外锥回正的拨环力矩( )锥面间的摩擦力矩,可阻止同步前挂挡。
   A. 等于   B. 小于
   C. 大于   D. 大于等于

5. 变速器选择低挡时,来自整车储气筒的压缩空(0.7~0.84MPa)经过变速器空气滤清调节器调整为( )MPa后进入双H气阀的进气口。

  A. 0.21~0.31   B. 0.31~0.34

  C. 0.41~0.44   D. 0.51~0.54

二、多项选择题

1. 副变速器一般有( )。

  A. 一个直接挡   B. 一个低速挡

  C. 一个高速挡   D. 一个慢速挡

2. 主变速器、副变速器组合设计,主变速器与副变速器分别采用( )操纵。

  A. 手动、气压   B. 气压、手动

  C. 手动、手动   D. 气压、气压

3. 组合式变速器可配置( )取力器。

  A. 前置全功率   B. 侧   C. 底   D. 后

4. 单H远距离操纵机构主要由( )、换挡拨头、压缩弹簧、通气塞和指示灯开关、启动销等零部件组成。

  A. 操纵装置壳体   B. 外换挡臂

  C. 横向换挡杆   D. 倒挡开关控制块

5. 组合式变速器的特点是( )。

  A. 双中间轴

  B. 主轴齿轮呈径向浮动状态

  C. 主变速器手动操纵,副变速器气压操纵

  D. 可配置多种取力器

三、判断题

1. 法士特双中间轴组合式变速器的主变速器是双中间轴,副变速器也是双中间轴。

( )

2. 为了满足正确的啮合并使载荷尽可能地平均分配,主轴则采用铰接式浮动结构。

( )

3. 同步器中当锥面摩擦力矩克服了被接合部分的惯性力矩后,转速差及摩擦力矩消失。拨环力矩迫使外锥回正,锁止斜面脱开,才能挂上挡。 ( )

4. 单H和双H操纵机构,一般是指多挡位变速器变速杆操纵的变化位置路线,它相似一个H称为单H,相似两个并排的H,就称为双H。 ( )

5. 副变速器换挡汽缸的密封环出现磨损,造成漏气,高挡与低挡转换困难。 ( )

四、简答题

1. 组合式变速器的特点是什么?

2. 简述双锥面锁环式同步器的基本原理。

3. 什么是单H和双H操纵机构?

4. 简述双中间轴组合变速器动力传递路线。

学习任务 1.4　万向传动装置构造与维修

**任务目标**

1. 通过查阅资料和观摩,掌握万向传动装置的组成及其工作原理。
2. 学会万向传动装置的检修操作方法。
3. 根据环保要求,妥善处理辅料、废弃液体和损坏零部件。

**任务导入**

一辆解放 CA1091 行驶的过程中,出现无节奏的"咯噔咯噔"撞击声,有时是"咣当咣当"的严重撞击声。随着响声的出现,车辆有振动感。怀疑是万向传动装置出现故障,要进行拆卸、检查、维修。

**任务准备**

万向传动装置是传动系中重要的组成部分,对于发动机前置、前轮驱动的汽车,万向传动装置安装在驱动桥与驱动车轮之间;对于发动机前置、后轮驱动的汽车,其安装在变速器与驱动桥之间,用来传递动力。

1. 万向传动装置的功用

万向传动装置在汽车上有很多应用,结构也稍有不同,但其功用都是一样的,即在轴间夹角和相互位置经常发生变化的两转轴之间传递动力。

2. 万向传动装置的应用

万向传动装置在汽车上的应用主要有如下方面。

(1) 变速器与驱动桥之间(4×2 汽车)。一般汽车的变速器、离合器与发动机三者合为一体装在车架上,驱动桥通过悬架与车架相连。负荷变化及汽车在不平路面行驶时引起的跳动,会使驱动桥输入轴与变速器输出轴之间的夹角和距离发生变化,需安装万向传动装置。

(2) 变速器与分动器、分动器与驱动桥之间(越野汽车)。为消除车架变形及制造、装配误差等引起的其轴线同轴度误差对动力传递的影响,需装有万向传动装置。

(3) 转向驱动桥的内、外半轴之间。转向时两段半轴轴线相交且交角变化,因此要用万向节。

(4) 断开式驱动桥的半轴之间。主减速器壳在车架上是固定的,桥壳上下摆动,半轴是分段的,需用万向节。

(5) 转向机构的转向轴和转向器之间,有利于转向机构的总体布置。

3. 万向传动装置的组成

万向传动装置主要包括万向节和传动轴,对于传动距离较远的分段式传动轴,为了提高传动轴的刚度,还设置有中间支承,如图 1-4-1 所示。

在汽车上使用的万向节按其刚度大小,可分为刚性万向节和柔性万向节。刚性万向节按其速度特性分为不等速万向节(常用的为十字轴式)、准等速万向节(双联式和三销轴式)和等速万向节(包括球叉式和球笼式等)。目前在汽车上应用较多的是十字轴式刚性万向节和等速万向节。十字轴式刚性万向节主要用于发动机前置后轮驱动的变速器与驱动桥之间,等角速万向节主要用于发动机前置前轮驱动的内、外半轴之间。

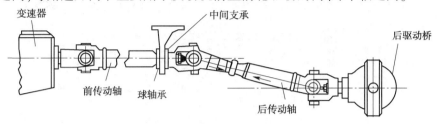

图 1-4-1 万向传动装置的组成

常见的不等速万向节为十字轴式刚性万向节,如图 1-4-2 所示,其允许相邻两轴的最大交角为 15°~20°。

1)十字轴刚性万向节

十字轴式刚性万向节主要由十字轴、万向节叉等组成。万向节叉上的孔分别套在十字轴的 4 个轴颈上。在十字轴轴颈与万向节叉孔之间装有滚针和套筒,用带有锁片的螺栓和轴承盖来使轴向定位。为了润滑轴承,十字轴内钻有油道,且与滑脂嘴、安全阀相通,如图 1-4-3 所示。为避免润滑油流出及尘垢进入轴承,十字轴轴颈的内端套装油封。

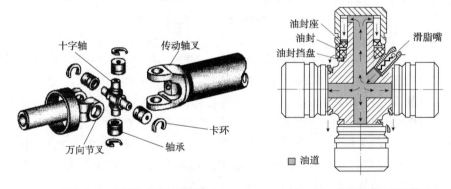

图 1-4-2 十字轴式刚性万向节　　图 1-4-3 润滑油道及密封装置

单个十字轴式刚性万向节在主动轴和从动轴之间有夹角的情况下,当主动叉等角速转动时,从动叉是不等角速的,这称为十字轴式刚性万向节的不等速特性,且两转轴之间的夹角越大,不等速性就越大。图 1-4-4 所示为传动轴每转一圈时速度变化情况。

十字轴式刚性万向节的不等速特性将使从动轴及其相连的传动部件产生扭转振动,从而产生附加的交变载荷,影响部件寿命。可以采用图 1-4-5 所示的双十字轴刚性万向节的传动方式,第一万向节的不等速特性可以被第二万向节的不等速特性所抵消,从而实现两轴间的等角速传动。具体条件是:①第一万向节两轴间夹角 α_1 与第二万向节两轴间夹角 α_2 相等;②第一万向节的从动叉与第二万向节的主动叉处于同一平面。

由于悬架的振动,不可能在任何时候都保证 $\alpha_1 = \alpha_2$;因此,这种双十字轴刚性万向节的传动只能近似地解决等速传动问题,且由于两轴夹角最大只能是 20°,因此在使用上受到限制。

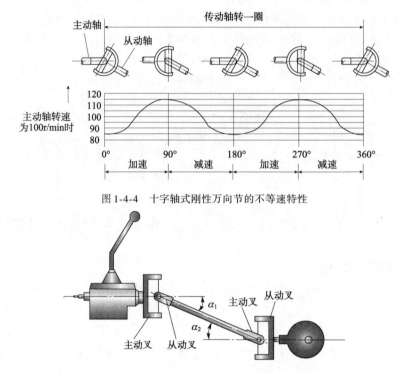

图1-4-4 十字轴式刚性万向节的不等速特性

图1-4-5 双十字轴刚性万向节等速传动布置

2)传动轴

传动轴是万向传动装置中的主要传力部件。通常用来连接变速器(或分动器)和驱动桥;在转向驱动桥和断开式驱动桥中,则用来连接差速器和驱动车轮。

图1-4-6所示为传动轴的构造。传动轴有实心轴和空心轴之分。为了减轻传动轴的质量,节省材料,提高轴的强度、刚度,传动轴多为空心轴,一般用厚度为1.5~3.0mm的薄钢板卷焊而成。超重型货车则直接采用无缝钢管。转向驱动桥、断开式驱动桥或微型汽车的传动轴通常制成实心轴。传动轴两端的连接件装好后,应进行动平衡试验。在质量小的一侧补焊平衡片,使其不平衡量不超过规定值。

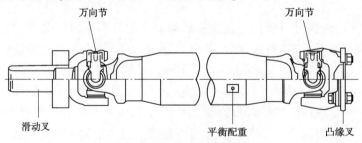

图1-4-6 传动轴的构造

汽车行驶过程中,变速器与驱动桥的相对位置会发生变化,随着传动轴角度的改变,其长度也会改变,因此采用滑动叉和花键组成的滑套连接,以实现传动轴长度的变化,如图1-4-7所示。

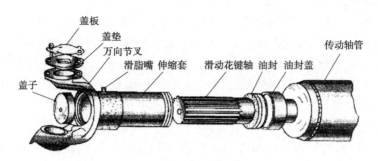

图1-4-7 滑叉的构造

3）中间支承

传动轴分段时需加中间支承。中间支承通常装在车架横梁上，能补偿传动轴轴向和角度方向的安装误差，以及汽车行驶过程中因发动机窜动或车架变形等引起的位移。

图1-4-8所示的中间支承是由支承座和轴承等组成，轴承固定在中间传动轴后部的轴颈上。带油封的支承盖之间装有弹性元件橡胶垫环，用3个螺栓紧固。紧固时，橡胶垫环会径向扩张，其外圆被挤紧于支架的内孔。

4. 万向传动装置检修

以解放CA1091汽车为例说明拆装检修方法。解放CA1091汽车传动轴为开式、管状传动轴，分前后两节，前节是带中间支承的中间传动轴，后节是凸缘带花键滑动叉的双万向传动轴，如图1-4-9所示。

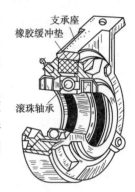

图1-4-8 中间支承

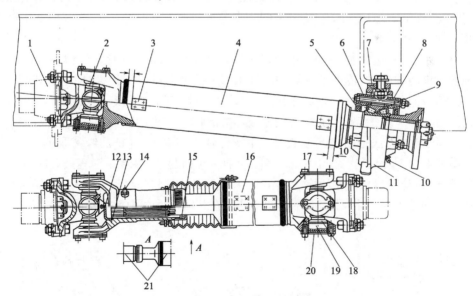

图1-4-9 解放CA1091汽车的万向传动装置

1-凸缘叉；2-万向节十字轴；3-平衡片；4-中间传动轴；5、15-中间支承油封；6-中间支承前盖；7-橡胶垫片；8-中间支承后盖；9-双列圆锥滚子轴承；10、14-油嘴；11-支承座；12-堵盖；13-滑动叉；16-主传动轴；17-锁片；18-滚针轴承油封；19-万向节滚针轴承；20-滚针轴承轴承盖；21-装配位置标记

传动轴拆装时应做好原始标记。在做标记前应检查传动轴原来的安装位置是否正确,这是由于传动轴是等角速万向传动,即发动机和变速器动力总成的旋转轴线与后桥主减速器主动锥齿轮的旋转轴线不在同一条直线上。特别是汽车在行驶过程中,由于汽车的垂直振动,主传动器主动锥齿轮的旋转轴线是变化的,而发动机和变速器的旋转轴线变化很小,因此,旋转轴线变化的传动要由万向节传动来实现。

1) 传动轴的拆解

(1) 后桥传动轴的拆卸。拆卸传动轴时,先将汽车前后轮楔住。如图1-4-10所示,拆下传动轴后端与后桥主动锥齿轮凸缘连接的4个螺栓。拆下传动轴前端与中间传动轴凸缘的4个连接螺栓,边用锤敲打边用力向后推滑动叉(图1-4-11),即可拆下传动轴。

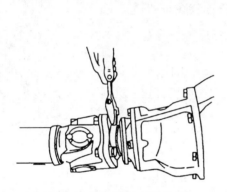
图1-4-10 拆传动轴与后桥的连接

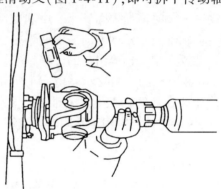
图1-4-11 拆传动轴与中间传动轴连接

(2) 中间传动轴的拆卸。旋开六挡变速器第二轴凸缘与传动轴凸缘的4个连接螺母,拆开中间支承紧固在车架中横梁上的2个紧固螺母(图1-4-12),即可拆下中间支承和中间传动轴。

(3) 传动轴解体。解体传动轴前,先将传动轴清洗干净,在凸缘叉与焊接叉、中间传动轴轴管与中间轴凸缘、传动轴两端的凸缘叉与焊接叉上做好标记,以便重新装配。

① 拆卸万向节。将滚针轴承紧固螺母的锁片解除,旋下紧固螺栓,如图1-4-13所示,左手把传动轴的一端抬起,右手拿手锤轻敲耳根部将一个滚针轴承座振下来;将传动轴翻转180°,用同样的方法把凸绕叉上的另一个滚针轴承座振出,并把凸缘叉取下来。

如图1-4-14所示,左手抓十字轴,将传动轴一端抬起,右手拿手锤轻敲万向节叉根部,将一个滚针轴承座振出来;把传动轴翻转180°,用同样的方法将凸缘叉上的另一个滚针轴承振出,并把十字轴取下来。注意把十字轴转到滑脂嘴在开挡大的位置,防止滑脂嘴撞坏。

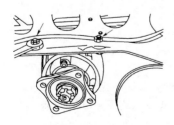
图1-4-12 拆中间支承

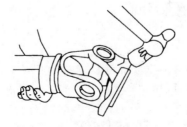
图1-4-13 拆滚针轴承

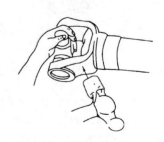
图1-4-14 拆滚针轴承和十字轴

②中间支承解体。如图1-4-12,拔下开口销,旋开凸缘锁紧螺母,取下垫圈;用手锤轻敲凸缘背面边缘,松动后把凸缘从中间花键上拔出,将中间轴从中间支承总成中拔出。旋开前后轴承盖紧固螺栓,拆下前后轴承盖,即可拿出轴承总成。

2)传动轴的清洗

传动轴解体后,用煤油或柴油将各零件上的油污清洗干净。

3)传动轴的检查与维修

传动轴拆散后,主要的检修项目有:校正传动轴的弯曲度和进行动平衡检查;调整中间支承的轴向间隙;检查和更换磨损的万向十字轴、轴承孔和滚针轴承;检查和更换磨损的传动轴滑动花键配合。

(1)十字轴及滚针轴承。

检查十字轴轴颈表面是否有严重剥落;对于轻微剥落,可用细油石打光剥落表面,继续使用;若有严重剥落应更换。检查十字轴轴颈表面是否有滚针压痕,若出现较深压痕应更换。

十字轴总成的磨损量以轴承的径向间隙来表示,最大间隙为0.25mm,换用新轴和轴承后间隙不得大于0.14mm。

滚针轴承如有滚针碎裂或轴承外缘有裂纹时,应换用新件。当滚针轴承与十字轴的配合间隙超过使用极限时应更换。

(2)中间支承轴承。

检查中间支承轴承是否有内外圈损坏、滚珠碎裂等情况。检查轴向间隙,当轴承不受轴向力时,其轴向游隙为0.15~0.35mm。对于中间轴管的轴向跳动量,应小于0.10mm;当轴向跳动量大于0.25mm时,除调整中间支承外,还应检查万向节十字轴的轴向和径向间隙;间隙过大时应更换磨损严重或损坏的轴承或花键等零件。

(3)滑动花键副和中间轴花键副。

当花键严重磨损并引起传动轴剧烈振动时,应修正或更换花键副。花键轴和花键孔的磨损量以圆周方向上的间隙来表示。传动轴管前端花键轴与滑动叉允许轴向长度变化,最大间隙为0.80mm,超过这个标准应更换滑动叉,圆周方向间隙应小于0.40mm,否则,应同时更换传动轴,使间隙小于0.40mm;中间传动轴后端花键轴和花键配合不做滑动用,最大间隙为0.60mm,维修后的间隙不得大于0.30mm。

(4)传动轴弯曲度。

如图1-4-15所示,将传动物架在V形铁上,在传动轴中间光滑处架设一百分表,转动传动轴,观察百分表读数,读数不应大于1.0mm。

(5)动平衡试验。

传动轴出厂前都经过动平衡检验,使用和维护中要保持原有平衡精度,否则,会因动平衡被破坏而产生振动、异响和附加冲击载荷。因此,安装传动轴时要注意将如图1-4-16所示的标记对正。在维修换用新焊接叉后,必须进行动平衡试验检查。检查动平衡要在专用动平衡检验仪上进行,检查要分段进行,对于不平衡的传动轴可点焊平衡块调整。

4)组装传动轴

(1)装复万向节。

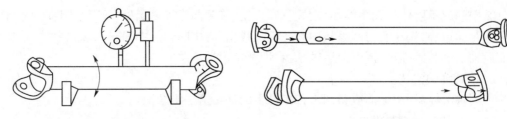

图 1-4-15 检查传动轴轴弯曲度　　　　图 1-4-16 传动轴安装记号

使十字轴上的滑脂嘴朝向轴管方向,并和轴管叉上的滑脂嘴同侧(如图 1-4-17 中箭头所指),插入焊接叉耳孔内,把滚针轴承放入耳孔并套到十字轴轴颈上。用手锤轻敲滚针轴承外底面,使轴承进入耳孔并安装到位,装好支承片和锁片,用 20～30N·m 的力矩拧紧固定螺栓。

对准解体前所做装配标记(图 1-4-18),把凸缘叉套到另一对轴颈上,把滚针轴承放入凸缘叉耳孔并套到十字轴颈上,用手锤轻敲使轴承使其到位,安装支承片和锁片并拧紧固定螺栓。

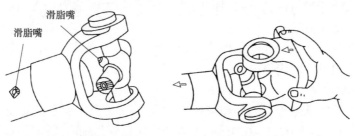

图 1-4-17 安装十字　　　　图 1-4-18 装凸缘叉

安装支承片时,应将支承片上止动用的凸块嵌入滚针轴承顶面槽内(图 1-4-19),紧固螺栓后用锁片将螺栓锁住。装复后的十字轴应能在轴承中自由转动而无发卡现象。

(2) 装复滑动叉。

在制造传动轴时,为了保证等角速传动,在滑动叉和传动轴管对应的位置各印有一个相向的箭头。装复滑动叉时,要注意装配标记,即滑动叉上的箭头与轴管上的箭头对正(图 1-4-20)。

(3) 装复中间支承。

在中间轴轴承支架上放好键和垫环隔套总成,将双列圆锥滚子轴承安装在橡胶垫环内,再装好前、后轴承盖,并用 25～35N·m 的力矩紧固。

把组装好的中间支承、无滑脂嘴的一侧面对着中间传动轴,套到花键轴上,然后使凸缘螺栓孔布置和另一端凸缘叉螺栓孔布置一样(或按装配标记)套到花键轴上。在凸缘端面上垫上垫板,用手锤轻敲,使中间支承和凸缘到位。放好垫圈,用 200～250N·m 的力矩拧紧螺母,并用开口销锁好。

5) 平衡试验

传动轴两端的连接件装好后,应进行动平衡试验。在质量轻的一侧补焊平衡片,使其不平衡量不超过规定值。为防止装错位置和破坏平衡,滑动叉、轴管上都应刻有带箭头的记号。为保持平衡,中间支承油封上的两个带箍的开口销应装在间隔 180°的位置上,万向节的螺钉、垫片等零件不应随意改换规格。为加注润滑脂方便,万向传动装置的滑脂嘴应在一条直线上,且万向节上的滑脂嘴应朝向传动轴。

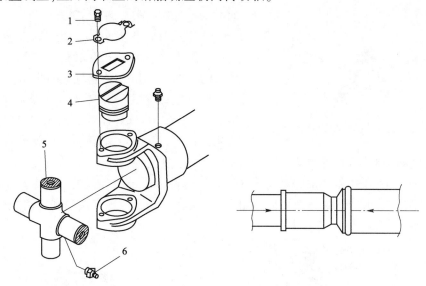

图 1-4-19 滚针轴承的安装
1-螺栓;2-锁片;3-支承片;4-滚针轴承;
5-十字轴;6-滑脂嘴

图 1-4-20 装配标记

6) 传动轴总成的安装

①把中间传动轴前端凸缘叉按拆前所作标记安装在变速器第二轴凸缘螺栓上,并用 130~150N·m 的力矩拧紧螺母。

②通过螺栓,用 130~150N·m 的力矩将中间支承紧固到车架横梁上。

③将传动轴有滑动叉的一面凸缘叉与中间传动轴后端凸缘连接,另一端与后桥上的凸缘连接,其拧紧力矩均为 130~150N·m。

重型和半挂牵引汽车传动轴万向节凸缘叉紧固螺母拧紧力矩为 140~170N·m,十字轴滚针轴承锁片螺母拧紧力矩为 40~60N·m;中型汽车传动轴万向节凸缘叉紧固螺母拧紧力矩为 130~150N·m,十字轴滚针轴承锁片螺母为 20~30N·m。

知识拓展

等速万向节

等速万向节的作用是保证万向节在工作过程中,其传力点永远位于两轴交角的平分面上,如图 1-4-21 所示。

1) 球笼式万向节

常见的球笼式万向节有固定型球笼式等速万向节(RF节)和伸缩型球笼式等速万向节(VL节)。

如图 1-4-22 所示,固定型球笼式万向节由 6 个钢球、星形套、球形壳和保持架等组成。万向节星形套与主动轴用花键固接在一起,星形套外表面有 6 条弧形凹槽滚道,球形

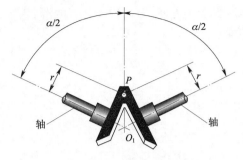

图 1-4-21 等速万向节的结构

壳的内表面有相应的6条凹槽,6个钢球分别装在各条凹槽中,由球笼使其保持在同一平面内。动力由主动轴、钢球、球形壳输出。

球笼式万向节工作时6个钢球都参与传力,故承载能力强、磨损小、寿命长,广泛应用于各种型号的转向驱动桥和独立悬架的驱动桥。

伸缩型球笼式等角速万向节又称直槽滚道型等速万向节。如图1-4-23所示,其结构与上述球笼式相近,只是内、外滚道为圆筒形直槽,使万向节本身可轴向伸缩(伸缩量为40~50mm),省去其他万向节传动中的滑动花键,且滚动阻力小,适用于断开式驱动桥的万向传动装置。这种万向节所连接的两轴夹角不能太大,因此,常常和固定型球笼式等速万向节组合在一起使用,以保证在夹角和距离发生变化的条件下传递动力。

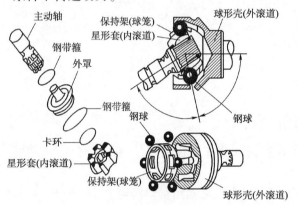

图 1-4-22 固定型球笼式等速万向节

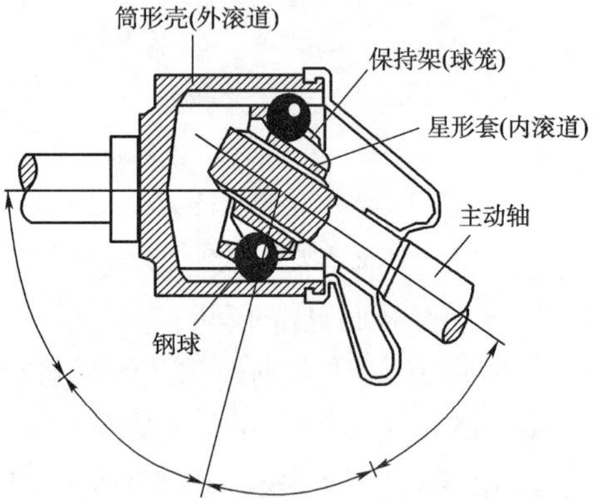

图 1-4-23 伸缩型球笼式等速万向节

2) 三枢轴球面滚轮式等速万向节

三枢轴球面滚轮式等速万向节又称为自由三枢轴万向节,其结构如图1-4-24所示。由3个位于同一平面内互成120°的枢轴构成,它们的轴线交于输入轴上一点,并且垂直于驱动轴。3个外表面为球面,滚子轴承分别活套在各枢轴上,一个漏斗形轴,在其筒形部分加工出3个槽形轨道。3个槽形轨道在筒形圆周上是均匀分布的,轨道配合面为部分同柱面,3个滚子轴承分别装入各槽形轨道,可沿轨道滑动。

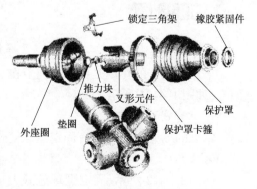

图 1-4-24 三枢轴球面滚轮式等速万向节

任务训练

对故障车辆进行动态的测试,变换车速试验,发现随着车速的升高,撞击声变大,同时振动强度增加。基本确定为万向节出现故障。停车,按照上面的步骤进行拆卸、分解、检查,发现万向节叉中的滚针轴承损坏严重,进一步检查万向节叉上的滑脂嘴已缺失,油道中无润滑脂,造成滚针轴承损坏。更换滚针轴承并补装滑脂嘴后,按上述要求进行组装,故障排除。

任务评价

万向传动装置拆装与检修评价表 表 1-4-1

序号	内容及要求	评分	评 分 标 准	自评	组评	师评	得分
1	工具的使用	10 分	不能正确使用常用工具扣 5 分; 专用工具使用不正确扣 1~5 分				
2	拆装顺序正确	10 分	拆装顺序错误一次扣 10 分				
3	零件摆放整齐	10 分	摆放不整齐扣 5 分; 工具、零件落地一次扣 5 分				
4	检查各零件磨损与变形,确定维修方法	20 分	不能正确检查叙述,每项扣 5 分				
5	正确组装传动轴	30 分	组装顺序错误,一次扣 10 分				
6	工具、现场整洁	10 分	未对工具和实习场地整理、清洁扣 5 分				
7	安全文明实习	10 分	出现安全问题和不文明现象扣 1~10 分				

指导教师总体评价:

指导教师_____
_____年___月___日

练 一 练

一、单项选择题

1. 普通万向节又称十字轴式刚性万向节,它允许相邻两轴的最大交角为(　　)。
   A. 15°~20°　　　　　　　　　B. 32°~38°
   C. 40°~45°　　　　　　　　　D. 50°~55°

2. 十字轴式不等速万向节,当主动轴转过一周时,从动轴转过(　　)。
   A. 一周　　B. 小于一周　　C. 大于一周　　D. 不一定

3. 等角速万向节的基本原理是从结构上保证万向节在工作过程中,其传力点永远位于两轴交角的(　　)。
   A. 平面上　　B. 垂直平面上　　C. 平分面上　　D. 平行面上

4. 球笼式等速万向节在正向和反向转动时,分别有(　　)个钢球传力。
   A. 2,2　　B. 3,3　　C. 4,4　　D. 6,6

5. 用两个万向节加一根传动轴实现等速传动,必须满足的条件是(　　)。

A. 传动轴与输入/输出轴夹角不等,且两端万向节叉不在同一平面
B. 传动轴与输入/输出轴夹角不等,且两端万向节叉在同一平面
C. 传动轴与输入/输出轴夹角相等,且两端万向节叉不在同一平面
D. 传动轴与输入/输出轴夹角相等,且两端万向节叉在同一平面

二、多项选择题

1. 万向传动装置是由(　　)组成的。
   A. 万向节　　　　　　　　B. 传动轴
   C. 中间支承　　　　　　　D. 从动叉
2. 球笼式等速万向节一般是由(　　)组成的。
   A. 球形壳　　　　　　　　B. 钢球
   C. 球笼　　　　　　　　　D. 主动轴
3. 十字轴式刚性万向节主要由(　　)等组成。
   A. 主动叉　　B. 传动轴　　C. 十字轴　　D. 从动叉
4. 下列说法正确的是(　　)。
   A. 传动轴多为空心轴
   B. 一般用厚度为 5~10mm 的钢板卷焊而成
   C. 微型汽车的传动轴通常制成实心轴
   D. 传动轴两端的连接件装好后,应进行动平衡试验

三、判断题

1. 汽车行驶中,传动轴的长度可以自动变化。　　　　　　　　　　　　　　(　　)
2. 安装传动轴时,应注意使两端万向节叉位于同一平面内。　　　　　　　　(　　)
3. 万向传动装置的功用是能在汽车上任何一对有轴间夹角和相对位置经常发生变化的转轴之间传递动力。　　　　　　　　　　　　　　　　　　　　　　　　(　　)
4. 变速器输出轴与驱动桥输入轴之间必须用万向传动装置连接。　　　　　　(　　)
5. 汽车转向驱动桥需满足转向和驱动功能,所以其半轴是分段的,转向时两段半轴轴线相交且夹角变化,因此要用万向传动装置。　　　　　　　　　　　　　　(　　)
6. 十字轴式万向节在其运动中具有不等速特性,即当十字轴式万向节主动叉是不等角速转动时,从动叉是等角速转动的。　　　　　　　　　　　　　　　　(　　)
7. 对于十字轴式万向节来说,主、从动轴的夹角越大,则传动效率越高。　　(　　)
8. 在传动轴和万向节装配后,必须进行平衡试验。　　　　　　　　　　　　(　　)
9. 对于十字轴式万向节来说,主、从动轴间只要存在夹角,就存在摩擦损失。(　　)
10. 拆卸传动轴前,应在每个万向节叉的凸缘上做好标记,以确保作业后原位装复,否则极易破坏万向传动装置平衡性,造成运转噪声和强烈振动。　　　　　　　(　　)

四、简答题

1. 举例说明万向传动装置在汽车上的典型应用。
2. 什么是十字轴万向节的不等速特性?如何才能实现等速传动?
3. 万向传动装置的作用是什么?具体安装在哪个位置上?
4. 万向传动装置由哪几部分组成?

5. 在拆装万向传动装置时应注意哪些事项?

学习任务1.5 驱动桥构造与维修

1. 通过查阅资料和观摩,掌握驱动桥的组成及其工作原理。
2. 学会驱动桥的拆装及维修操作方法。
3. 根据环保要求,妥善处理辅料、废弃液体和损坏零部件。

一辆东风商用车,汽车行驶中,在变换车速的瞬间或车速不稳定时(如拖挡),车桥内发出无节奏的沉重的"咯噔咯噔"撞击声。车速相对稳定时,响声减少或消失。初步判定是主、从动锥齿轮啮合间隙过大造成,可通过调整或更换齿轮来使其恢复正常。

驱动桥是传动系中最后一个总成,安装在万向传动装置后部(FR布置形式)或变速器后部(FF布置形式),用来传递动力。

1. 驱动桥的组成

驱动桥的主要零部件都在装在驱动桥的桥壳中,一般由主减速器、差速器、半轴和桥壳等组成,如图1-5-1所示。

2. 驱动桥的功用

驱动桥的功用是将由万向传动装置传来的发动机转矩传给驱动车轮,并经降速增矩、改变动力传动方向,使汽车行驶,而且允许左右驱动车轮以不同的转速旋转。

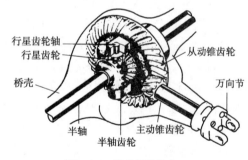

图1-5-1 驱动桥的组成

3. 驱动桥的分类

按照悬架结构的不同,驱动桥可以分为整体式驱动桥和断开式驱动桥。整体式驱动桥又称为非断开式驱动桥。

整体式驱动桥与非独立悬架配用。其驱动桥壳为一刚性的整体,驱动桥两端通过悬架与车架或车身连接,左右半轴始终在一条直线上,即左右驱动轮不能相互独立地跳动。

当某一侧车轮通过地面的凸出物或凹坑升高或下降时,整个驱动桥及车身都要随之发生倾斜,车身波动大。

中、重型商用车后驱动桥都是非断开式,承载能力大。非断开式驱动桥主要由驱动桥壳、主减速器、差速器、半轴和轮毂组成。输入驱动桥的动力首先传到主减速器,在此增大转矩并相应降低转速后,经差速器分配给左右半轴,最后通过半轴外端的凸缘盘传至驱动车轮的轮毂。驱动桥壳由主减速器壳和两边与之刚性连接的半轴套管组成。

断开式驱动桥与独立悬架配用。其主减速器固定在车架或车身上,驱动桥壳制成分段并用铰链连接,半轴也分段并用万向节连接。驱动桥两端分别用悬架与车架或车身连接。这样,两侧驱动车轮及桥壳可以彼此独立地相对于车架或车身上下跳动。

4. 主减速器

1) 主减速器的功用

主减速器的功用有:将发动机转矩传给差速器;在动力的传动过程中要将转矩增大并相应降低转速;对于纵置发动机,还要将转矩的旋转方向改变90°。

2) 主减速器的类型

非断开式驱动桥用主减速器有单级主减速和双级主减速两种类型。单级主减速器采用双曲面齿轮,结构简单,体积小,重量轻、传动效率高,但为了确保相应减速比,其从动齿轮相对较大,驱动桥减速器壳也比较大,离地间隙较小。为了提高驱动桥离地间隙,确保减速比,有的车型在减少主减速器从动齿轮尺寸的同时采取轮边减速的方式。双级主减速器齿轮采用斜齿形,加工工艺简单,离地间隙大,汽车通过性好,但沿动力传递方向尺寸较大,动力损耗多,结构相对复杂。

(1) 单级主减速器。

东风系列商用车一般采用单级主减速器,如图1-5-2所示,由一对双曲面锥齿轮18、7及支承装置组成。主动锥齿轮18有6个齿,从动锥齿轮7有38个齿,故主传动比$i_0 = 38/6 = 6.33$。

主动锥齿轮18和输入轴制成一体,通过三个轴承19、17和13支承在主减速器壳4上,构成跨置式上承,保证了主动锥齿轮具有足够的支承刚度。从动锥齿轮7通过螺栓固定在差速器壳5上,差速器壳内侧通过两个圆锥轴承3支承在主减速器壳上。为限制从动锥齿轮过度变形,在从动锥齿轮啮合处的背面装有支承螺柱6。支承螺柱6在小负荷时与齿轮背面留有一定间隙,当负荷超过一定值时,因从动锥齿轮及支承轴承的变形,抵在支承螺柱端面上,既限制了齿轮的变形量,又承受部分负荷,保护差速器侧轴承,轴承17紧套在轴上,轴承13松套在轴上,两者之间装有隔套和一组厚度不同的调整垫片14。接触面处装有调整垫片9,轴承盖上装有油封12,叉形凸缘上焊有防尘罩10,两个轴承盖1不能互换,有装配记号。轴承3外侧装有调整螺母2。通过调整垫片14的厚度,可以实现圆锥滚子轴承13和17预紧度的调整,目的是保证锥齿轮副的正常啮合。注意该轴承预紧度的调整必须在齿轮啮合调整前进行。锥齿轮啮合间隙的调整是指齿面啮合印迹和齿侧间隙的调整。通过调整垫片9的厚度可得到正确的啮合印迹;齿侧间隙的调整是通过调整螺母2,改变从动锥齿轮的位置得到的。主减速器采用从动锥齿轮转动时将润滑油甩溅到各齿轮、轴承和轴上的方式进行润滑。为使轴承13和17得到充分的润滑,主减速器壳4侧面铸有进油道8和回油道16,差速器壳转动时,将齿轮油飞溅到油道中,润滑轴承的油又从轴承13的前方经主减速器壳4下方的回油道16流回主减速器壳底部。在桥壳上方有通气孔,防止温度升高时壳体内的气压过高,冲开油封而漏油。

万向传动装置传来的动力由叉形凸缘11经花键传给主动锥齿轮18、从动锥齿轮7,减速变向后,通过螺栓传给差速器5,由差速器传给两侧半轴驱动车轮旋转。

近年来,准双曲面齿轮越来越多地在中型、重型货车上得到应用。与曲线齿相比,准双曲面齿轮的主要特征是主、从动锥齿轮轴线不相交,主动锥齿轮轴线低于(也有的高于)从动锥齿轮轴线一个距离(图1-5-3b)。准双曲面齿轮的主要优点是同时啮合的齿数多,传动平稳性好,强度大。其缺点是啮合齿面的滑动速度大,必须用含防刮伤添加剂的准双曲面齿轮油,绝不允许用普通齿轮油代替,否则将使齿面迅速擦伤和磨损,大大降低使用寿命。

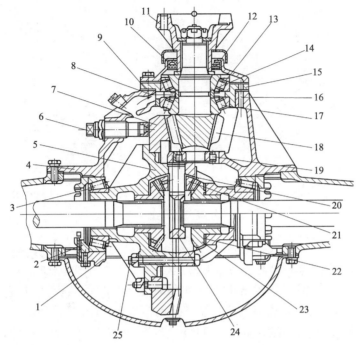

图1-5-2 东风EQ1090E型汽车单级主减速器及差速器

1-差速器轴承盖;2-轴承调整螺母;3、13、17-圆锥滚子轴承;4-主减速器壳;5-差速器壳;6-支承螺柱;7-从动锥齿轮;8-进油道;9、14-调整垫片;10-防尘罩;11-叉形凸缘;12-油封;15-轴承座;16-回油道;18-主动锥齿轮;19-圆柱滚子轴承;20-行星齿轮垫片;21-行星齿轮;22-半轴齿轮推力垫片;23-半轴齿轮;24-行星齿轮轴(十字轴);25-螺栓

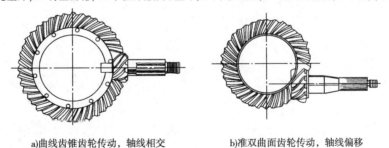

a)曲线齿锥齿轮传动,轴线相交　　b)准双曲面齿轮传动,轴线偏移

图1-5-3 主减速器锥齿轮的比较

(2)双级主减速器。

根据汽车使用条件的不同,有时要求主减速器具有较大的传动比,若用一对锥齿轮传动,从动锥齿轮直径就太大,使汽车的最小离地间隙过小,通过性差,故常采用双级主减速器。解放CA1091型汽车驱动桥即为双级主减速器,其构造如图1-5-4所示。

双级主减速器第一级为锥齿轮传动,第二级为圆柱斜齿轮传动。第一级从动锥齿轮16加热后套在中间轴14凸缘上,并用铆钉铆紧。第二级主动圆柱齿轮与中间轴制成一体。中间轴两端通过锥形轴承支承在主减速器壳上,由于其右端靠近从动锥齿轮受力大,故该端的轴承大于左端的轴承。圆柱从动齿轮夹在两半差速器壳之间,用螺栓与差速器壳紧固在一起。

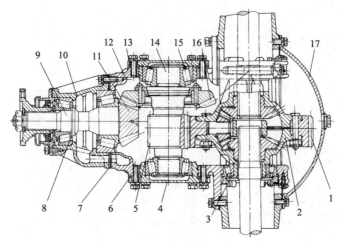

图1-5-4 解放CA1091汽车双级主减速器及差速器剖面图

1-第二级从动齿轮;2-差速器壳;3-调整螺母;4、15-轴承盖;5-第二级主动齿轮;6、7、8、13-调整垫片;9-第一级主动锥齿轮轴;10-轴承座;11-第一级主动锥齿轮;12-主减速器壳;14-中间轴;16-第一级从动锥齿轮;17-后盖

第一级主动锥齿轮轴承预紧度用轴肩前面调整垫片8调整;轴向位置用调整垫片7移动轴承座10来调整;中间轴轴承预紧度及从动锥齿轮的轴向位置利用轴两端轴承盖处的垫片6和13调整;垫片厚度增减——调整预紧度;垫片等量地从一边调到另一边——调整从动锥齿轮的轴向位置。

双级主减速器主要有如下结构特点。

①第一级为圆锥齿轮传动,第二级为圆柱斜齿轮传动,圆柱齿轮多采用斜齿或人字齿,传力平稳。人字齿轮传动消除斜齿轮产生轴向力的缺点。

②由于双级减速,减小了从动锥齿轮的尺寸,其背面一般不需要设置推力装置。

③主动锥齿轮后方的空间小,常为悬臂式支承。

④第一级调整装置与单级主减速器类同。因有中间轴,故多了一套调整装置。但第二级圆柱齿轮轴向移动只能调整齿的啮合长度,使啮合副互相对正,不能调整啮合印痕和间隙。

⑤双级主减速器的减速比为两对齿轮副减速比的乘积。设第一级的减速比为i_1、第二级的减速比为i_2,则双级主减速器的总传动比$i_0 = i_1 i_2$。如解放CA1091型汽车主减速器有三种,$i_0 = \frac{25}{13} \times \frac{45}{15} = 5.77$,$i_0 = \frac{25}{12} \times \frac{45}{15} = 6.25$,$i_0 = \frac{25}{11} \times \frac{47}{14} = 7.63$。

(3)轮边减速器。

斯太尔系列商用车则采用由主减速器和轮边减速器组成的双级减速方式。图1-5-5所示为后驱动桥中央减速器的结构。由传动轴传递来的动力通过驱动凸缘1传递给主动齿轮轴5,再经过从动齿轮20传递给差速器。差速器由十字轴19、四个行星齿轮18和两个半轴齿轮17、23以及两半壳15、21组成。连接螺栓将两半壳15和21连接成为一体,因此在差速器壳旋转时,十字架同时旋转,行星齿轮产生公转,同时带动左、右半轴齿轮 17 和 23 旋转,从而由左、右两半轴将动力传递给左、右车轮,使汽车顺利地直线行驶。当汽车拐弯时,由于内侧车轮应比外侧车轮转动慢,这时行星齿轮不仅公转而且绕十字轴产生自转,从而使两半轴齿轮实现差速旋转,保证了汽车顺利转弯行驶。

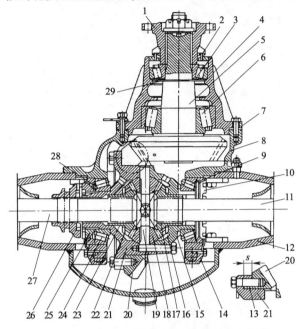

图 1-5-5 斯太尔系列汽车后驱动桥中央减速器结构图

1-驱动凸缘;2-油封;3-主动齿轮外轴承;4-主动齿轮壳;5-主动齿轮轴;6-主动齿轮内轴承;7-调整垫片;8-主减速器壳;9-差速器右轴承;10-差速器右轴承调整花螺母;11-右半轴;12-桥壳;13-从动齿轮垫圈;14-差速器轴承盖;15-差速器右半壳;16-右半轴齿轮推力垫片;17-右半轴齿轮;18-行星齿轮及球形垫圈;19-十字轴;20-从动轮; 21-差速器左半壳;22-左半轴齿轮推力垫片;23-左半轴齿轮;24-差速器左轴承;25-差速锁啮合套;26-差速器啮合套;27-左半轴;28-差速器轴承调整螺母;29-调整垫圈

如图 1-5-6 所示,半轴 1 通过花键与太阳轮 25 相接合,在太阳轮 25 四周有四个行星齿轮 4,在行星齿轮 4 外面有内齿圈 5 与之啮合,而内齿圈 5 又与固定在桥壳轴管上的齿圈轴套 7 相固连。当半轴旋转时,太阳轮 25 同时旋转,从而带动行星齿轮 4 旋转。然而与行星齿轮 4 相啮合的齿圈 5 是固定不动的,因此迫使行星齿轮 4 不仅自转,而且绕轴心公转。从而通过行星齿轮轴 3 推动行星架轴头 6 旋转,进而带动轮毂 21、制动鼓 13 共同旋转。轮边减速器的速比只与太阳轮齿数 z_1 和齿圈齿数 z_2 有关,由于齿数与太阳轮齿数差别较大,加之其传动速比 $i = 1 + z_2/z_1$,因此减速比较大。

汽车驱动桥使用一定里程后,必须进行润滑油更换或对齿轮间隙进行检查调整。如果维护失当可能造成驱动桥零部件的损坏,使驱动桥出现异常现象,此时必须进行维修。

5. 差速器

1) 差速器的功用

差速器的功用是当汽车转弯或在不平路面上行驶时,使左右驱动车轮以不同的转速滚动,即保证两侧驱动车轮作纯滚动运动。

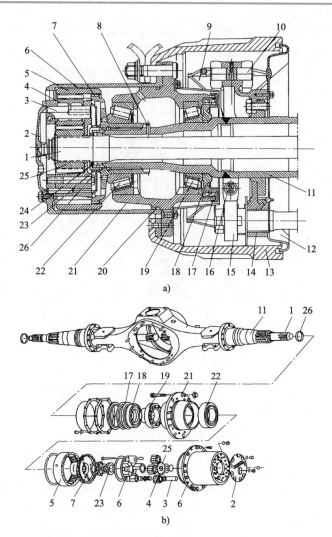

图 1-5-6 斯太尔系列汽车后驱动桥轮边减速器结构

1-半轴；2-轴头端盖；3-行星齿轮轴；4-行星齿轮；5-齿圈；6-行星架轴头；7-齿圈轴套；8-通气孔；9-制动蹄；10-制动蹄轴销；11-桥壳轴管；12-制动盘；13-制动鼓；14-制动蹄支架；15-制动凸轮轴；16-复位弹簧；17-轮毂油封；18-油封轴套；19-轮毂内轴承；20-轮毂密封圈；21-轮毂；22-轮毂外轴承；23-轴头花螺母；24-垫圈；25-太阳轮；26-半轴油封

汽车行驶过程中,车轮对路面的相对运动有两个状态——滚动和滑动。其中滑动又有滑转和滑移两种。

设车轮中心在车轮平面内相对路面的移动速度为 v,车轮旋转角速度为 ω,车轮滚动半径为 r。若 $v=\omega r$,则车轮对路面的运动为滚动;若 $\omega \neq 0$,但 $v=0$,则车轮的运动为滑转;若 $v \neq 0$,但 $\omega=0$,则车轮的运动为滑移。

当汽车转弯行驶时(图 1-5-7),内外两侧车轮中心在同一时间内移过的曲线距离显然不同,即外侧车轮移过的距离大于内侧车轮。若两侧车轮都固定在同一刚性转轴上,两轮角速度相等,则此时外轮必然是边滚动边滑移,内轮必然是边滚动边滑转。

汽车在不平路面上直线行驶时,两侧车轮移过的曲线距离也不相等,一侧车轮是边滚动边滑移,另一侧车轮则是边滚动边滑转。即使路面非常平直,但由于轮胎制造尺寸误差,磨损程度不同,承受的载荷不同或充气压力不等,各个轮胎的滚动半径实际上也不可能相等,因此,只要各轮角速度相等,车轮对路面的滑动就必然存在。

车轮在路面上的滑转和滑移不仅会加速轮胎磨损,增加动力消耗,而且会使转向和制动性能恶化。因此,为了使两侧驱动轮可用不同角速度旋转,以保证其纯滚动状态,就必须将两侧车轮的驱动轴断开(称为半轴),由主减速器从动齿轮通过一个差速器来分别驱动两侧半轴和驱动轮。

2)差速器的分类

(1)差速器按其用途,分为轮间差速器和轴间差速器。

轮间差速器装在同一驱动桥两驱动轮之间,而轴间差速器装在各驱动桥之间(用于越野车)。多轴驱动的汽车,各驱动桥间由传动轴相连。若各桥的驱动轮均以相同的角速度旋转,同样也会发生上述轮间无差速器时的类似现象。为此,可在两驱动桥之间装设轴间差速器。

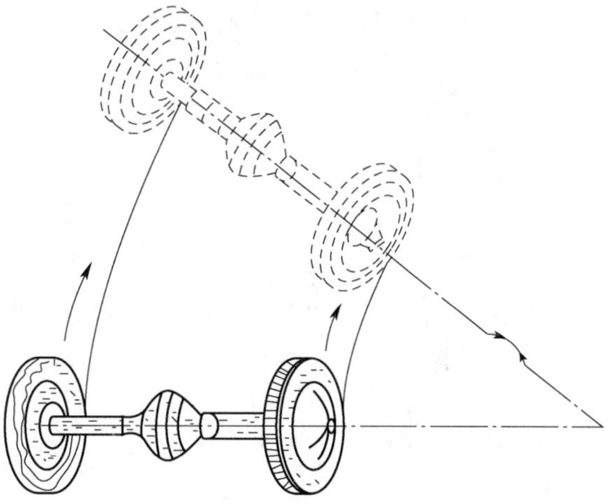

(2)差速器按其工作特性,分为普通圆锥齿轮差速器和防滑差速器。

普通圆锥齿轮差速器多用行星齿轮式,其工作性能特点之一是机构内部摩擦很小,因而差速器通过两半轴输出的转矩之比基本上是定值。

图1-5-7 驱动轮的运动轨迹示意图

当遇到左右或前后驱动轮与路面之间的附着条件相差较大的情况时,普通圆锥齿轮差速器将不能保证汽车得到足够的牵引力。此时,只是附着较差的驱动轮高速滑转而汽车却不能前进。防滑差速器可以在这种情况下将输入转矩更多地甚至全部分配到附着条件较好、滑转程度较小(角速度较低)的驱动轮,保证汽车继续行驶。

3)普通圆锥齿轮差速器的构造

目前,汽车上广泛应用的是对称式锥齿轮差速器,称为普通圆锥齿轮差速器或普通差速器。

普通差速器的结构如图1-5-8所示,其主要由四个行星齿轮4、行星齿轮轴8、两个半轴齿轮3和差速器壳等组成。差速器壳由1、5两部分组成,用螺栓紧固在一起。主减速器从动齿轮用铆钉或螺栓固定在差速器壳左半部1的凸缘上。装合时,行星齿轮轴8的四个轴颈装在两半差速器壳组成的十字形孔中,每个轴颈上松套着一个行星直齿锥齿轮4。两个半轴齿轮3与四个行星齿轮啮合。半轴齿轮用其轴颈支承在差速器壳相应的孔中,其内花键与半轴相连。行星齿轮的背面大都做成球面与差速器壳的凹球面配合,保证良好的对中性,与半轴齿轮啮合正确。行星齿轮、半轴齿轮背面与壳体相应的摩擦面间装有软钢、青铜或尼龙制的减磨垫片7和2。磨损后可通过更换垫片来调整齿轮的啮合间隙。

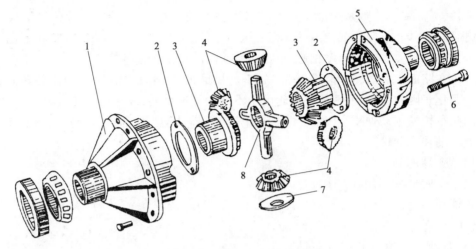

图1-5-8 普通差速器零件分解图

1、5-差速器壳;2-半轴齿轮垫片;3-半轴齿轮;4-行星齿轮;6-螺栓;7-行星齿轮垫片;8-行星齿轮轴(十字轴)

差速器壳的十字形孔是在左右壳装合后加工的。为防止装错,两半壳间有装配记号。

差速器用主减速器壳内的齿轮油润滑,差速器壳上开有供润滑油进出的窗孔。行星齿轮的齿间钻有小孔,行星齿轮轴上铣有平面作油道,保证其与行星齿轮间的润滑。在行星齿轮垫片和半轴齿轮垫片上制有许多小凹坑(或铣有螺旋槽),以储存润滑油润滑齿轮背面。

主减速器传来的动力经从动齿轮传至差速器壳、行星齿轮轴、行星齿轮、半轴齿轮,再经左右两半轴传至驱动轮。根据左右两驱动轮遇到阻力的情况不同,差速器使其等速转动,或不等速传动。

4)普通圆锥齿轮差速器的工作原理

(1)差速器的运动特性。

如图1-5-9所示,差速器壳3与行星齿轮轴5连成一体,形成行星架,因为它又与主减速器从动齿轮6固连,故为主动件,设其角速度为ω_0;半轴齿轮1和2为从动件,其角速度为ω_1和ω_2。A、B两点分别为行星齿轮4与半轴齿轮1和2的啮合点。行星齿轮的中心点为C,A、B、C三点到差速器旋转轴线的距离均为r。

差速器行星齿轮可能有三种运动:绕半轴中心公转、绕自身中心自转和既公转又自转。

①汽车直线行驶(两侧驱动轮受到的路面阻力相同)时。当行星齿轮只是随同行星架绕半轴轴线公转时,显然,处在同一半径r上的A、B、C三点的圆周速度都相等(图1-5-13b),其值为$\omega_0 r$,于是有$\omega_1 = \omega_2 = \omega_0$,即差速器不起差速作用,而半轴角速度等于差速器壳3的角速度。

若角速度以每分钟转数n表示,则$n_1 = n_2 = n_0$,从而$n_1 + n_2 = 2n_0$。

②汽车转弯(两侧驱动轮受到的阻力不相等)时。当汽车转弯行驶时,假如在左、右驱动轮之间无差速器,或者差速器被完全锁止,则根据运动学的要求可知,行程长的外侧车轮将伴随有滑移,而行程短的内侧车轮将伴随有滑转。由此导致在左、右驱动车轮的切线方向上各产生一附加阻力,且它们的作用方向相反,如图1-5-10所示。这时当左、右驱

动车轮之间装有差速器时,则附加阻力所形成的力矩使差速器起差速作用,以免内、外侧驱动车轮在地面上产生滑移和滑转,保证它们以符合运动学要求的不同转速 ω_1、ω_2 正常转动。显然,当差速器工作时,若其中各零件相对运动的摩擦力大时,则将其扭动的力矩就大。在普通的对称式圆锥行星齿轮差速器中这种摩擦力很小,故左、右车轮所走的路程稍有差异,差速器便开始工作。

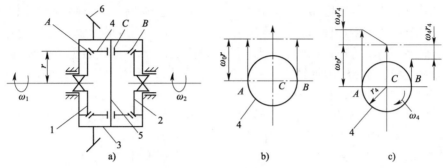

图 1-5-9 差速器差速原理
1、2-半轴齿轮;3-差速器壳;4-行星齿轮;5-行星齿轮轴;6-主减速器从动齿轮

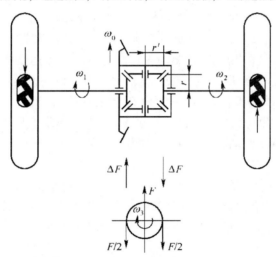

图 1-5-10 普通圆锥行星齿轮差速器的工作原理简图

以汽车右转弯为例分析其运动特点。

当行星齿轮 4 除公转外(图 1-5-9),还绕本身的轴 5 以角速度 ω_4 自转时(图 1-5-9c),啮合点 A 的圆周速度为 $\omega_1 r = \omega_0 r + \omega_4 r_4$,啮合点 B 的圆周速度为 $\omega_2 r = \omega_0 r - \omega_4 r_4$。

于是:
$$\omega_1 r + \omega_2 r = (\omega_0 r + \omega_4 r_4) + (\omega_0 r - r\omega_4 r_4)$$

可得:
$$\omega_1 + \omega_2 = 2\omega_0$$
$$n_1 + n_2 = 2n_0$$

上式为两半轴齿轮直径相等的对称式锥齿轮差速器的运动特性方程式。它表明左右两侧半轴齿轮的转速之和等于差速器壳转速的 2 倍,而与行星齿轮转速无关,此即为差速器的运动特性。因此,在汽车转弯行驶或其他行驶情况下,都可以借行星齿轮以相应转速自转,使两侧驱动车轮以不同转速在地面上滚动而无滑动。

可见,只要两侧驱动轮受到的行驶阻力不相等或两轮的滚动半径不等,差速器就存在差速作用。

(2)差速器的转矩特性。

由主减速器传来的转矩 M_0,经差速器壳、行星齿轮轴和行星齿轮传给半轴齿轮。行星齿轮相当于一个等臂杠杆,而两个半轴齿轮的半径也是相等的。由于行星齿轮自转的摩擦力矩很小,因此,普通锥齿轮差速器无论何种工况,都具有转矩等量分配的特性(M 特性),即总是将转矩 M_0 平均分配给左、右两半轴齿轮,即 $M_1 = M_2 = M_0/2$。

(3)普通差速器的特殊工作情况。

①当把驱动桥架空,传动轴固定,转动一驱动轮,另一驱动轮必然反向等速转动。

②当一侧驱动轮打滑(或悬空)时,即使另一侧驱动轮在好路面上,汽车也不能行驶。从差速器的运转特性可知,若 $n_1 = 0$,则 $n_2 = 2n_0$;从差速器的转矩特性可知,$M_1 = M_2 = 0$。这是因为在泥泞路面上车轮与路面之间附着力很小,路面只能对半轴作用很小的反作用转矩,虽然另一车轮与好路面间的附着力较大,但因对称式锥齿轮差速器平均分配转矩的特点,使这一个车轮分配到的转矩只能与传到滑转的驱动轮上的很小的转矩相等,以致总的牵引力不足以克服行驶阻力,汽车便不能前进。此时若加大节气门开度,在好路面上的驱动轮也原地不动,打滑(或悬空)的驱动轮将高速空转。差速器的行星齿轮等零件因高速旋转而产生摩擦热,易烧坏零件,所以在此情况下发动机高速运转时间不宜过长。

③当中央驻车制动器工作时,$n_0 = 0$,汽车会出现两种情况:当两轮附着力相同时,$n_1 = n_2 = 0$,因惯性作用两轮的轮胎滑拖,直至停车;当两轮附着力不同时,$n_1 = -n_2$,差速器的行星齿轮自转,两侧驱动轮会出现横向侧滑现象。

6. 半轴

半轴的功用是将差速器传来的动力传给驱动轮。因其传递的转矩较大,常制成实心轴。半轴的内端一般用花键与半轴齿轮连接,外端与驱动轮的轮毂连接,如图 1-5-11 所示。当代汽车常用的半轴支承类型主要有全浮式和半浮式两种。

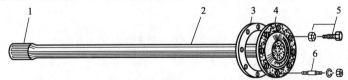

图 1-5-11 半轴
1-花键;2-杆部;3-垫圈;4-凸缘半轴;5-半轴起拔螺栓;6-半轴紧固螺栓

1)全浮式半轴支承

全浮式半轴是指半轴除受转矩外,两端均不承受任何弯矩。所谓"浮"是指半轴不承受弯矩载荷。如图 1-5-12 所示,半轴内端花键与半轴齿轮的键孔配合,不承受弯矩。外端有凸缘盘,通过螺栓与轮毂 4 固定在一起,轮毂通过两锥轴承 5 支承于桥壳 1 上。这样路面对轮胎的各种作用力反映到车桥上的情况是:除切向反力 X 作为该轮的牵引力传到半轴使半轴受转矩外,切向反力 X、垂直反力 Z、侧向反力 Y 以及由它们所产生的弯矩,都经两轴承5直接传到桥壳上,由桥壳承受。

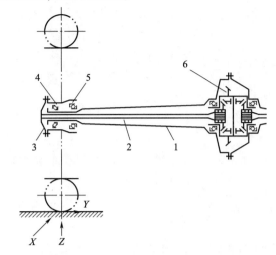

图1-5-12 全浮式半轴支承结构示意图

1-桥壳;2-半轴;3-半轴凸缘;4-轮毂;5-轴承;6-主减速器从动锥齿轮

全浮式支承的半轴(图1-5-13)易于拆装,只需拧下半轴凸缘上的螺钉,即可抽出半轴,而车轮与桥壳照常支承汽车。这种支承形式在汽车应用最为广泛。

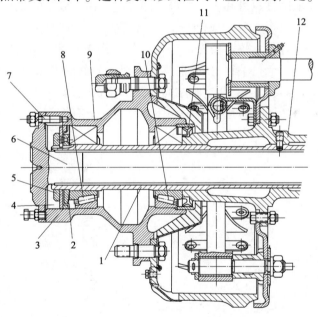

图1-5-13 全浮式半轴支承

1-半轴套管;2-调整螺母;3-油封;4-锁紧垫圈;5-锁紧螺母;6-半轴;7-轮毂螺柱;8、10-锥轴承;9-轮毂;11-油封;12-桥壳

2)半浮式半轴支承

半浮式半轴是指半轴内端不受弯矩,外端承受全部弯矩。如图1-5-14所示的半轴内端通过花键与半轴齿轮连接,不受弯矩。靠外端处与桥壳之间只用一个盘轴承支承。车轮与桥壳无直接联系而支承于半轴外端,距支承轴承有一悬臂 b。可见车轮的各种反力

都经过半轴传给桥壳,使半轴不仅要传递转矩,而且外端要承受各种反力及其引起的各种弯矩。

半浮式支承结构紧凑,质量小,但半轴受力情况复杂且拆装不方便。多用于轿车以及微、轻型汽车上,因其负载较小且轮胎直径小,限制了全浮式支承的采用。

7. 桥壳

驱动桥壳的功用是支承并保护主减速器、差速器和半轴等,使左右驱动车轮的轴向相对位置固定;与从动桥一起,支承车架及其上各总成的质量;汽车行驶时,承受由车轮传来的路面反作用力和力矩,并经悬架传给车架。

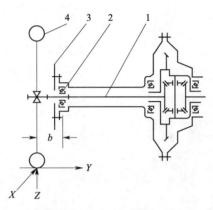

图 1-5-14 半浮式半轴支承示意图
1-半轴;2-锥轴承;3-轴承盖;4-车轮

驱动桥壳应有足够强度和刚度,质量小,并便于主减速器的拆装和调整。由于桥壳的尺寸和质量比较大,制造较困难,故其结构类型在满足使用要求的前提下,要尽可能便于制造。

图 1-5-15 为解放 CA1091 型汽车的整体式驱动桥壳。其中部为一环形空心的桥壳 7,两端压入半轴套管 8,并用螺钉 2 止动。半轴套管露出部分安装轮毂轴承,端部制有螺纹,用于安装轮毂轴承调整螺母和锁紧螺母。凸缘盘 1 用来固定制动底板,桥壳 7 的端部加工有油封颈,和轮毂油封配合,以密封轮毂空腔,防止润滑脂外溢。主减速器、差速器先装入主减速器壳 3 内,再将主减速器壳以止口定位并用螺钉固定在前端面上。因主减速器壳前后端面、中间轴支承孔轴线、桥壳前端面与桥壳轴线都是互相平行的,且间距也都是一定的,保证主减速器、差速器和半轴之间的正确位置关系。桥壳后端面的大孔可用来检查主减速器的技术状况,平时用后盖 6 封住。后盖 6 上有螺塞 5,用以检查油面高度。

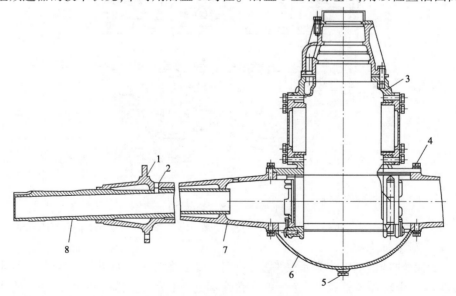

图 1-5-15 整体式驱动桥壳
1-凸缘盘;2-止动螺钉;3-主减速器壳;4-固定螺钉;5-螺塞;6-后盖;7-桥壳;8-半轴套管

整体式桥壳因制造方法不同,分为整体铸造、钢板冲压焊接、中段铸造压入钢管(管式)等形式。整体铸造桥壳如图1-5-16所示。为增加强度和刚度,两端压入无缝钢管制成的半轴套管。半轴套管1压入后桥壳2中。桥壳上有通气塞,保证高温下的通气,保持润滑油质量和使用周期。这种整体铸造桥壳刚度大、强度高、易铸成等强度梁形状,但质量大,铸造质量不易保证,适用于中、重型汽车,更多的用于重型汽车上。

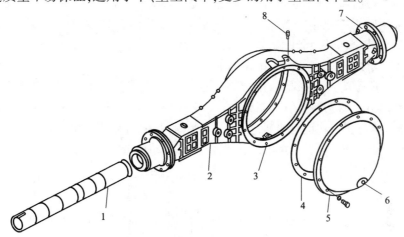

图1-5-16 整体式驱动桥壳
1-半轴套管;2-后桥壳;3-放油孔;4-后桥壳垫片;5-后盖;6-油面孔;7-凸缘盘;8-通气塞

钢板冲压焊接式桥壳具有质量小、工艺简单、材料利用率高、抗冲击性好以及成本低等优点,并适于大量生产。目前,它在轻型货车和轿车上得到广泛应用。

图1-5-17所示为钢板冲压焊接驱动桥壳。它主要由冲压成形的上下两件桥壳主体1和8、四块三角镶块2、前后两个加强环5和6、一个后盖7以及两端两个半轴套管4组焊而成。为了防止桥壳内润滑油外溢,有的汽车在桥壳轴管处焊有挡油环或加装油封。

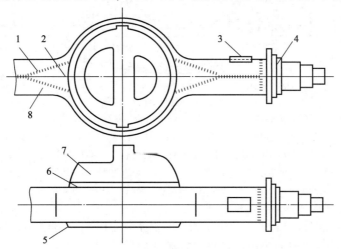

图1-5-17 钢板冲压焊接驱动桥壳
1、8-壳体主体;2-三角形镶块;3-钢板弹簧托板;4-半轴套管;5、6-加强环;7-后盖

整体式桥壳的优点是强度、刚度较大,且检查、拆装和调整主减速器、差速器方便,不

必把整个桥从汽车上拆下来,因此适用于各类汽车。

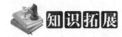

防滑差速器

普通齿轮差速器使汽车通过坏路面的行驶能力受到限制,为了提高汽车通过坏路面的能力,可采用防滑差速器。当汽车某一侧驱动轮发生滑转时,差速器的差速作用即被锁止,并将大部分或全部转矩分配给未滑转的驱动轮,充分利用未滑转车轮与地面之间的附着力,以产生足够的牵引力使汽车继续行驶。

图1-5-18所示为汽车强制锁止式差速器。由牙嵌式接合器及其操纵机构两大部分构成差速锁。牙嵌式接合器的固定接合套用花键与差速器壳左端连接,并用弹性垫圈轴向限位。滑动接合套用花键与半轴连接,并可在轴上轴向滑动。操纵机构的拨叉装在拨叉轴上,并可沿导向轴轴向滑动,其叉形部分插入滑动接合套的环槽中。

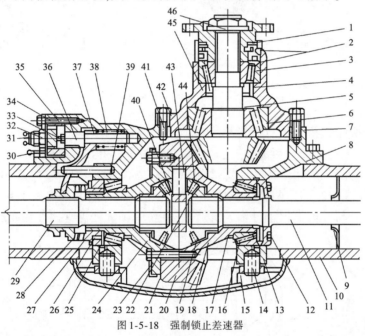

图1-5-18 强制锁止差速器

1-传动凸缘;2-油封;3-轴承;4-调整隔圈;5-主减速器主动锥齿轮;6-轴承;7-调整垫片;8-主减速器壳;9-挡油盘;10-桥壳;11-半轴;12-带挡油盘的调整垫片;13-轴承盖;14-定位销;15-集油槽;16-轴承;17-差速器壳;18-推力垫片;19-半轴齿轮;20-主减速器从动锥齿轮;21-锁板;22-衬套;23-螺栓;24-差速器壳;25-调整螺母;26-固定接合套;27-弹性垫圈;28-滑动接合套;29-半轴;30-气管接头;31-带密封圈的活塞;32-差速锁指示灯开关;33-调整螺钉及其锁紧螺母;34-缸盖;35-缸体;36-拨叉轴;37-拨叉;38-弹簧;39-导向轴;40-行星齿轮;41-密封圈;42-螺栓;43-十字轴;44-推力垫圈;45-轴承座;46-螺母

当汽车在良好路面上行驶时,不需要锁止差速器,牙嵌式接合器的固定接合套与滑动接合套处于分离状态,即为普通行星锥齿轮差速器。

当汽车通过不良路面需要锁止时,通过驾驶人的操纵,压缩空气由气管接头进入气动活塞左腔,推动活塞右移,并经调整螺钉和拨叉轴推动拨叉压缩弹簧右移,从而拨动滑动接合套左移与固定接合套嵌合,将左半轴与差速器壳连成一个整体,则左右两半轴转矩便可全部分配给良好路面上的车轮。与此同时,差速锁指示灯开关接通,驾驶室内指示灯亮,以提醒驾驶人差速器处于锁止状态,汽车驶出不良路面后应及时摘下差速锁。

当汽车通过不良路面后驶上良好路面时,需要解除差速器的锁止,可通过操纵机构放掉汽缸内压缩空气,作用在活塞左端面的气压力消失,拨叉及滑动接合套在弹簧作用下左移复位,接合器分离,差速器恢复差速作用,同时差速器指示灯熄灭。

以东风车用单级减速器驱动桥为例,维修要点如下。
1)拆卸主减速器
(1)拆下主减速器总成。
①用三角垫木塞住前、后车轮。
②将齿轮油排放干净。
③从连接凸缘叉上拆除传动轴。
④拆除左右半轴。
⑤使用水平滑车或主减速器千斤顶拆下主减速器总成。
(2)分解主减速器总成。
①在分解减速器总成之前应测取主、从动锥齿轮的齿侧间隙,如图1-5-19所示。测量时,千分表的表头垂直于从动锥齿轮大端齿面,先用手向一个方向转动从动锥齿轮使之与主动锥齿轮接触,将表对准零,然后再向另一方向转动从动锥齿轮,感觉到与主动锥齿轮接触时,读取表上读数,在沿圆周均布不少于四个齿上测量,测得的值与标准值相对照,若齿侧间隙值超过了修理极限,检查齿轮的啮合印迹及轴承的磨损情况。
②分解前,必须在轴承盖和减速器壳之间做上标记,因为轴承盖与减速器壳是合件加工的,左、右轴承盖不能互换,如图1-5-20所示。

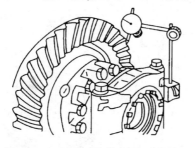
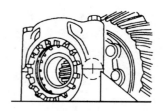

图1-5-19 主、从动齿轮齿侧间隙的检查　　图1-5-20 标记

③拧松轴承盖的固定螺栓,利用差速器扳手拆下调整螺母,如图1-5-21所示。分解前,用390~540N·m的力矩拧紧大螺母,再用力推拉凸缘,若感觉有轴向间隙,则说明滚锥轴承已失去预紧负荷。
④拆下轴承盖和螺栓,如图1-5-22所示。
⑤吊下差速器总成并分解。
⑥如图1-5-23所示,利用拆卸器拆下主动锥齿轮总成,同时拆下O形圈和调整垫片。
(3)测量差速器。

测量差速器齿轮的齿侧间隙,测量时,需将十字轴压紧在差速器壳上,如图1-5-24所示。

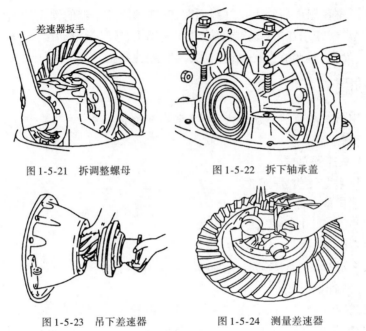

图1-5-21　拆调整螺母　　　　图1-5-22　拆下轴承盖

图1-5-23　吊下差速器　　　　图1-5-24　测量差速器

(4)测量行星齿轮。

测量行星齿轮支承垫片的厚度和半轴齿轮支承垫片的厚度,测得的值与标准值相对照。

(5)测量十字轴。

测量十字轴与行星齿轮孔的配合间隙。测量半轴齿轮的轴颈与差速器左壳、右壳孔的配合间隙。如图1-5-25所示,测得的值与标准值相对照。

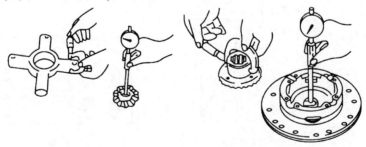

图1-5-25　测量十字轴和半轴齿轮

2)清洗及检查

①橡胶件不可使用矿物油清洗,应用乙醇清洗或用干净布擦去污物。零件清洗后,应涂上一层干净润滑油以防生锈。

②使用检测仪或工具检查零部件,然后确定零件是否还能进一步使用,对有问题的零件应修理或更换。如果发现相配合零件中的一个已经超过了规定的范围,应根据具体情况确定更换其中哪一件。但主、从动锥齿轮必须成对更换。

③对所有零件应仔细检查,发现有不均匀的磨损、裂纹、变形、生锈、非正常噪声(指轴承)、变色或发卡、失配等异常现象应修理或更换。

④对于主动轮油封和半轴油封,只要拆离油封座就一定要更换,因为油封骨架变形后会导致漏油。

⑤发现O形圈和油封的橡胶有老化现象,一定要换用新品。

3)装配及调整

装配前应在所有的摩擦表面涂上一层齿轮油。

(1)装配主动锥齿轮总成。

①将锥轴承的外围压入轴承座。

②将轴承的内圈装于主动锥齿轮上。

③装上隔套和调整垫片(如果在分解前已查出轴承失去预紧负荷,应根据轴向情况适当减去垫片厚度)。

④将主动锥齿轮装入轴承座并放入轴承的内圈,如图1-5-26所示。

⑤装上导向轴承,然后装上弹性挡圈。

⑥装上凸缘和平垫圈,并按规定的力矩拧紧大螺母。

⑦轴承预紧负荷的调整。主动锥齿轮锥轴承必须有预紧负荷才能保证齿轮及轴承的正常工作,否则将会导致齿轮及轴承的早期损坏。将轴承座固定住,用弹簧秤钩住凸缘上的孔,如图1-5-27所示,测量轴承的起动力。

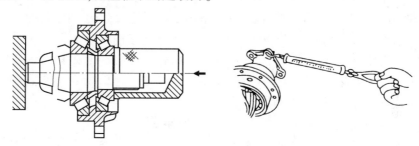

图1-5-26 装主动锥齿轮　　图1-5-27 测量起动力

如果预紧负荷值超出了规定范围,拆开调换垫片的厚度,再测量其厚度(垫片厚度1.7~2.6mm)。测量前,应用手反复转动凸缘,使轴承正确就位。

⑧预紧负荷调整后,拆下螺母、垫片和凸缘,将油封装入轴承座中,并在油封刃口涂上一层润滑油。装油封时应注意,不能用铁锤敲打,要保证油封骨架的任何一处都不产生变形,如有变形,应更换油封。

⑨装上凸缘(带有防尘罩)、O形垫圈和平垫圈,拧上槽形螺母,并按规定力矩拧紧。

⑩穿上开口销锁住螺母。如槽和孔没对准,将螺母再稍稍拧紧至槽与最近的孔对准为止。

⑪再测量实际的轴承须紧负荷,测得的值与标准值(包括油封阻力的值)相对照。

(2)装配差速器总成。

①将轴承的内圈压入差速器左、右半壳。

②将从动轮装在差速器左壳上,拧上螺栓,拧入前在螺纹表面涂上一层螺纹密封胶,

然后按规定力矩拧紧螺栓。

③将半轴齿轮和支承垫片装入差速器壳中,将行星齿轮及支承垫片装在十字轴上,然后将十字轴总成(图1-5-28)装入差速器壳中。

④将半轴齿轮和支承垫片放在行星齿轮上盖上差速器右壳,注意对准左、右半壳上标记,如图1-5-29所示。

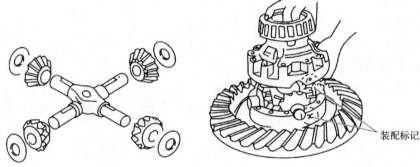

图1-5-28 十字轴总成　　　　图1-5-29 接合左、右半壳

⑤拧上差速器壳螺栓,拧入前在螺纹表面涂一层螺纹固定胶,然后按规定力矩拧紧螺栓。

(3)装配减速器总成。

将主动锥齿轮及轴承座总成(指前、后桥)往主减速器壳上安装时,要注意对准回油孔。另外还要注意两点:一是要待主动锥齿轮的后端头能自由地进入主减速器壳上的短圆柱滚子轴承后,才能紧固轴承座螺栓,以免挤坏轴承保持架,为了便于装配,事先可以在轴承上涂抹润滑脂,以使滚子定位在轴承外圈上;二是在紧固轴承座螺栓的同时,还要随时转动从动锥齿轮,注意检查主、从动锥齿轮的轮齿有无顶死的现象,以免损坏轮齿。

①在轴承座的外圈装上调整垫片和O形圈,并将主动轮总成装入减速器壳中,装配时应注意整片和半片调整垫片的装配位置。

②装上轴承的外圈,并将差速器总成放入减速器壳中。

③装上调整螺母,盖上轴承盖,对准分解时做的相配标记,暂时拧紧螺栓。

④调整主动锥齿轮和从动锥齿轮间齿侧间隙。首先松开右侧螺母,拧进左侧螺母,使得齿侧间隙为零,松开左侧螺栓、螺母,拧进右侧螺母来调整侧隙。增加齿侧间隙:松开右侧螺母,拧进左侧螺母,这样可使从动锥齿轮离开主动锥齿轮;减小齿侧间隙,按相反方法操作。

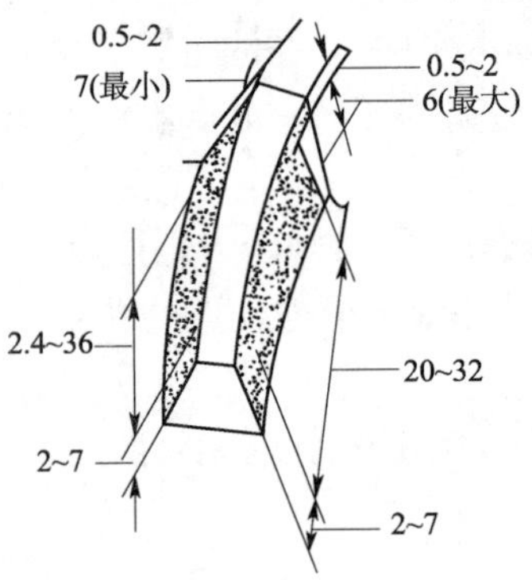

⑤调整差速器滚锥轴承的预紧负荷,同时旋进或旋出左右调整螺母,直至轴承的预紧负荷达到规定值。测量前,用手反复转动从动锥齿轮,使轴承正确就位,后用弹簧秤钩住从动锥齿轮螺栓,测量轴承的起动力(包括主动锥齿轮轴承预紧负荷和油封的阻力)。

⑥在从动锥齿轮的两至三个齿面上(凸、凹两面)涂上红丹粉或贴上红色的铅薄膜,反复转动从动锥齿轮,使有红丹粉的齿面与主动锥齿轮多次接触,然后检查齿轮的接触印迹。正确的啮合印边如图1-5-30所示,驱动齿面(凸齿

图1-5-30 啮合印迹(尺寸单位:mm)

面)的长度占齿面宽的 46%～70%,滑行齿面(凹齿面)上的长度占齿面宽的 38%～62%,并略偏向齿的小端。

与图对照,如果啮合印迹不正确,按表 1-5-1 中的说明进行调整。

啮合印迹的调整　　　　　　　　　　　　　表 1-5-1

齿轮接触印迹		调　整　过　程	
1		正确接触区	不必调整
2		从动锥齿轮过于靠近主动锥齿轮	齿侧间隙小(旋出左侧调整螺母、旋入右侧螺母)
3		从动锥齿轮过于远离主动锥齿轮	齿侧间隙大(旋出右侧调整螺母、旋入左侧螺母)
4		从动锥齿轮上接触区过高	主动锥齿轮过于远离从动锥齿轮(减少调整垫片)
5		从动锥齿轮上接触区过低	主动锥齿轮过于靠近从动锥齿轮(增加调整垫片)

注:如果从动锥齿轮轮齿两侧(凸、凹面)的接触区相差很大,应更换齿轮。

啮合间隙的调整用移动差速器轴承调整螺母,即左右移动从动锥齿轮位置来达到。为保持已调整好的差速器轴承预紧度不变,一端螺母拧出(或拧进)多少,另一端螺母则相应拧进(或拧出)多少,拧动调整螺母前,先要拧松轴承盖紧固螺栓,调好后再拧紧并锁好。

啮合印迹和啮合间隙的调整是同时的,调整时,往往需要相互配合。当两者发生矛盾时,最好偏重于保证良好的接触印迹,但齿隙与规定要求相比不能相差太大。调整时需注意:一是如果啮合印迹在被动锥齿轮相邻两点上的位置相差很大,需更换被动和主动锥齿轮直到相同为止;二是在检查和调整齿轮啮合印迹后,需再次确认啮合间隙。

⑦以规定力矩拧紧轴承盖螺栓,装上锁片、螺栓及弹簧垫圈,锁片脚要卡在调整螺母槽中。

4)安装减速器总成及半轴

①安装前,在桥壳凸缘面上涂端面密封胶,涂抹的胶带不应有中断点,以免影响密封性。

②将减速器总成装入桥壳中,按规定力矩拧紧减速器壳与桥壳的连接螺栓。

③装上半轴油封,注意装配时不能用铁锤敲打,不能致使油封骨架的任何一处产生变

形,如有变形,应更换,装配后在油封刃口涂一层润滑脂。

④装上半轴及半轴密封垫,按规定的力矩拧紧半轴螺栓。

⑤在桥壳中注入11.5~12L的GL-5双曲线齿轮油,不能加注质量差的双曲线齿轮油,更不能错误地加注普通齿轮油,否则将会引起齿面的迅速擦伤和磨损。

任务评价

单级主减速器的调整评价表　　　　　　　　　　表1-5-2

序号	内容及要求	评分	评分标准	自评	组评	师评	得分
1	工具的使用	10分	不能正确使用常用工具扣5分; 专用工具使用不正确扣1~5分				
2	拆装顺序正确	10分	拆装顺序错误一次扣10分				
3	零件摆放整齐	10分	摆放不整齐扣5分; 工具、零件落地一次扣5分				
4	锥轴承预紧度调整;啮合位置和啮合间隙调整	30分	不能正确操作,每项扣10分				
5	正确组装主减速器	20分	组装顺序错误,一次扣5分				
6	工具、现场整洁	10分	未对工具和实习场地整理、清洁扣5分				
7	安全文明实习	10分	出现安全问题和不文明现象扣1~10分				

指导教师总体评价:

指导教师_____
_____年___月___日

练一练

一、单项选择题

1.驱动桥主减速器是用来改变传动方向、降低转速和(　　)。
　　A.产生离地间隙　　　　　　　　B.产生减速比
　　C.增大转矩　　　　　　　　　　D.减少转矩

2.汽车驱动桥安装在(　　)总成之后。
　　A.离合器　　　　　　　　　　　B.变速器
　　C.万向传动装置　　　　　　　　D.差速器

3.全浮式半轴支承的特点是(　　)。
　　A.半轴的两端既受转矩的作用又承受弯矩的作用
　　B.半轴的外端承受转矩的作用,半轴的内端既承受转矩的作用又承受弯矩的作用
　　C.半轴的内端承受转矩的作用,半轴的外端既承受转矩的作用又承受弯矩的作用

D. 半轴的两端除承受转矩的作用外不承受任何力和弯矩的作用
4. 货车差速器中的行星齿轮一般有(　　)。
　　A. 一个　　　　　B. 三个　　　　　C. 两个　　　　　D. 四个
5. 汽车转弯行驶时,差速器中的行星齿轮(　　)。
　　A. 只有自转,没有公转　　　　　B. 只有公转,没有自转
　　C. 既有公转,又有自转　　　　　D. 静止不动

二、多项选择题
1. 商用车驱动桥一般是由(　　)组成。
　　A. 主减速器　　　B. 差速器　　　C. 半轴　　　D. 桥壳
2. 主减速器的作用是(　　)。
　　A. 改变动力传递方向　　　　　B. 降速增矩
　　C. 改变两侧驱动车轮转速　　　D. 实现倒车
3. 主减速器按参加减速传动的齿轮副数目分为(　　)。
　　A. 单速式　　　　　　　　　　B. 双速式
　　C. 单级式　　　　　　　　　　D. 双级式
4. 主减速器中广泛采用准双曲面齿轮传动,其特点是(　　)。
　　A. 主从动锥齿轮的螺旋角不同,主动锥齿轮螺旋角大于从动锥齿轮
　　B. 工作平稳性好
　　C. 轮齿的弯曲强度和接触强度更高
　　D. 主动锥齿轮的轴线可相对从动锥齿轮轴线向下偏移距离
5. 差速器的特点是(　　)。
　　A. 两侧半轴齿轮的转速始终等于差速器壳的转速
　　B. 当任何一侧半轴齿轮的转速为零时,另一侧半轴齿轮的转速为差速器壳转速的
　　　2倍
　　C. 当差速器壳转速为零,若一侧半轴齿轮转动,另一侧半轴齿轮以相同的转速反
　　　向转动
　　D. 两半轴齿轮转矩相等,等于差速器壳转矩的一半

三、判断题
1. 当差速器中行星齿轮没有自转时,总是将转矩平均分配给左、右两半轴齿轮。
　　　　　　　　　　　　　　　　　　　　　　　　　　　　　　　　(　　)
2. 差速器的作用是保证两侧车轮以相同转速旋转。　　　　　　　　　　(　　)
3. 对于发动机纵向布置的汽车,由于需要改变动力传递方向,单级主减速器都采用一对圆锥齿轮传动。　　　　　　　　　　　　　　　　　　　　　　　　(　　)
4. 半浮式支承的半轴易于拆装,无须拆卸车轮就可将半轴拆下。　　　　(　　)
5. 当采用半浮式半轴支承时,半轴与桥壳没有联系。　　　　　　　　　(　　)

四、分析题
1. 驱动桥一般由哪些元件组成?它的功用是什么?
2. 主减速器的功用有哪些?常见的主减速器有哪些类型?

3. 简述差速器的结构及其工作原理。
4. 驱动桥的作用是什么？
5. 驱动桥中主减速器的调整内容有哪些？如何调整？

模块小结

1. 离合器

离合器安装在发动机与变速器之间，其功用是：保证汽车平稳起步、保证变速器换挡平顺、防止传动系过载、保证动力传递。离合器可分为主动部分、从动部分、压紧装置、分离机构和操纵机构。在离合器膜片弹簧(或分离杠杆)内端与分离轴承之间预留一定的间隙，这个间隙称为离合器的自由间隙。离合器分离过程中，为消除离合器自由间隙和分离机构、操纵机构零件的弹性变形所需要踩下的踏板行程称为离合器踏板自由行程。

膜片弹簧式离合器以膜片弹簧取代螺旋弹簧及分离杠杆，使构造简单，并可免除调整分离杠杆高度的麻烦，且膜片弹簧弹性极佳，操作省力，为目前使用最广的离合器，主要有推式和拉式两种类型。

离合器的从动盘主要由从动盘本体、摩擦片和从动盘毂等组成。为消除传动系的扭转振动，从动盘一般都带有扭转减振器。

离合器的液压式操纵机构由离合器踏板、离合器主缸、离合器工作缸(或称为离合器工作缸)、分离叉等组成。商用车上广泛采用液压操纵空气助力式操纵机构。

离合器的拆解应注意在离合器盖与飞轮总成上做好标记，固定螺栓采用分次均匀拧松，同时保证离合器从动盘不要跌落。

2. 变速器

变速器的功用是：实现变速、变矩，实现倒车，实现中断动力传动，驱动其他机构。变速器按传动比的级数可分为有级式、无级式和综合式；按操纵方式可分为手动变速器、自动变速器和手动自动一体变速器。

当小齿轮为主动齿轮，带动大齿轮转动时，输出转速降低，为减速传动，此时传动比大于1；当大齿轮驱动小齿轮时，输出转速升高，为增速传动，此时传动比小于1。

手动变速器包括变速传动机构和操纵机构两大部分。三轴式手动变速器用于发动机前置后轮驱动的汽车。该变速器有三根主要的传动轴：一轴、二轴和中间轴，另外还有倒挡轴。

同步器的功用是使接合套与待啮合的齿圈迅速同步，缩短换挡时间，且防止在同步前啮合而产生换挡冲击。目前采用较多的是锁环式惯性同步器。

变速器操纵机构按照变速操纵杆(变速杆)位置的不同，可分为直接操纵式和远距离操纵式。具有换挡锁装置，包括自锁装置、互锁装置和倒挡锁装置。

组合式变速器由主变速器和副变速器组成，主变速采用手动换挡，多个挡位，双中间轴结构。副变速器有两个挡位，采用气动换挡。

分动器可将动力传输给所有的车轮，增大驱动力。

3. 万向传动装置

万向传动装置的功用是在轴间夹角且相互位置经常发生变化的两转轴之间传递动力。万向传动装置主要包括万向节和传动轴。

十字轴式刚性万向节主要由十字轴、万向节叉等组成。单个十字轴式刚性万向节在主动轴和从动轴之间有夹角的情况下,当主动叉等角速转动时,从动叉是不等角速的,这称为十字轴式刚性万向节的不等速特性。实现两轴间的等角速传动的具体条件是:第一万向节两轴间夹角 α_1 与第二万向节两轴间夹角 α_2 相等;第一万向节的从动叉与第二万向节的主动叉处于同一平面。

传动轴是万向传动装置中的主要传力部件,通常用来连接变速器(或分动器)和驱动桥,在转向驱动桥和断开式驱动桥中,则用来连接差速器和驱动车轮。传动轴分段时需加中间支承,中间支承通常装在车架横梁上,能补偿传动轴轴向和角度方向的安装误差,以及汽车行驶过程中因发动机窜动或车架变形等引起的位移。

4. 驱动桥

驱动桥一般由主减速器、差速器、半轴和桥壳等组成。驱动桥的功用是将由万向传动装置传来的发动机转矩传给驱动轮,并经降速增矩、改变动力传动方向,使汽车行驶,而且允许左右驱动轮以不同的转速旋转。

主减速器按参加传动的齿轮副数目,可分为单级式主减速器和双级式主减速器;按主减速器传动比个数,可分为单速式和双速式主减速器;按齿轮副结构类型,可分为圆柱齿轮式(又可分为定轴轮系和行星轮系)主减速器和圆锥齿轮式(又可分为螺旋锥齿轮式和准双曲面锥齿轮式)主减速器。主减速器的调整包括锥轴承预紧度、啮合位置与啮合间隙。

差速器的功用是将主减速器传来的动力传给左、右两半轴,并在必要时允许左、右半轴以不同转速旋转,使左、右驱动车轮相对地面纯滚动而不是滑动。差速器按其工作特性可分为普通齿轮式差速器和防滑差速器两大类。

普通齿轮差速器使汽车通过坏路面的行驶能力受到限制,为了提高汽车通过坏路面的能力,可采用防滑差速器,如强制锁止式差速器等。

学习模块 2　商用车行驶系构造与维修

模块概述

汽车底盘行驶系由汽车的车架、车桥、车轮和悬架等组成。汽车底盘行驶系的功能有：接收传动系的动力，通过驱动轮与路面的作用产生牵引力，使汽车正常行驶；承受汽车的总重量和地面的反力；缓和不平路面对车身造成的冲击，衰减汽车行驶中的振动，保持行驶的平顺性；与转向系配合，保证汽车操纵稳定性。为提高载质量和缩短汽车长度，柴油汽车采取平头驾驶室设计。

该模块是通过对车架、转向桥、转向驱动桥、悬架和车轮的学习，掌握行驶系的结构、原理与检修。

【建议学时】

40 学时。

学习任务 2.1　车架构造与维修

任务目标

1. 通过查阅资料和观摩，掌握车架的组成及其工作原理。
2. 学会车架的检查维修方法。
3. 根据环保要求，妥善处理辅料、废弃液体和损坏零部件。

任务导入

某品牌中型载货汽车车架纵梁宽度改变部位区（"波纹"区）出现裂纹甚至出现断裂现象，需要对车架进行分析，提出维修的方法。

任务准备

车架是汽车装配的基体，俗称大梁。汽车的绝大多数部件和总成都是以车架为基础件，固定在其相应位置，如发动机、传动系、悬架、转向系、驾驶室、货箱和有关操纵机构。车架的功用是支承和连接汽车的各总成或零部件，并承受汽车自身和外界的各种载荷。

乘用车、罐式挂车、厢式挂车和大型客车多数采用承载式车身或半承载式车身，车身同车架整体优化，完全取代或部分取代汽车车架，以提高车身的整体强度和材料的有效性,实现汽车的轻量化。

目前,汽车车架的结构类型有:边梁式、中梁式、平台式、综合式和承载式。其中平台式车架适用于小型乘用车或载货汽车;中梁式车架适用于独立悬架的载货汽车或乘用车;边梁式车架广泛应用于载货汽车和客车。

1. 边梁式车架结构

边梁式车架由两根纵梁和若干根横梁组成,如图2-1-1所示,其是用钢接法或焊接法将纵梁与横梁连接成坚固的刚性构架。

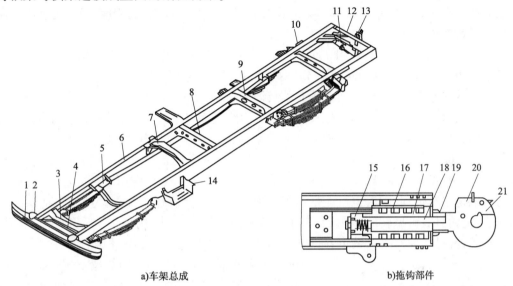

a)车架总成　　　　　　b)拖钩部件

图2-1-1　边梁式车架

1-保险杠;2-挂钩;3-前横梁;4-发动机前悬置横梁;5-发动机后悬置右(左)支架和横梁;6-纵梁;7-驾驶室后悬置横梁;8-第四横梁;9-后钢板弹簧前支架横梁;10-后钢板弹簧、后支架横梁;11-角撑横梁组件;12-后横梁;13-拖钩部件;14-蓄电池托架;15-螺母;16、18-衬套;17-弹簧;19-拖钩;20-锁块;21-锁扣

纵梁通常用低合金钢板冲压而成的,断面形状一般为槽形,也有的做成"工"字形或箱形断面。根据汽车类型不同和结构布置的要求,纵梁可以在水平面内(或纵向平面内)做成弯曲的、等断面或非等断面的。

横梁可以保证车架的扭转刚度和承受纵向载荷,还用来支承汽车的主要部件和总成。通常载货汽车有5~6根横梁或者更多。边梁式车架的结构特点是便于安装驾驶室、车厢及一些特种装备和布置其他总成,有利于改装变型车和发展多品种汽车,因此被广泛用在载货汽车和大多数的特种汽车上。

图2-1-1a)为边梁式车架,它主要由两根纵梁和8根横梁铆接而成。纵梁6为槽形不等高断面梁,由于中部受到的弯曲力矩最大,故中部断面高度最大,由此向两端断面高度则逐渐减小。这样,可使应力分布较均匀,同时又减小了质量。

在左右纵梁上各有多个装置用孔,用以安装转向器、钢板弹簧、燃油箱、贮气筒、蓄电池等总成的支架。

横梁一般也用钢板冲压成槽形,为增强车架抗扭强度,有时采用管形或箱形断面的横梁。前横梁常装配冷却水散热器、发动机的前悬置支座。横梁4制成下凹形,以便降低发动机位置，改善驾驶人的视野。在横梁7上面装置驾驶室的后悬置横梁，在其下面装置传动轴中间轴承支架。由于传动轴安装位置需要，横梁7做成拱形，其余横梁都做成简单的直槽形。后横梁12上装有拖带挂车用拖钩部件13，因后横梁要承受拖钩传来的很大的作用力，故用支撑加强。

某些越野汽车在车架纵梁前端两侧装有加长梁，以便在加长梁前端安装绞盘装置和专用的保险杠。在未装有加长梁的纵梁上，其前端两侧备有一组冲孔，当需要加装绞盘等装置时，可以紧固左、右加长梁。

有些汽车车架为加强纵梁和横梁的连接，并使车架具有较大的刚度，用钢板制成的盖板焊在或铆在连接处。

在载货汽车车架前端、乘用车车架前后两端，有横梁式的缓冲件（称为保险杠），主要目的是防撞。当汽车在纵向突然受到冲撞时，它可以保护车身、翼子板和散热器不受损坏。对于乘用车来说，保险杠同时还起着装饰的作用。载货汽车车架前端还装有简单的挂钩2（图2-1-1a），以便汽车发生故障或陷入道路表面以下时，可以用其他车辆拖出。

拖钩部件13安装在车架后横梁中部用来拖带挂车。拖钩部件构造如图2-1-1b)所示。拖钩19的尾部支承在两个衬套16与18上。在两个衬套的凸缘间装有弹簧17，而在拖钩尾部的端部旋有螺母15，并用开口销锁住。弹簧17用来缓和所受到的冲击力，此冲击力可能是主车传到挂车，也可能是挂车传到主车。为保持挂车拖架的挂环与拖钩的可靠连接，拖钩具有可掀转的锁扣21，其上设有带弹簧的锁块20，用平头销及开口销把锁扣固定在闭合位置，此时平头销可穿过锁扣和锁块上相重合的小孔，防止两者脱开。

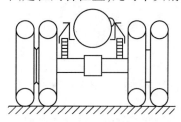

图2-1-2 具有Z形断面纵梁车架的汽车（后视图）

有的汽车车架采用了"Z"形断面纵梁，如图2-1-2所示。其优点是使车架前后等宽，保证安装在车架前部的发动机飞轮壳及装在壳上的起动机有足够空间。若采用一般的槽形断面纵梁，由于钢板弹簧布置的需要，那么它的车架需要做成前宽后窄，以保证安装体积偏大的发动机。采用前后车架等宽的结构类型，可以提高车架的使用寿命。前后不等宽的车架，在过渡区的冲压过程中会产生皱纹，易形成应力集中。采用"Z"形断面纵梁的缺点是纵梁和横梁连接时，须在纵梁上翼面上增加一块垫板，使在纵梁腹板上布置一些总成显得不够方便。

2. 车架检修

由于汽车的行驶条件恶劣，行驶中受到各种作用力的影响，会导致车架弯曲、扭曲、开焊或断裂，从而严重影响汽车的使用性能和寿命。

车架损伤多因碰撞、负荷过重所致。损伤严重时目测即可判明。必要时，可用测量仪测量对角线长度、钢板销孔同轴度、纵横梁表面平行度、顶平面与侧面垂直度等参数，以及确定损伤的部位及程度，进行及时维修。

①检查车架左右纵梁上的前钢板弹簧后座销孔与后钢板弹簧前座销孔的中心距，相差应不大于1mm。若不符合要求，应予检修或校正。

②检查车架左右纵梁上的前钢板弹簧前后座孔中心距。此中心距与标准中心距相差

应不大于2mm。若检查不符合要求,应予检修。

③检查车架左右纵梁上的后钢板弹簧前后座孔中心。此中心距与标准中心距相差应不大于2mm。若检查不符合要求,应予检修。

④检查车架左纵梁上的前钢板弹簧前座销孔端面至右纵梁上的前钢板弹簧后座销孔端面;右纵梁上的前钢板弹簧前座销孔端面至左纵梁上的前钢板弹簧后座销孔端面的对角线长度。每组对角线长度相差不大于3.5mm。若不符合标准要求,应予检修或校正。

⑤检查纵梁的平行度。方法是:从纵梁前后各定一点,并通过这两个定点拉一直线,测量直线与纵梁平面间的最大距离应不大于4mm。若不符合上述要求,应予检修或校正。

⑥检查纵梁上平面与侧平面的垂直度。用万能角度尺检查纵梁上平面与侧平面的垂直度,其误差应不大于0.5mm。若检查结果不符合要求,应予检修或校正。

⑦检查左右纵梁的钢板弹簧座销孔的同轴度。方法是:用两根直径比钢板弹簧座销孔稍小的芯棒分别从两纵梁的钢板弹簧座销孔插入,此时,两芯棒的顶尖相差应不大于1mm。若检查结果不符合要求,应予检修。

⑧检查车架有无弯曲、扭曲、锈蚀和疲劳断裂等。如有弯曲、扭曲变形应予校正。如果车架严重锈蚀,应除锈后涂刷防锈漆。

3. 车架典型损伤的修复工艺

1) 铆钉松动或剪断

一般用肉眼看或用手锤敲,可以检查出松动的铆钉,如果不及时修复就会在铆钉孔周围出现裂纹或引起其他铆钉松动。修复办法如下:

①用钻或气割的办法把松动的铆钉头去掉。不能用扁铲,如用扁铲会破坏铆钉孔。

②彻底清理平整相结合的两个平面。

③用下述的公式来确定铆钉长度,孔的直径大于铆钉直径1mm,如图2-1-3所示。

$$L = t + (1.5 \sim 1.7)d$$

式中,t——被铆接零件的总厚度;

d——铆钉直径。

④如果铆钉孔变形或错位,可将孔扩大,根据孔径确定铆钉直径。

⑤除掉铆钉孔上的锈,然后把铆钉加热,但不能过热。

⑥用气动铆枪或类似的工具铆接,如果铆钉颜色变黑,就不能再铆。

⑦铆接时压力要适度,如果锤打太轻,则铆接不紧;如果锤打太重,铆钉容易变弯或易在两层板间扩展,形成"脖颈",而不能铆紧。

2) 裂纹

先用煤油洗净,用肉眼看或用烟熏等都可显示出任何细微的裂纹,具体修复办法如下。

①卸掉载荷放平车架,在裂纹端头钻Φ3~6的小孔,以限制裂纹继续发展,但要确保把孔钻在裂纹端头。

②在零件外表面沿裂纹开"V"形槽,如图2-1-4所示。

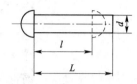
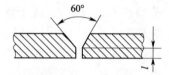

图 2-1-3 确定铆钉长度　　　　图 2-1-4 开"V"形槽

③用 Φ4 直径的电焊条进行电弧焊,不推荐用气焊,气焊会扩大复热面积。
④在已焊好裂纹的零件内表面用电弧焊焊加强板,不论裂纹长短都要焊加强板。
⑤焊加强板的注意事项。
a. 所用加强板厚度不应大于被贴附零件的厚度,材料与被贴附零件相同。
b. 当焊"Γ"形加强板时,内加强板的外圆角应大于所贴附零件的内圆角,以防干涉。
c. 焊缝不能连续,不能交叉,每段焊缝长度不小于 20~30mm,如图 2-1-5 所示。
d. 焊接规范包括如下方面。
焊条直径:4mm。
电流值:平焊时 130~140A;仰焊时 105~110A;焊加强板水平焊时 100~105A;焊加强板从下向上焊时 90~95A。
e. 冷天焊接时要适当预热,以防止产生裂纹。
f. 焊缝端头最易产生裂纹,所以灭弧时要特别注意在端点处不能产生缺陷。

3) 车架变形

车架在使用中有较大弯曲或扭转变形时,按下述方法判断是否应校正。
①拆下车架,通过车架前、后端两个横梁中心拉一根钢丝。
②相邻的横梁交叉拉钢丝,其交叉点离车架中心线不应大于 3mm,否则应校正,如图 2-1-6 所示。

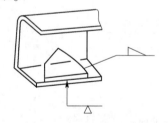
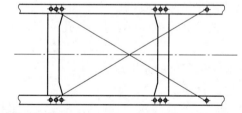

图 2-1-5 焊加强板　　　　图 2-1-6 校正车架变形

知识拓展

中梁式车架只有一根位于中央贯穿前后的纵梁,又称为脊骨式车架,如图 2-1-7 所示。中梁的断面可以制成管形或箱形。这种结构的车架有较大的扭转刚度,使车轮有较大的运动空间,因此被采用在某些乘用车和载货汽车上。

具有中梁式车架的底盘的中梁是管式的,传动轴安装在管内。主减速器壳通常固定在中梁的尾端,而形成断开式驱动桥。中梁前端做成伸出的支架,以固定发动机。

有些汽车采用中梁式车架,如图 2-1-8 所示。整体结构是由一根纵梁和若干根横梁组成的,其纵梁由前桥壳 2、前脊梁 4、分动器壳 7、中央脊梁 8、中桥壳 13、后桥壳 11 及中后桥之间的连接梁9所组成。上述各部分的连接均通过其凸缘用螺栓紧固而成一体。在前桥壳2的前端有横梁1,用以支承发动机前部、驾驶室前部及转向器,同时用来安装前悬架的扭杆弹簧。横梁6用于支承驾驶室后部及货箱前部。在横梁6、14、10上安装连接货箱的副梁,在副梁上安装货箱(图上未示出),因此,横梁6、14、10承受货箱的重力。在连接梁9的两侧,装有横梁用来安装后悬架的钢板弹簧12。

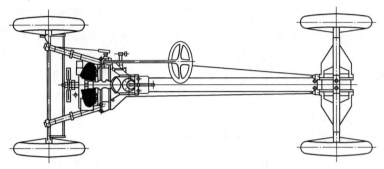

图 2-1-7 中梁式车架的结构示意图

中梁式车架的优点是：能使车轮有较大的运动空间,便于采用独立悬架,可提高汽车的越野性;与同吨位载货汽车相比,其车架较轻,减少了整车质量,重心较低,行驶稳定性好;车架的强度和刚度较大;脊梁还能起封闭传动轴的防尘套作用。但这种车架的制造工艺复杂,精度要求高,维护和修理不方便。

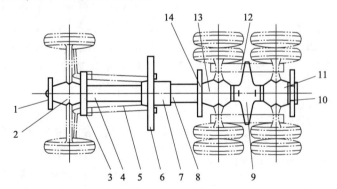

图 2-1-8 汽车中梁式车架示意图
1-横梁(发动机前部托架);2-前桥壳;3-横梁(发动机后部及驾驶室前部托架);4-前脊梁;5-前悬架的扭杆弹簧;6-横梁(驾驶室后部及货箱副梁前部托架);7-分动器壳;8-中央脊梁;9-连接梁;10-横梁(连接货箱副梁的托架);11-后桥壳;12-后悬架的钢板弹簧;13-中桥壳;14-横梁(连接货箱副梁的托架)

1. 车架纵梁断裂原因分析

汽车在行驶过程中,车架的受力情况十分复杂。它不但承受自重和载质量的静载荷,同时承受着汽车运动中的动载荷。在平坦的道路上行驶时,车架纵梁主要承受弯曲应力;在运行条件较差的路面上行驶时,除产生动弯曲应力外,由于载荷重心偏移,车架及固定在车架上的部件产生扭转变形,横梁及固定在车架上的总成件则阻碍这种变形,使车架产生扭转应力。装载偏前、偏后或超载以及紧急制动时,都会使车架受力集中于某一局部,"波纹"区的最大应力值不仅大大超过材料的屈服极限,也远远超过16锰钢(国产汽车大梁材料一般为16锰钢)的抗拉强度极限(约510 MPa),同时疲劳应力超过材料的疲劳极限所致。因此"波纹"区极容易发生动载断裂。

2. 车架纵梁的修复措施

车架纵梁断裂后,需对断裂部位进行焊接维修。要提高车架纵梁的焊接修理质量,首先要从根本上消除裂纹源;同时控制好焊接接头也极为重要,使之具有良好的韧性,以提高焊缝抵抗疲劳应力的能力,防止焊接接头应力集中。16锰钢的淬硬倾向性比一般碳素钢大,焊接时产生冷裂纹的倾向性也大。对车架纵梁焊接可采用不解体、不挖补的对接焊接工艺。

1) 焊接前的准备工作

焊接前必须彻底清除车架纵梁裂缝或断裂部位附近的油漆、油泥等污物杂质,然后在焊缝不受负荷的情况下(断裂前的原始位置),在裂纹或断裂处的内外表面打上倾角为45°的坡口。

2) 焊接时焊缝处不能有负荷

物体在外力作用下会在其内部承受内力,大小与外力相等,方向相反。焊修部分因自重和载重的原因有负荷存在,因此,焊修时必须顶好断裂部位的两端(图2-1-9),使焊缝两端的负荷接近于零。这是因为钢在熔化状态下的强度和硬度趋近于零,如果钢从熔化到冷却这一瞬间有负荷存在,就会使刚形成的焊缝受力。当外力大于焊缝的强度时,焊缝处就会产生裂纹甚至断裂;当外力小于焊缝强度时,焊缝处会产生残余应力。整个焊缝成型后,由于存在残余应力和裂纹,大大降低了焊缝抵抗外力的能力,焊缝就有重新断裂的可能。

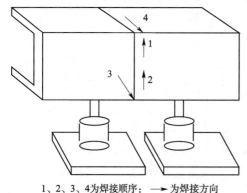

1、2、3、4为焊接顺序; → 为焊接方向

图2-1-9 纵梁支顶、焊接顺序、焊接方向示意图

另一方面,纵梁的一边断裂后,其挠度和刚度发生变化,焊接后纵梁和纵梁之间受力不均,会导致受力大的一边断裂。

3) 保持焊缝自由收缩

焊接时焊件局部受热,车架纵梁在焊接时会产生不均匀温度场,因而各部位的膨胀不均匀。在焊接后的冷却过程中,车架纵梁因受热压缩变形,由于不能自由收缩而受拉,因此车架纵梁焊接部位产生残余应力和残余变形。

为使焊缝能自由收缩,必须注意焊接顺序和方向,应先焊收缩量大的部位,以保证焊缝有较大的收缩自由,产生较小的残余应力。本着上述原则,车架纵梁焊接时必须先焊垂直内外腹面,再焊上下翼面,方向和顺序如图2-1-9所示。腹面两段焊接:先由腹面中心向上焊,再由腹面下部向中间焊。从宏观上讲,这种方法能使收缩只在腹面横向自由进行,上下翼面不受牵制,从而使内应力减小。

4) 焊接电流调整要适当

国产汽车纵梁大多采用16锰钢,焊接热影响区不会发生淬硬组织。焊接时,焊接速度可适当放慢焊接电流可适当调整得大一些,防止金属晶粒长大变粗对材料的机械性能的影响。

5)保持焊缝表面清洁

焊缝中有多种杂质,气体杂质主要有氧、氮、氢,它们的溶解和析出对焊缝性能影响很大;固体杂质有氧化铁、硫化物、硅酸盐等。随着杂质含量的增加,焊缝的韧性也明显降低。

6)焊缝起点和终点的处理

除上述外,断裂纵梁焊缝的起点和终点是最薄弱的地方,必须使焊缝饱满,结构紧密,不允许有焊不透、夹渣、气孔、凹陷等缺陷存在。车架纵梁上、下翼面翼缘处扭转应力最大,如果有上述缺陷存在,就会产生应力集中,当承受载荷后,应力集中的部位就极有可能重新再次断裂。

断裂车架纵梁修理也可以采取另外一种方法,即:先对断裂部位采取上述焊接工艺,再在断裂部位敷以与车架纵梁截面形状相当的槽钢(或者在废旧车架纵梁上截取适当长度和大小的一段)进行铆接,这样可以避免焊接热对车架纵梁的强度、刚度等机械性能产生影响,减小应力集中,达到同样的修理效果。但这种修理工艺相对复杂,工人的劳动强度较大。

如果采用以上方法焊接汽车纵梁,再在其外敷以与车架纵梁截面形状相当的槽钢(或者在废旧车架纵梁上截取适当长度和大小的一段)进行敷焊,焊接方法与上述方法相同,效果会更佳,可以确保车架纵梁永远不会在此处断裂。

任务评价

边梁式车架的检查评价表 表2-1-1

序号	内容及要求	评分	评分标准	自评	组评	师评	得分
1	准备	10分	汽车进入工位前,准备好相关的器材(5分);拉紧驻车制动器,把变速杆置于空挡或P挡位置(5分)				
2	清洁	5分	按要求清理工位				
3	检查车架左右纵梁上的前钢板弹簧后座销孔与后钢板弹簧前座销孔的中心距	10分	检测点清晰,方法正确,异常能说明处理意见				
4	检查车架左右纵梁上前钢板弹簧前后座孔中心距	10分	检测点清晰,方法正确,异常能说明处理意见				
5	检查车架左右纵梁上后钢板弹簧前后座孔中心距	10分	检测点清晰,方法正确,异常能说明处理意见				

续上表

序号	内容及要求	评分	评 分 标 准	自评	组评	师评	得分
6	检查车架对角线长度	10分	检测点清晰,方法正确,异常能说明处理意见				
7	检查纵梁平行度	10分	检测点清晰,方法正确,异常能说明处理意见				
8	检查纵梁上平面与侧平面垂直度	10分	检测点清晰,方法正确,异常能说明处理意见				
9	检查左右纵梁的钢板弹簧座销孔的同轴度	10分	检测点清晰,方法正确,异常能说明处理意见				
10	检查车架有无弯曲、扭曲、锈蚀和疲劳断裂	10分	检测点清晰,方法正确,异常能说明处理意见				
11	安全文明生产	5分	结束后清洁(5分); 工量具归位(5分)				

指导教师总体评价:

指导教师_____
_____年___月___日

练 一 练

一、单项选择题

1. 边梁式车架广泛应用于( )。
    A. 小型乘用车　　　B. 载货汽车　　　C. 客车　　　D. 轿车
2. ( )是汽车装配的基体。
    A. 发动机　　　B. 底盘　　　C. 车身　　　D. 车架
3. 纵梁通常用低合金钢板冲压而成的,断面形状一般为( )。
    A. 槽形　　　B. 方形　　　C. 圆形　　　D. 椭圆形
4. 检查车架左右纵梁上的前钢板弹簧后座销孔与后钢板弹簧前座销孔的中心距,相差应不大于( ),若不符合要求,应予以检修或校正。
    A. 0.5mm　　　B. 1mm　　　C. 2mm　　　D. 3mm
5. 检查车架左右纵梁上的前钢板弹簧前后座孔中心距,与标准中心距相差应不大于( ),若检查不符合要求,应予以检修。
    A. 0.5mm　　　B. 1mm　　　C. 2mm　　　D. 3mm

二、多项选择题

1. 汽车行驶系主要由( )等组成。
    A. 车架　　　B. 车桥　　　C. 悬架　　　D. 车轮

2.汽车车架的结构类型有( )。
　　A.边梁式　　　　　　B.中梁式　　　　　　C.平台式　　　　D.综合式
3.下列说法正确的是( )。
　　A.边梁式车架由两根纵梁和若干根横梁组成
　　B.用钢接法或焊接法将纵梁与横梁连接成坚固的刚性构架
　　C.边梁式车架前后都安装保险杠
　　D.边梁式车架的纵梁和横梁一般采用槽形结构
4.在左右纵梁上各有多个装置用孔,用以安装( )。
　　A.转向器　　　　　　　　　　　　B.钢板弹簧
　　C.燃油箱　　　　　　　　　　　　D.蓄电池
5.中梁式车架的优点是( )。
　　A.能使车轮有较大的运动空间,便于采用独立悬架,可提高汽车的越野性
　　B.与同吨位载货汽车相比,其车架较轻
　　C.减少了整车质量,重心较低,行驶稳定性好
　　D.车架的强度和刚度较小

三、判断题

1.所有的汽车都有车架。( )
2.采用"Z"形断面纵梁缺点是纵梁和横梁连接时,须在纵梁翼面上增加一块垫板。
( )
3.汽车的绝大多数部件和总成都是以车架为基础件,固定在其相应位置。( )
4.边梁式车架由两根纵梁和若干根横梁组成,用螺栓连接的方法将纵梁与横梁连接成坚固的刚性构架。( )
5.车架纵梁或横梁出现裂纹,可以采用铆接或焊接方法处理。( )

四、分析题

1.汽车行驶系包括哪些总成?
2.车架分为哪些类型?
3.边梁式车架的特点是什么?
4.中梁式车架的特点是什么?
5.车架的检查内容有哪些?

学习任务2.2　转向桥构造与维修

任务目标

1.通过查阅资料和观摩,掌握转向桥、转向驱动桥的组成及其工作原理。
2.学会载货汽车转向桥的拆装操作方法。
3.学会车轮定位的内容、作用及检查调整方法。
4.根据环保要求,妥善处理辅料、废弃液体和损坏零部件。

一辆牵引车行驶30万km后,出现右前轮有"吃胎"的现象,怀疑前桥间隙或前轮定位不正常,需要进一步检查。

任务准备

1. 车桥的作用与分类

汽车车桥通过悬架与车架(或承载式车身)相连接,其两端安装车轮,车桥传递车架与车轮之间的各种作用力及其所产生的弯矩和转矩。

按悬架结构类型,车桥可分为断开式车桥和非断开式车桥。断开式车桥为活动关节式结构,它与独立悬架配合使用;非断开式车桥的中部是刚性实心或空心梁,多配用非独立悬架。

根据车桥的功能,车桥可分为转向桥、驱动桥、转向驱动桥、支持桥、随动转向桥。其中转向桥、支持桥和随动转向桥属于从动桥,一般汽车的前桥多为转向桥,后桥或中、后桥多为驱动桥,越野汽车或某些乘用车的前桥既是转向桥又是驱动桥,故称为转向驱动桥;有些单桥驱动的三轴汽车(6×2汽车)的中桥或后桥是支持桥;挂车上的车桥都是支持桥。

2. 转向桥构造

转向桥的功用是利用转向节使车轮偏转一定的角度以实现汽车转向,转向桥一般在汽车的前部,所以也把前桥称为转向桥。

商用车转向桥的结构及原理与普通车基本相同,如图2-2-1所示,主要由前轴、转向节、主销和轮毂四部分组成。

1)前轴

前轴多为传统的反弯工字形梁,以提高抗弯强度。上部有两处加宽平面,用以支承钢板弹簧。前轴的两端各有一拳形部分,有通孔,通过主销与左右转向节连接,用带有螺纹的楔形锁销将主销固定在前轴孔内,使其不能相对前轴转动。当汽车转向时,转向垂臂在纵向平面内摆动,通过转向直拉杆、转向节上节臂、左右转向节臂和转向横拉杆,操纵汽车前轮转过一定的角度,从而改变汽车的行驶方向。为了使转向灵活轻便,桥的下端与转向节之间装有推力轴承承受推力负荷。

2)转向节

转向节采用锰钢调质处理,与上、下转向节臂的连接均采用螺栓连接。上节臂的连接在转向节上拧入两个双头螺柱,再用螺母将上节臂紧固。下节臂是用两个长螺栓将制动底板、转向节连为一体。这种螺栓连接方式,使紧固螺栓承受拉力,使用可靠、连接刚度大、工艺性好。桥的上端和转向节上耳之间装有调整垫片,用于调整桥与转向节上耳端面间的间隙。

3)主销衬套

为了减少磨损,转向节上下耳部圆孔内装有铜质主销衬套,衬套上有润滑油槽,由转向节上所装滑脂嘴注入润滑脂润滑。主销衬套为双金属衬套卷制而成。它是将锡青铜和

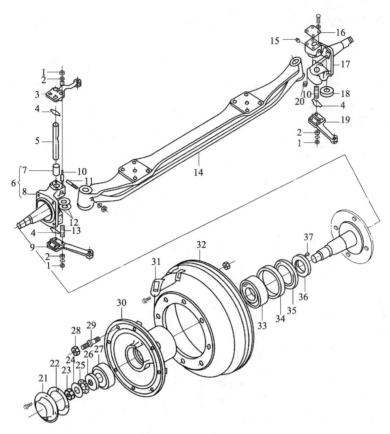

图 2-2-1 转向桥结构

1-紧固螺母；2-锥套；3-转向节臂；4-密封垫；5-主销；6-左转向节总成；7-衬套；8-左转向节；9-左转向梯形臂；10、13-双头螺柱；11-楔形锁销；12-调整垫片；14-前轴；15-油嘴；16-右转向节上盖；17-右转向节；18-止推轴承；19-右转向梯形臂；20-限位螺栓；21-轮毂盖；22-衬垫；23-锁紧螺母；24-推力垫圈；25-锁紧垫圈；26-调整螺母；27-前轮毂外轴承；28-螺母；29-螺栓；30-车轮轮毂；31-检查孔堵塞；32-制动鼓；33-前轮毂内轴承；34-轮毂油封外圈；35-轮毂油封总成；36-轮毂油封内圈；37-定位销

钢复合在一起,表面是一层较薄的青铜层,主要起耐磨作用。钢背可使衬套的刚度增大,同时可节省铜。在衬套的锡青铜表面开有槽和储油坑,储油性能好,是一种比较理想的衬套材料。为了使衬套装配方便,在制造衬套时,用两个搭扣将衬套合拢定型,装配时只要压入即可,如图 2-2-2 所示,不必再加工。在主销下端装有滑脂嘴,通过主销下端面的槽将油挤入衬套的油槽内,以减小磨损。转向节和前轴之间的间隙调整,采用了一组 2.1～2.8mm 的调整垫片,由于这些垫片比较厚,并且种类较多,装配调整时比较方便,容易保证间隙。在装配时,用测量转向节相对前轴转动时的起动力矩大小来控制间隙。

为了使转向灵活轻便,前轴下和转向节下耳之间装有圆锥滚子推力轴承。与一般轴承不同的是,在此球轴承的上端有"O"形密封圈,下端靠橡胶刃口进行端面密封,这样可以很好地防止水、泥沙等物进入轴承内,提高轴承使用寿命,保证转向轻便,同时可减轻主销锈蚀。在左、右转向节轴颈上,各装有

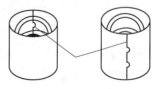

图 2-2-2 主销衬套

内、外两个圆锥滚子轴承支承轮毂绕转向节轴颈旋转。圆锥滚子轴承用锁止螺母来调整和固定。

4) 轮毂

在左右转向节轴颈上各装有内、外两个圆锥滚子轴承,支承轮毂绕着转向节轴颈旋转。其外轴承为标准圆锥滚子轴承、内轴承为大圆角非标准圆锥滚子轴承。轮毂内端采用双刃口橡胶油封密封。

3. 转向桥(图2-2-3)的检修

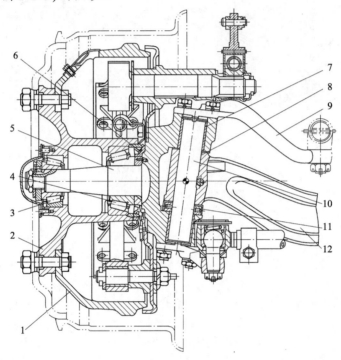

图2-2-3 转向桥

1-制动鼓;2-轮毂;3、4-轮毂轴承;5-转向节;6-油封;7-衬套;8-调整垫片;9-转向节臂;10-主销;11-滚子推力轴承;12-前轴

1) 转向节的拆装

(1) 拆卸。

将汽车后轮楔住,防止汽车前后移动。使用车轮用套筒扳手拧松前轮螺母,用液压千斤顶顶起前轴,在前轴下放好支架,支承好前轴,拆下前轮螺母、卸下车轮。拆下轮毂盖,撬平锁紧垫圈,旋下锁紧螺母,取出锁环,拧下调整螺母,拿出制动鼓1。从转向节上取下内轴承的内圈总成和油封总成6。拆开连接前制动舱的制动管路,旋开连接制动器底板和转向节的4个紧固螺栓螺母。拆下制动器底板总成。拆开转向节臂9与转向纵拉杆球头销的紧固螺母、转向节臂与转向横拉杆球头销紧固螺母。拆下主销孔盖板(上下各一个)和楔形锁销的紧固螺母及弹簧垫圈;用铜棒打出楔形锁销,用铜棒打出主销。取下转向节,拿出推力轴承11和调整垫片8。注意保管好调整垫片。

(2) 装复。

当主销与衬套配合间隙达到0.2mm时,对磨损大的主销(主销直径磨损量达到0.1mm时)或衬套应及时更换。检查推力轴承是否完好,若发现锈蚀损坏及时更换。当转向节重新装复时,注意推力轴承装于转向节凹座时,开口应朝下。用调整垫片来调节转向节与前轴上端面间隙,使其不大于0.25mm,标准间隙为0.10~0.20mm(图2-2-4)。使用中间隙达到0.25mm时,则应增加调整垫片,保证间隙在0.25mm以内。装配时,按分解的相反顺序进行。在装配主销时,主销表面应涂以润滑脂,用软质锤将其轻轻敲入转向节和主销孔内,用楔形锁销将主销固定在前轴上。转向节上端面的间隙用调整垫片来调整,装配间隙不得大于0.25mm。

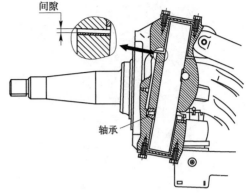

图2-2-4 转向节与前轴上端面的装配间隙

2)前轴与转向节间隙的调整

①将转向节及推力轴承装于前轴上,选择适当的调整垫片(注意:只能用一片)来调整间隙,保证间隙符合要求。

②在主销与衬套接触区涂一层薄薄润滑脂,将主销上锁销槽与前轴上锁销孔对齐,然后插进主销,并将锁销锁止螺母按规定的拧紧力矩紧固。注意:锁销必须由汽车前方插入。

③在转向节轴颈开口销孔处测量转向节的起动力,应在注润滑脂前,左右单独测定,起动力应符合要求(图2-2-5)。

3)轮毂轴承的装配与调整

(1)车轮轮毂的检查。

汽车每行驶800km后,要清洗、润滑并调整车轮轮毂轴承。润滑轮毂轴承时,应将旧的润滑脂清除,在轴承内圈与保持架滚子之间充满新的润滑脂。

轮毂轴承调整螺母是用来调整转向节与前轴端面间隙的,与轮毂轴承的松紧度直接相关,间隙应小于0.25mm。使用中间隙达到0.50mm以上时,也应调整调整螺母使间隙调至小于0.25mm。

(2)前轮轮毂轴承的装配调整。

调整时,将前轮顶起,如图2-2-6所示,取下轮毂盖1,撬平锁紧垫圈3,取下锁紧螺母2及锁环4。用100~150N·m的力矩拧紧调整螺母5。在拧紧时,正、反两个方向转动轮毂,使轴承滚子处于正确位置。再把调整螺母5拧回1/4~1/3圈,使螺母上的推力销与锁环上的邻近孔相重合,此时轮毂应能自由转动,并无明显摇摆用200~250N·m的力矩拧紧锁紧螺母2,并折弯锁紧垫圈3将螺母锁死。

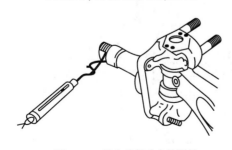

图2-2-5 转向节起动力的测量

如图2-2-7所示,用弹簧秤拉轮毂螺栓检查转动轮毂的起动力,拉力应为 49~98N。

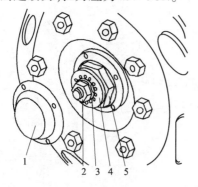

图 2-2-6 轮毂轴承调整图
1-轮毂盖;2-锁紧螺母;3-自锁紧垫圈;4-锁环;
5-调整螺母

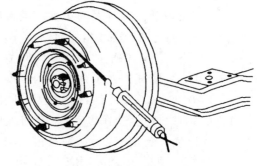

图 2-2-7 轮毂预紧力的测量

4)前轮最大转向角的调整

汽车前轮最大转向角决定了汽车的最小转弯半径。前轮最大转向角,可由图 2-2-8 所示的装在转向节上的限位螺栓控制。一般不需进行调整,但限位块或限位螺栓异常时,可由调整限位螺栓的伸出长度来调整前轮的最大转向角。不同车型最大转向角的值不同,如不能确定最大转向角值,可根据下列方法调整:将转向桥用千斤顶支起使前轮离地,转动转向盘向左(或右)打到极限位置,使内轮至最大转角,转动轮胎看其是否与其他部件有刮碰,在保证无刮碰的情况下将前轮的转向角调至最大即可。限位螺钉调整好后,将锁紧螺母拧紧。

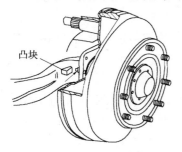

图 2-2-8 汽车前轮最大转向角的调整

4. 转向轮定位

为了保证汽车直线行驶的稳定性和操纵的轻便性,减少轮胎和其他机件的磨损,转向轮、转向节和前轴三者与车架的安装应保持一定的相对位置关系,这种安装位置关系称为转向轮定位,也称前轮定位。

对于两端装有主销的转向桥,汽车转向时,转向车轮会围绕主销轴线偏转,如图 2-2-9a)所示。但在大多数断开式转向桥中没有主销,采用上、下球头销代替主销,上、下球头销球头中心的连心线相当于主销轴线,如图 2-2-9b)所示。

转向轮定位包括前轮外倾、主销后倾、主销内倾及前束 4 个参数。现以有主销的转向桥为例说明转向车轮定位。

1)主销后倾

主销安装在前轴上,其上端略向后倾斜,这种现象称为主销后倾。在垂直于汽车支承平面的纵向平面内,主销轴线与汽车支承平面垂线之间的夹角称为主销后倾角,如图 2-2-10所示。主销后倾功用是形成回正力矩,保证汽车直线行驶稳定性,并使转向后回正操纵轻便。

主销后倾使主销轴线的延长线与地面的交点 a 位于车轮与路面的接触点 b 之前,a、b 两点之间的距离称为主销后倾移距。设 b 点到主销轴线延长线之间的距离为 l,汽车直线

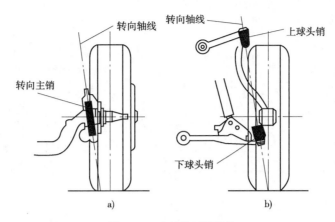

图 2-2-9 主销的不同形式

行驶时,若转向轮偶然受到外力作用而偏转(图 2-2-10 所示为向右偏转),汽车将偏离行驶方向而右转弯。由于汽车本身离心力的作用,在轮胎与路面接触点 b 处将产生一个路面对车轮的侧向反作用力 F_Y,由于反作用力 F_Y 没有通过主销轴线,因而形成了一个使车轮绕主销轴线旋转的力矩 $F_Y \cdot l$,其方向正好与车轮偏转方向相反。在力矩作用下,车轮具有了回复到原来中间位置的能力,从而保证了汽车直线行驶的稳定性。同理,在汽车转向后的回正过程中,此力矩具有帮助驾驶人使转向车轮回正的作用,使汽车转向后回正操纵轻便。

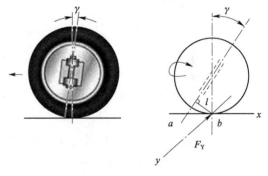

图 2-2-10 主销后倾

此外,有些汽车由于采用超低压轮胎,弹性增加,转向时因轮胎弹性变形而使轮胎与路面的接触点后移,使回正力矩增加,故主销后倾角可以减小,甚至为负值(即主销前倾)。

主销后倾角越大、车速越高,回正力矩越大,转向轮偏转后自动回正的能力也愈强。但主销后倾角也不宜过大,一般不超过 2°~3°,否则在转向时为了克服此力矩,驾驶人需在转向盘上施加较大的力,使转向沉重。

主销后倾角一般是将前轴连同悬架安装在车架上时,使前轴向后倾斜而形成的。

2) 主销内倾

主销安装在前轴上,其上端略向内侧倾斜,这种现象称为主销内倾。在垂直于汽车支承平面的横向平面内,主销轴线与汽车支承平面垂线之间的夹角 β 称为主销内倾角,如图 2-2-11 所示。主销内倾的功用是使转向轮自动回正,并使转向操纵轻便。

由于主销内倾,转向时,路面作用在转向轮上的阻力对主销轴线产生的力矩减小,从而可减少转向时驾驶人施加在转向盘上的力,使转向操纵轻便。同时还可以减小因路面不平而从转向轮传到转向盘上的冲击力。

当转向轮在外力作用下绕主销旋转而偏离中间位置时,由于主销内倾,车轮连同整个

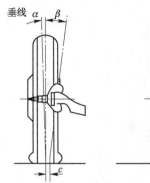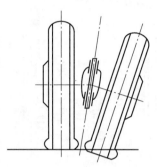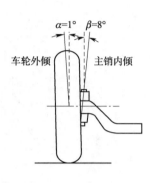

图 2-2-11 主销内倾及车轮外倾

汽车前部被向上抬起。一旦外力消失,转向轮就会在汽车前部重力作用下力图自动回正到旋转前的中间位置。主销内倾角越大、转向轮偏转角越大,汽车前部就抬起得越高,转向轮自动回正的作用就越大。

主销内倾角既不宜过大,也不宜太小。主销内倾角过大,转向时,车轮在滚动同时将与路面产生较大的滑动,增加轮胎与路面的摩擦阻力,这不仅使转向沉重,而且加速了轮胎的磨损。主销内倾角过小,汽车行驶的稳定性和制动稳定性将变差。在一些发动机前置前轮驱动的汽车上,为了使汽车具有良好的行驶稳定性,特别是制动稳定性,其主销内倾角均较大。

主销后倾和主销内倾都具有使车轮自动回正及保证汽车直线行驶稳定性作用,但区别在于:主销后倾角的回正作用随着车速的增高而增大,而主销内倾的回正作用几乎与车速无关。

3) 车轮外倾

转向轮安装在转向节上时,其旋转平面上端向外倾斜,这种现象称为转向轮外倾。车轮旋转平面与垂直于车辆支承面的纵向平面之间的夹角 α 称为车轮外倾角,如图2-2-12所示。车轮外倾角的功用是提高车轮工作的安全性和转向操纵的轻便性。

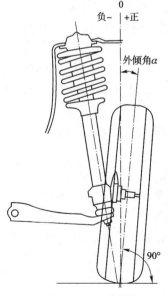

图 2-2-12 车轮外倾

由于主销与衬套之间、轮毂与轴承等处都存在着装配间隙,若空车时车轮的安装正好垂直于路面,则满载时上述间隙将发生变化,车桥也因承载而变形,从而引起车轮向内倾斜。车轮内倾将使路面对车轮的垂直反作用力的轴向分力压向轮毂外端的小轴承,使该轴承及其锁紧螺母等零部件承受的载荷增大,降低了它们的使用寿命,严重时会损坏锁紧螺母而使车轮脱落。为此,安装车轮时要预先留有一定的外倾角,以防止上述不良影响。此外,车轮有一定的外倾角也可以与拱形路面相适应。但车轮外倾角不宜过大,否则会使轮胎产生偏磨损。

4) 前轮前束

车轮安装在车桥上,两前车轮的中心平面不平行,其前端略向内侧收束,这种现象称为前轮前束。两前轮后端距离 A 大于前端距离 B,其差值 $A-B$ 称为前轮前束值,如图 2-2-13 所示。前轮前束的功用是消除因车轮外倾所造成的不良后果,保证车轮不向外滚动,防止车轮侧滑并减轻轮胎的磨损。

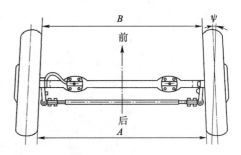

图 2-2-13 前束

由于车轮外倾,汽车行驶时,两个车轮的滚动类似于两个锥体的滚动,其轨迹不再是直线而是逐渐向各自的外侧滚开,如图 2-2-14 所示。但因受车桥和转向横拉杆的约束,两侧车轮不可能向外滚开,这样,车轮在路面上滚动行驶的同时又被强制地拉向内侧,产生向内的侧滑,从而加剧轮胎的磨损。有了前束,车轮滚动的轨迹向内侧偏斜,只要前束值与车轮外倾角配合适当,车轮向内、外侧滚动的偏斜量就会相互抵消,使车轮每一瞬间的滚动方向都朝着正前方,从而消除了侧滑,减轻了轮胎的磨损。

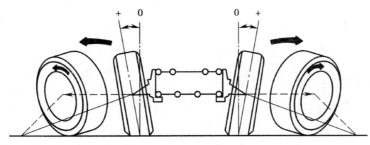

图 2-2-14 车轮外倾产生的车轮运动示意图

前轮前束值可以通过改变转向横拉杆的长度来调整,一般前束值为 0~12mm。

除常见后轮驱动类型的驱动桥外,还有安装在越野汽车前轮的驱动桥可以同时完成转向功能,叫转向驱动桥。

如图 2-2-15 所示,东风越野牵引车前桥由转向节内半轴、外半轴、三销万向节总成、减速器和差速器等零件组成。轮毂轴管用螺栓紧固于转向节壳上,转向节壳通过两个主销轴承和钢球支承在转向节支座及主销总成上。

检查故障车前轮转向节与转向横拉杆间球头的间隙,检查主销与前轴、转向节的间隙,若正常,用设备做前轮定位检查。

1. 前轮定位的准备

①车辆停放在坚实平坦的地面上。
②轮胎气压是否符合要求,按规定充足;检查轮胎是否有使用标志。
③轮胎磨损情况和轮辋的变形量。
④车架是否有扭曲和弯曲变形。

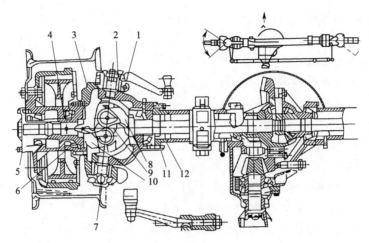

图 2-2-15 东风越野牵引车前桥总成
1-转向支承座总成;2-主销轴承;3-转向节壳;4-轴管;5-半轴凸缘;6-油封;7-钢球;8-内半轴;9-三销万向节总成;10-外半轴;11-紧固螺母;12-半轴套管凸缘

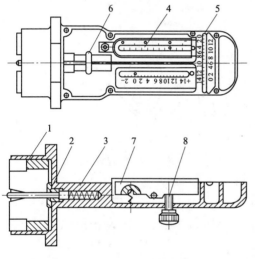

图 2-2-16 转向轮定位检验水准仪
1-永久磁铁;2-检验仪外壳;3-检验仪;4-外倾水准器;5-内倾水准器;6-水平水准器;7-后倾水准器;8-后倾水准器调整螺钉

⑤检查前桥,确保轴线与前进方向垂直。

2. 主销倾角的测量

由于主销倾角的改变会影响到前束的变化,而前束的变化不会影响到主销倾角的变化,所以,前轮定位的检查和调整顺序是:首先检查和调整主销外倾角和左右轮的差值,然后检查和调整主销内倾角和左右轮的差值,最后检查调整前束。检查主销倾角要用水准仪,如图 2-2-16 所示。

1) 前轮外倾角的测量

①选择平坦的地方将后轮停放在与转角测量仪同高的垫块上。

②用千斤顶顶起前桥,并把车轮摆正(直行位置)。

③将转角测量仪放在车轮下面,慢慢将车轮放在转盘中心,调整读数为零。

④取下轮毂轴承,小心地将前轮定位测量仪水平安装在轮毂上。

⑤根据外倾角标尺上的气泡中心位置读出车轮外倾角度。

⑥如果所测度数超出要求的规定值,应检查主销和衬套的磨损情况、轮毂轴承的间隙、前桥的弯曲变形;根据需要修理或更换损坏零件。

2) 主销后倾和内倾角的检查

①测量车辆外倾角后,缓慢转动转向盘,使车轮转角从零转到 20°。如果测量左轮,则向左转;测量右轮,向右转。

②当转动了 20°后,将气泡中标尺和后倾角标尺的零点对好。踩下制动踏板,缓慢地

反方向转动转向盘,直到车轮反转40°。在主销后倾角和主销内倾角标尺的气泡位置,读取后倾角和内倾角的数值。如果后倾角和内倾角数值超出规定值,应检查前钢板弹簧是否疲劳失效、主销和衬套是否磨损、前桥是否变形或弯曲。

3) 前轮前束的调整

汽车每行驶8000km,必须检查一次前束值。检查、调整前轮前束时,汽车前轮气压应符合规定要求,转向机构和轮毂轴承不能松旷,一定要符合调整要求,汽车前轮处于直线行驶位置。不同车型前束值有一定不同,具体值可查阅随车使用手册获得。

检查汽车前束时,需将汽车停放在水平地面,把前束尺安放在两前轮胎前方的内侧壁或轮辋边缘在相当于半径高度的位置上测得一个数值,然后将汽车向前移动,使前轮测量部位转至后方相同高度处,又测量另一个数值。上述两次数值之差即为前束值。

图 2-2-17　前束的调整

经过检查发现故障车的前束值不合格,需要调整前束值。将左右横拉杆接头处紧固螺母拧松(图2-2-17),用管钳转动横拉杆调整前束值,在轮胎外表面纵向中心线处测量前束值,使前轮落地时前束为规定值。如使其伸长,则前轮前束值增大,否则会减小。调整后,将横拉杆螺栓拧紧。

在拧紧横拉杆紧固螺母时,左右接头的相互夹角不大于4°,在最大转角时,横拉杆接头的摆动角应有余量。

通过对前轮前束的调整,可以消除吃胎的现象。

 任务评价

前轮定位参数的测量　　　　　　　　　　　　　表 2-2-1

序号	内容及要求	评分	评分标准	自评	组评	师评	得分
1	准备工作	10分	车辆停放在平坦地面上; 轮胎气压是否符合要求,按规定充足,检查轮胎是否有使用标志; 轮胎磨损情况和轮辋的变形量; 车架是否有扭曲和弯曲变形; 检查前桥,确保轴线与前进方向垂直				
2	前轮外倾角的测量	20分	检查方法正确,读数正确				
3	主销后倾角的检查	20分	检查方法正确,读数正确				
4	主销内倾角的检查	20分	检查方法正确,读数正确				

续上表

序号	内容及要求	评分	评分标准	自评	组评	师评	得分
5	前轮前束的调整	20分	检查方法正确,读数正确,参数不符合标准时,提出调整方法				
6	安全文明实习	10分	未对工具和实习场地整理、清洁扣5分				

指导教师总体评价:

指导教师_____
_____年___月___日

练 一 练

一、单项选择题

1. 转向轮绕着( )摆动。
　　A. 转向节　　　　　　B. 主销　　　　　　C. 前梁　　　　　　D. 车架

2. 车轮定位,( )可通过改变横拉杆的长度来调整。
　　A. 主销后倾　　　　　B. 主销内倾　　　　C. 前轮外倾　　　　D. 前轮前束

3. 前轮外倾角是由( )来确定的。
　　A. 转向节轴向下倾斜　　　　　　　　　B. 主销孔轴线向外倾斜
　　C. 前轴两侧向下倾斜　　　　　　　　　D. 主销安装后向外倾斜

4. 越野汽车的前桥属于( )。
　　A. 转向桥　　　　　　　　　　　　　　B. 驱动桥
　　C. 转向驱动桥　　　　　　　　　　　　D. 支承桥

5. 前轮定位中,转向操纵轻便主要是靠( )。
　　A. 主销后倾　　　　　B. 主销内倾　　　　C. 前轮外倾　　　　D. 前轮前束

6. 前轮定位指的是( )。
　　A. 转向节与前轮之间安装时,两者保持一定的相对位置
　　B. 转向节与前轴之间安装时,两者保持一定的相对位置
　　C. 转向节、前轮、前轴与车架之间安装时,保持一定的相对位置
　　D. 前轮与车架之间保持一定的相对位置

7. 主销后倾角是( )。
　　A. 使前轴上的主销孔向后倾斜而获得
　　B. 使前轴、钢板弹簧和车架三者在装配时,使前轴向后倾斜而获得
　　C. 转向节叉上主销孔轴向后倾斜而获得
　　D. 转向节上直接加工出来

8. 主销内倾能使转向车轮自动回正的原因是( )。
　　A. 有了稳定力矩　　　　　　　　　　　B. 减小回转力臂

C.汽车前部重力作用　　　　　　　　　D.汽车牵引力作用

二、多项选择题

1. 转向轮定位的作用是(　　)。
   A. 保证汽车直线行驶的稳定性
   B. 减少轮胎和其他机件的磨损
   C. 转向后具有自动回正作用
   D. 转向操纵轻便

2. 转向轮定位参数包括(　　)。
   A. 主销后倾角　　　　　　　　　　　　B. 主销内倾角
   C. 前轮外倾角　　　　　　　　　　　　D. 前轮前束

3. 后轮定位参数包括(　　)。
   A. 主销后倾角　　　　　　　　　　　　B. 主销内倾角
   C. 车轮外倾角　　　　　　　　　　　　D. 前束

4. 商用车定位参数中可以调整的是(　　)。
   A. 主销后倾角　　　　　　　　　　　　B. 主销内倾角
   C. 车轮外倾角　　　　　　　　　　　　D. 前束

5. 根据车轮作用的不同车桥分为(　　)。
   A. 转向桥　　　　B. 驱动桥　　　　C. 转向驱动桥　　　D. 支持桥

三、判断题

1. 转向轮偏转时,主销随之转动。(　　)
2. 主销后倾角和主销内倾角都起到使车轮自动回正,沿直线行驶作用。(　　)
3. 主销内倾角能使汽车转向系在转向后回复直线行驶的位置。(　　)
4. 车轮前束为两侧轮胎上缘间的距离与下缘间的距离之差。(　　)
5. 汽车转向轮定位参数中的主销后倾角,直接影响汽车的操纵稳定性,若倾角过大,汽车将因转向过于灵敏而行驶不稳,过小则转向沉重。(　　)
6. 一般载货汽车的前桥是转向桥,后桥是驱动桥。(　　)
7. 越野汽车的前桥通常是转向兼驱动。(　　)
8. 主销内倾角导致轮胎形成圆锥滚动效应,为了避免这种效应带来的不良后果,将两前轮适当向内偏转,即形成前轮前束。(　　)
9. 主销后倾角是在加工前轴主销孔时形成的。(　　)
10. 转向驱动桥主销上下两段轴线必须在同一轴线上,且应通过等速万向节中心。
(　　)

四、分析题

1. 车桥是如何进行分类的,都有哪些类型?
2. 与转向桥相比,转向驱动桥有哪些不同?
3. 转向轮定位包括哪些参数,各有什么功用?
4. 简述前轮定位参数的检测方法。

学习任务2.3　车轮与轮胎构造与维修

1. 通过查阅资料和观摩,掌握车轮与轮胎的组成及其工作原理。
2. 学会车轮的拆装、平衡检测操作方法。
3. 根据环保要求,妥善处理辅料、废弃液体和损坏零部件。

　　一辆陕汽德龙F3000型平头柴油载货汽车行驶过程中驾驶人发现车轮抖动、转向盘振动的现象,速度越快振动越大,停车后检查前轮轮胎波浪形磨损,轮辋上平衡块遗失,怀疑前轮动不平衡,需要检查维修。

任务准备

　　车轮和轮胎的作用是支承汽车的质量、缓和不平路面所造成的冲击和振动,并通过轮胎与路面存在的附着力来产生驱动力和制动力。车轮和轮胎如图2-3-1所示。轮胎装在车轮轮辋上,车轮通过轴承装在车桥上,有的乘用车车轮外侧装有装饰罩。

1. 车轮

　　车轮主要由轮辋、辐盘(轮盘)、轮毂、轮毂轴承等部件组成。盘式车轮轮辋和轮毂由钢质(或铝合金)辐盘连接起来,如图2-3-2所示。辐盘与轮辋通过焊接或铆接固定成一体;辐盘上制有螺栓孔,用端部带有球面凸起的螺母与轮毂相连接,以便在安装时对正中心和车轮互换。多数汽车的轮盘上一般开几个大孔或制作成辐条式,便于拆装、轮胎充气及制动鼓散热等,同时也减轻了质量。

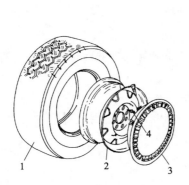

图2-3-1　车轮和轮胎
1-轮胎;2-车轮;3-装饰罩;4-螺栓

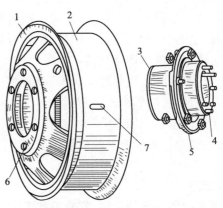

图2-3-2　盘式车轮
1-挡圈;2-轮辋;3-轮毂;4-螺栓;5-凸缘;
6-辐盘;7-气门孔

　　载货汽车后轴载荷比前轴大得多,为了使后轮轮胎不致于过载,前后轮胎磨损趋于相等,后桥一般使用双轮胎,如图2-3-3所示。在同一轮毂上安装了两套辐盘和轮辋,内外

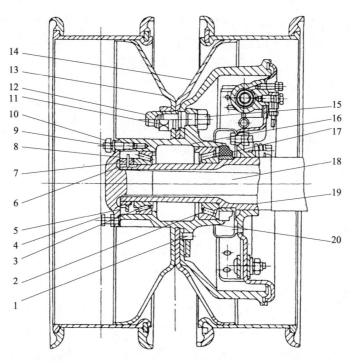

图 2-3-3 载货汽车双后轮的结构图

1-制动鼓固定螺钉;2-轮毂内轴承;3-轮毂外轴承;4-螺钉;5-推力垫圈锁销;6-轮毂轴承调整螺母;7-轮毂轴承锁紧螺母;8-推力垫圈;9-螺钉;10-开口锥形垫圈;11-螺母;12-套螺母;13-外辐盘;14-内辐盘;15-螺栓;16-轮毂;17-油封;18-半轴;19-桥壳;20-轮毂

可互换。内轮盘紧靠在轮毂凸缘的外端面上,用具有锥形端面的套螺母拧紧在双头螺栓上,内轮盘被紧固。外轮盘靠在内轮盘上,用螺母拧紧在套螺母的外螺纹上。这种固定方法保证了车轮的正确定位,使内外轮盘不致同时松动。为了防止汽车行驶中固定轮盘的螺母自动松脱,一般采用不同螺纹旋向的螺栓。左侧车轮用左旋螺纹,右侧用右旋螺纹。也有的将螺母右端的球面单独制成球面弹簧垫圈,螺栓的结构稍加改动,即可采用单螺母固定双轮盘,且能有效地防止螺母自行松动。故汽车左右车轮上的紧固螺栓均可用右旋螺纹参见图 2-3-4,从而减少了零件品种。

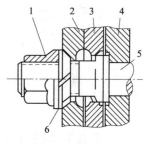

图 2-3-4 单螺母固定双轮盘
1-螺母;2-外轮轮盘;3-内轮轮盘;4-轮毂;5-螺栓;6-球面弹簧垫圈

轮辋的作用是用以安装轮胎。按结构特点,轮辋可分为深式、平式和可拆式三种基本形式,如图 2-3-5 所示。

1) 深式轮辋

深式轮辋是整体式的,又称深槽轮辋,如图 2-3-5a) 所示,因其中部有一条便于拆装轮胎的环形深凹槽而得名。凹槽两侧与轮胎胎圈配合的台肩通常是倾斜的,其倾斜角一般是 5°±10′,此角称为胎圈座角。无内胎轮胎的轮辋,为了提高胎圈与轮辋的贴合程度,胎圈座角较大。

深式轮辋结构简单,刚度大,质量较轻,适用于小尺寸弹性较大的轮胎,一般凹槽较浅的深式轮辋也称半深槽轮辋,适用于轻型载货汽车。断面较宽的深式轮辋称为深槽宽轮辋,主要用于小型乘用车及小吨位载货汽车上。

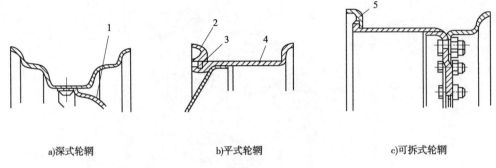

图 2-3-5 轮辋的基本形式
1-轮盘;2、5-挡圈;3-锁环;4-轮辋

2) 平式轮辋

平式轮辋的底面是平的,如图 2-3-5b) 所示,一侧有凸缘,另一侧为可拆装挡圈。挡圈是整体的,其固定有多种类型,常用弹性开口锁环嵌入轮辋环槽以防止挡圈脱出。在安装轮胎时,先将轮胎套在轮辋上,然后套上挡圈,并将它向内推,直至越过轮辋上的环形槽,再将开口的弹性锁圈嵌入环形槽中。载货汽车轮胎尺寸较大,胎圈较硬,宜采用这种轮辋,以便于轮胎的装卸。

3) 可拆式轮辋

这种轮辋由内外两部分组成,如图 2-3-5c) 所示,其轮辋内件与轮盘制成一体,内外轮辋用螺栓固定在一起。拆装轮胎时,只需拆下螺母分解轮辋即可。这种轮辋主要用于部分越野汽车、工程机械上。在高速车上,轮辋边缘常夹装动平衡块,当车胎维修拆装后,或偏磨后破坏了原来的动平衡,故要重新进行车轮动平衡试验,以确定平衡块的质量和夹装位置。

2. 轮胎

1) 轮胎的作用与分类

轮胎安装在轮辋上,轮胎直接与路面接触,其作用包括:支承汽车的总质量;与悬架一起吸收、缓和汽车行驶时所受到的部分冲击和衰减由此而产生的振动,以保证汽车具有良好的乘坐舒适性和行驶平顺性;保证车轮与路面有良好的附着能力,以提高汽车的动力性、制动性和通过性。

现在的汽车几乎全部采用充气轮胎。充气轮胎按工作气压的大小可分为高压胎(气压为 0.5~0.7MPa)、低压胎(气压为 0.2~0.5MPa)和超低压胎(气压为 0.2MPa 以下);按组成结构不同又可分为有内胎轮胎和无内胎轮胎;按胎体帘线布置方式不同,充气轮胎分为普通斜交轮胎、带束斜交轮胎和子午线轮胎。

2) 有内胎轮胎构造

有内胎轮胎由外胎、内胎和垫带等组成,如图 2-3-6 所示。内胎是一个环形粗橡胶管,上面装有气门嘴以便充入或排出空气。为使内胎在充气状态下不产生皱褶,其尺寸应稍小于外胎内壁尺寸。垫带是一个环形橡胶带,安装在内胎与轮辋之间,防止内胎被轮辋及外胎的胎圈擦伤。外胎是一个具有一定弹性的高强度外壳,它保护内胎不受外来损害,外胎直接与地面接触。外胎可根据其胎体中帘线排列方向的不同,分为斜交轮胎、子午线轮胎。

帘布层是外胎的骨架,也称胎体。其主要作用是承受负荷,保持外胎的形状和尺寸。通常由多层挂胶帘线用橡胶黏合而成。帘布层的帘线按一定角度交叉排列。

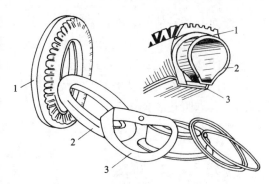

图 2-3-6　有内胎轮胎的组成
1-外胎；2-内胎；3-垫带

斜交轮胎的帘线与轮胎横断面(子午断面)有一定的交角,如图 2-3-7a)所示。

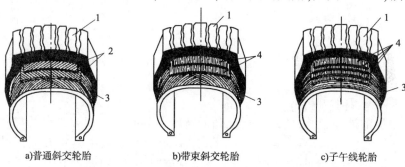

a)普通斜交轮胎　　b)带束斜交轮胎　　c)子午线轮胎

图 2-3-7　胎体结构与帘线布置形式
1-胎面；2-缓冲层；3-帘布层；4-带束层

子午线轮胎用钢丝或纤维织物作帘布层,帘布层帘线排列方向与轮胎子午断面一致(即与胎面中心线成90°角),从一侧胎边穿过胎面到另一侧胎边,帘线这样的分布就像地球上的子午线,故称子午线轮胎,各层帘线彼此不相交,如图 2-3-7c)所示。其帘线与胎面中心线帘线这种排列使其强度被充分利用,故它的帘布层数比斜交轮胎可减少近一半。耐磨性好,使用寿命长,滚动阻力小,节约燃料,承载能力大,缓冲能力强,所以子午线轮胎广泛使用。帘线材料可以是棉线、人造丝、尼龙或钢丝等。

外胎一般由胎圈、缓冲层、胎面和帘布层等组成,如图 2-3-8 所示。

缓冲层位于胎面和帘布层之间,其作用是加强胎面和帘布层的接合,防止紧急制动时胎面从帘布层上脱离,缓和汽车行驶时路面对轮胎的冲击和振动。缓冲层一般由稀疏的帘线和富有弹性的橡胶制成。

带束层是用来承受轮胎胎面的大部分内压力和地面冲击力,同时能够阻止胎面周向伸长和压缩变形[图 2-3-7b)、c)]。

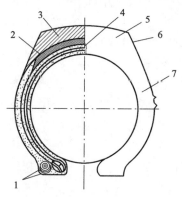

图 2-3-8　外胎的结构
1-胎圈；2-缓冲层；3-胎面；4-帘布层；
5-胎冠；6-胎肩；7-胎侧

胎面是外胎的外表面，包括胎冠、胎肩和胎侧。胎冠与路面接触，直接承受冲击和磨损，保护帘布层和内胎免受机械损伤。为使轮胎与路面之间有良好的附着性能，胎面上制有各种凹凸花纹，如图 2-3-9 所示。

普通花纹如图 2-3-9a)、b)所示，其特点是花纹细而浅，花纹块接地面积大，适用于较好路面。越野花纹如图 2-3-9d)、e)所示，其特点是沟槽深而宽，花块接地面积小，防滑性好。混合花纹如图 2-3-9c)所示，介于普通花纹和越野花纹之间。

a)纵向花纹　　b)横向花纹　　c)混合花纹　　d)马牙花纹　　e)人字花纹

图 2-3-9　轮胎的花纹

胎圈的作用是使外胎牢固地装在轮辋上，有较大的刚度与强度，由钢丝、帘布层包边和胎圈包布组成。

3）轮胎规格的表示方法

一般用轮胎的外径 D、轮辋的直径 d、断面宽度 B 和断面高度 H 的公称尺寸来表示轮胎的基本尺寸，如图 2-3-10 所示。基本尺寸的单位有英制、公制和公英制混合三种。充气轮胎一般用英制表示，但欧洲国家常用公制表示法。有些国家用英制和公制混合来表示。个别国家也有用字母作代号表示轮胎规格。我国轮胎规格标记主要采用英制，有些也用英制和公制混合表示轮胎的其他性能用字母表示。

高压胎一般用两个数字中间加"×"号表示，可写成 $D×B$。由于 B 约等于 H，故选取轮辋直径 d 时可按 $d=D-2B$ 来计算。

低压胎由两个数字中间用"-"号分开表示，写成 $B-d$。例如：9.00－20，第一个数字表示轮胎断面宽为 9in；第二个数字表示轮辋直径为 20in，中间的"-"表示低压胎。同样的轮胎，公制可写成 228.6－508（单位都为 mm），混合制则可写为 228.6－20（前者为 mm，后者为 in）。

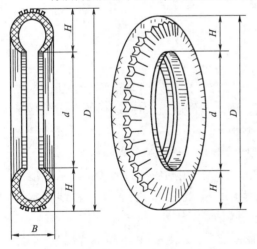

图 2-3-10　轮胎尺寸的标识

超低压胎主要用于乘用车，表示方法同低压胎。凡轮辋直径 d 在 15in 以下的为超低压胎，如 7.00－14。

轮胎的层级数用"PR"表示。它不代表实际层数，只表示可承受的载荷。一般标在轮辋直径后，用"-"相连。例如 9.00－20－12PR 中，PR 表示可承受相当于 12 层棉帘线的负荷。有的在层级数后面又标明帘线材料类型，如国内的代号为 M 表示棉线，R 表示人造丝,N 表示尼龙。

轮胎侧面有通过印模印出来的轮胎规格、商标和厂名标准轮毂、生产编号及最大负荷代号等,许多轮胎胎肩上沿圆周五等分处有模印的"△"标志,它代表轮胎磨损警报信号标志。当轮胎花纹磨损到距沟槽底部 1.6mm 时,这部分的沟槽便开始断裂,出现一条清晰的裂纹,提醒驾驶人必须更换轮胎。轮胎磨损极限警示不仅是轮胎安全行驶的保证,而且是检查轮胎是否正常磨损的依据。

世界各国对汽车轮胎的磨损极限都有相应的规定。美国规定汽车轮胎的磨损极限为花纹沟槽深度不低于 1.0mm;日本汽车轮胎协会标准规定载货汽车、客车用的轮胎磨损极限为 3.2mm,乘用车用的轮胎磨损极限为 1.6mm;我国国家标准规定乘用车的子午线轮胎花纹磨损极限为 1.6mm,载货汽车、客车用的子午线轮胎花纹磨损极限为 2.0mm。

3. 车轮及轮胎的维修

1) 车轮总成拆卸

①停稳车辆,用三角木塞紧各车轮。

②弄清汽车左右侧车轮与轮毂连接的车轮螺栓的螺旋方向,使用车轮螺母拆装机或用套筒扳手初步拧松各连接螺母。

③用千斤顶顶住车桥,使被拆车轮稍离地面。

④拧下车轮与轮毂连接的全部螺母,并摆放整齐。

⑤边向外拉边左右晃动车轮,从车轴上取下车轮总成。

2) 轮胎拆卸

①拧下气门嘴帽,旋出气门针阀,放出轮胎内的压力空气。

②将车轮水平放置,拆下车轮开口锁圈,取下挡圈。

③从轮辋中取出轮胎及垫带。

④检查轮辋有无锈蚀、变形、裂纹或其他损坏;检查轮胎有无漏气,气门嘴是否完好以及轮胎的磨损情况。

3) 轮胎外胎安装方法及步骤

①擦净外胎内部和内胎外表面,在接触表面涂上一层细滑石粉。将内胎及衬带装入外胎,并将气门嘴对准气门槽孔,将轮胎装在轮辋上。

②将挡圈和开口锁圈放在轮胎与轮辋处,用脚踏平使之基本入槽,然后用钢钎将开口锁圈逐步扣入轮圈中,如图 2-3-11 所示。

③轮胎装好后应按规定充气压力充足气。充气时,要在轮辋孔中穿入与轮胎直径相当的钢钎保险,以防锁圈弹出伤人,如图 2-3-12 所示。

4) 车轮总成安装

①清洁车轮连接螺柱、螺母和轮盘,将螺纹部分涂上润滑脂。

②顶起车桥,套上车轮,将螺母初步拧在螺柱上。

③放下车轮并在车轮前后用三角木塞紧,用指针式扭力扳手或车轮螺母安装机,按对角线顺序分 2~3 次,以规定力矩拧紧车轮螺母,如图 2-3-13 所示。

④安装后轮双胎时,要先拧紧内侧车轮的内螺母,再装外侧轮胎。在安装过程中,应用千斤顶分两次顶起车轴,分别安装内、外两个车轮。双轮胎高低搭配合适,一般较低的

胎装于里侧,较高的胎装于外侧。应注意内侧轮胎和外侧轮胎的气嘴应互成180°位置。

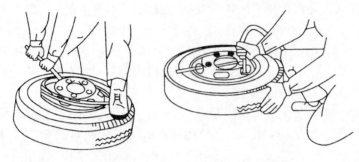

图2-3-11 安装开口锁圈　　图2-3-12 充气方法

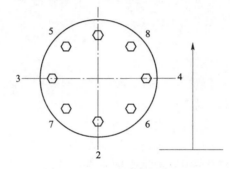

图2-3-13 车轮螺母紧固顺序

5)拆装轮胎的注意事项

①拆装工具不得有尖刃、尖角或毛刺。

②尽量使用专用工具拆装,不得使用大锤敲击胎体,以避免砸坏轮胎或轮辋。

③安装有内胎的轮胎时,内胎不宜放入外胎圈与轮辋之间,以免被卡环夹住。

④后桥并装双胎时,应使双胎具有相同花纹、相同直径和气压,不得混装。为保证轮胎旋转时的平衡,气门嘴应对称排列(互为180°),轮辐孔应对正,以便于检查内侧轮胎气压和充气。

⑤装配有方向花纹轮胎时,应按规定方向装配。安装人字形花纹胎时,地面印痕应使人字尖指向后部,以保证汽车具有最大的驱动力。

⑥拆装无内胎轮胎时,不得损坏胎圈和轮辋台肩的配合面。否则,可能会引起漏气。

⑦检查胎侧标记,如有"△""○""□""×"等标记,内胎气门嘴应安装此处,以保证轮胎平衡。气门嘴应与制动鼓间隙检视孔错开,以便检查制动摩擦片间隙。

⑧为延长轮胎的使用寿命,进行二级维护时,需将轮胎换位使用。

6)车轮的检查

①拆检轮辋及挡圈应无锈蚀、变形、裂纹和脱焊,螺孔处磨损不超过1.5mm。

②检查轮胎的胎面、胎肩、胎侧、胎里均不应有气鼓、裂伤、腔空、破洞、扎钉、跳线和胶质老化等,趾口应无磨损。

③检查轮胎气压,在常温下不能低于规定气压的10%。

知识拓展

无内胎轮胎的构造

无内胎的轮胎与有内胎的轮胎在外观上近似,所不同的是无内胎轮胎没有内胎和垫带,空气直接充入外胎中,由轮胎和轮辋保证密封。如图 2-3-14 所示,无内胎轮胎的内壁上有一层硫化橡胶密封层,厚约 2~3mm,在密封层正对着胎面的内壁上,还黏附着一层未硫化橡胶的特殊混合物制成的自黏层。当轮胎穿孔时,自黏层能自行将孔黏合。在胎圈外侧有一层橡胶密封层(有的制若干道同心环槽),用以增加胎圈与轮辋贴合的气密性。轮辐底部倾斜且漆层均匀。气门嘴直接固定在轮辋上,其间用橡胶衬垫密封。无内胎轮胎只在爆破时才会失效,而穿孔时漏气缓慢,仍能继续安全行驶。由于没有内胎,故摩擦生热少,散热快,工作温度低,使用寿命长,适于高速行驶。此外,无内胎轮胎结构简单,质量轻,维修方便。无内胎轮胎必须配用深式轮辋,形状误差及表面光洁度要求较高。目前,在乘用车上应用较多。

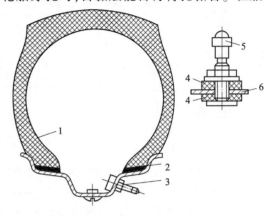

图 2-3-14 无内胎轮胎
1-橡胶密封层;2-胎圈橡胶密封层;3-气门嘴;4-橡胶密封垫;5-气门嘴帽;6-轮辋

随着子午线和扁平形轮胎的问世,轮胎规格出现了新的尺寸参数。对于一般汽车轮胎 $B≈H$,断面呈圆形。但扁平轮胎断面 $H<B$,有的甚至差别很大,因此必须加以区别。通常以轮胎断面高和宽的比值 H/B 作为一个参数标注在轮胎上,称为扁平率,即 $H/B×100\%$ 又称轮胎的扁平率。

充气轮胎的高宽比(扁平率)越小,说明轮胎的断面越宽,所以高宽比小的轮胎称为宽断面轮胎。其优点是:断面宽,接地面积大,单位面积压力小,磨损减小,滚动阻力也小,抗侧向稳定性强。因此,在相同承载能力下,宽断面轮胎较普通轮胎的外径可以减小,从而也降低了整车质心,提高了汽车行驶的稳定性,因此,在高速乘用车上得到广泛应用。

依照 ISO 国际标准,汽车轮胎的规格表示为:[断面宽标号]/[扁平率标号][轮胎结构记号][适用轮辋直径标号][载荷指数][速度记号]。上述六项参数的前四项为结构尺寸,后两项为使用条件。我国乘用车轮胎规格依照国际标准规格标志来表示的。例如:

$$195/60R14\ 85H$$

式中:195——断面宽(断面宽约 195mm);

60——扁平率(高宽比约为 60%);

R——轮胎结构记号(子午线结构);

14——表示适用轮辋直径[轮辋直径 14in(356mm)];

85——载荷指数(最大载荷 5.05kN);

H——速度记号(最高速度 210km/h)。

我国对汽车轮胎也制订了相应的标准,如乘用车轮胎标准、乘用车轮胎系列标准、载货汽车轮胎标准、载货汽车轮胎系列标准。这些标准规定了各种的轮胎规格、基本参数、主要尺寸、气压负荷对应关系等。

表2-3-1说明了轮胎速度级别代号与最高行驶速度对应关系。负荷指数从轮胎系列标准中可以查阅。

轮胎速度级别与最高行驶速度对应表　　　　表2-3-1

速度级别	A1	A2	A3	A4	A5	A6	A7	A8	B	C	D	E	F	G	J
最高行驶速度（km/h）	5	10	15	20	25	30	35	40	50	60	65	70	80	90	100
速度级别	K	L	M	N	P	Q	R	S	T	U	H	V	W	Y	
最高行驶速度（km/h）	110	120	130	140	150	160	170	180	190	200	210	240	270	300	

任务训练

车轮动平衡试验

由于车轮动不平衡对汽车危害很大，因此，必须对车轮的动不平衡进行试验，并进行调平衡工作。车轮的不平衡包括静不平衡和动不平衡，由于动平衡的车轮一定处于静平衡状态，因此，只要检测了动平衡，就没有必要再检测静平衡。

1. 离车式车轮动平衡机及使用方法

利用离车式车轮动平衡机对车轮进行动平衡检测时，需将车轮从车上拆下。图2-26所示为常见的车轮动平衡机。该动平衡机主要由驱动装置、转轴与支撑装置、显示与控制装置、制动装置及防护罩组成。使用方法包括如下方面。

①对被测车轮进行清洗，去掉泥土、砂石、拆掉旧平衡块。
②检查轮胎气压，并充气至规定的气压值。
③根据轮辋中心孔的大小选择锥体，将车轮安装于平衡机上。
④打开电源开关，检查指示装置是否指示正确。
⑤输入轮辋直径、宽度，测出轮辋边缘到机箱之间的距离并输入。
⑥放下防护罩，按下起动键，开始检测。
⑦当车轮自动停转后，从指示装置中读出车轮内、外动不平衡量和位置。
⑧抬起车轮防护罩，用手慢慢旋转车轮，当动平衡机指示装置发出信号时，停止转动车轮。
⑨根据动平衡机显示的动不平衡量，在轮辋内侧或外侧的上部（时钟12点位置）的边缘加装平衡块。内、外侧要分别进行，平衡块要装卡牢固。
⑩重新起动动平衡机，进行平衡试验，直至动不平衡量小于<5g，机器显示"00"或"OK"时为止。取下车轮，关闭电源，测试结束。

2. 就车式车轮动平衡机及使用方法

就车式车轮动平衡机可以在汽车不拆卸车轮的前提下对汽车进行车轮平衡检测，其结构与测量原理如图2-3-15所示。对车轮进行动平衡检测时，使用方法为如下方面。

①首先应对车轮进行清洗,并去掉旧平衡块,将轮胎充气到规定气压,将轮辋轴承松紧度调整至合适,支起前桥,使两侧车轮离地间隙相等,然后,用粉笔在轮胎任意位置做出标记。

②将传感器头吸附在制动底板边缘,并使车轮在规定转速下旋转。

③观察轮胎标记位置,在指示装置上读取不平衡量,停转车轮,加装平衡块,再进一步复查,直至合格,测试结束。

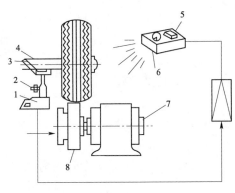

图 2-3-15 就车式车轮动平衡机示意图
1-底座;2-可调支杆;3-传感器头;4-转向节;5-不平衡度表;6-频闪灯;7-电动机;8-转轮

测从动轮时,利用动平衡机转轮驱动车轮转动;测驱动车轮时,则直接用汽车发动机、传动系来驱动车轮转动。

3. 轮胎的定期换位

要按规定周期进行轮胎换位,以使其磨损平衡。若全车轮胎为统一的规格、花纹、层级和结构且行驶里程一致,则可使用循环换位或交叉换位。若装用不同成色的轮胎,就酌情搭配换位。

注意:标有旋转方向的轮胎如换位后不符合规定,须将外胎拆下重装;换位后应按前后轮的充气标准重新调整气压;前轮严禁装用翻新修补轮胎,不允许子午线轮胎和斜交轮胎混装。

任务评价

车轮拆装评价表　　　　　　　　　　表 2-3-2

序号	内容及要求	评分	评分标准	自评	组评	师评	得分
1	工具的使用	10 分	不能正确使用常用工具扣 5 分; 专用工具使用不正确扣 1~5 分				
2	拆装顺序正确	10 分	拆装顺序错误一次扣 10 分				
3	零件摆放整齐	10 分	摆放不整齐扣 5 分; 工具、零件落地一次扣 5 分				
4	说明零件作用和工作原理	20 分	不能正确叙述,每项扣 5 分				
5	正确组装车轮	30 分	组装顺序错误,一次扣 10 分				
6	工具、现场整洁	10 分	未对工具和实习场地整理、清洁扣 5 分				
7	安全文明实习	10 分	出现安全问题和不文明现象扣 1~10 分				

指导教师总体评价:

指导教师＿＿＿＿＿＿
＿＿＿年＿＿＿月＿＿＿日

练一练

一、单项选择题

1. 按胎内的空气压力大小,充气轮胎可分为高压胎、低压胎和超低压胎。气压在 0.2~0.5MPa 的轮胎称为(　　)。
   A. 超高压胎　　B. 高压胎　　C. 低压胎　　D. 超低压胎

2. 某子午线轮胎速度等级为 H,名义直径为 195in,其最高行驶速度为(　　)km/h。
   A. 150　　B. 160　　C. 180　　D. 210

3. 某汽车子午线轮胎规格 205/70SR15 中 S 的含义为(　　)。
   A. 行驶里程　　B. 国际单位秒　　C. 负荷指数　　D. 表示最大车速符号

4. 当今的汽车几乎都采用充气轮胎,轮胎按胎体帘布层结构不同可分为(　　)。
   A. 有内胎轮胎和无内胎轮胎　　B. 低压胎和高压胎
   C. 斜交轮胎和子午线轮胎　　D. 普通花纹轮胎和越野花纹轮胎

5. 外胎结构中起承受负荷作用的是(　　)。
   A. 胎面　　B. 胎圈　　C. 帘布层　　D. 缓冲层

二、多项选择题

1. 车轮是由(　　)组成。
   A. 轮辋　　B. 辐盘(轮盘)
   C. 轮毂　　D. 轮毂轴承

2. 按照连接部分,即轮辐的结构不同,车轮分为(　　)。
   A. 钢制　　B. 铝制　　C. 辐盘　　D. 辐条

3. 汽车轮胎按胎内压力的大小,分为(　　)。
   A. 超低压轮胎　　B. 低压轮胎
   C. 中压轮胎　　D. 高压轮胎

4. 普通斜交胎的外胎由(　　)组成。
   A. 胎圈　　B. 缓冲层　　C. 胎面　　D. 帘布层

5. 胎面是外胎最外的一层,可分为(　　)部分。
   A. 胎冠　　B. 胎肩　　C. 胎侧　　D. 胎顶

三、判断题

1. 当代一般汽车均采用高压胎。　　(　　)
2. 为使轮胎磨损均匀,子午线轮胎的换位,应按左右交叉换位的规范进行。　　(　　)
3. 子午线轮胎虽比斜交线轮胎有较大的滚动阻力,但它抗磨能力强,耐冲击性能好,故子午线轮胎仍得到广泛的使用。　　(　　)
4. 气压在 0.2~0.5MPa 的轮胎称为高压胎。　　(　　)
5. 轮胎不平衡质量要小于 10g。　　(　　)

四、分析题

1. 车轮总成由哪几部分组成?它的功用是什么?

2. 轮胎的功用有哪些？
3. 子午线轮胎和普通斜交胎相比，有什么区别和特点？
4. 以 195/60R14 85H 为例说明子午线轮胎的规格的含义。
5. 论述轮胎磨损的常见类型？说明其原因。

学习任务2.4　悬架构造与维修

1. 掌握悬架的功用和组成。
2. 掌握商用车非独立悬架的基本结构和工作原理。
3. 掌握悬架的检修方法。
4. 根据环保要求，妥善处理辅料、废弃液体和损坏零部件。

某一重型矿用载货汽车，经常出现超载，造成钢板弹簧出现过度反弓，造成弹簧夹中的螺栓杆与钢板弹簧动态接触，发生磨损腐蚀，形成凹坑，成为应力集中点，在过大的交变载荷的作用下，应力点处出现裂纹，最终断裂，需要更换钢板弹簧。

任务准备

悬架是车架(或承载式车身)与车桥(或车轮)之间连接、传力装置的总称。它的功用是把路面作用于车轮上的垂直反力、纵向反力(牵引力和制动力)和侧向反力以及这些反力所形成的力矩传递到车架(或承载式车身)上，保证汽车的正常行驶，满足使用要求。

1. 悬架的组成

汽车的悬架一般由弹性元件、减振器和导向机构(推力杆)三部分组成。

汽车行驶的路面不可能绝对平坦，路面作用于车轮上的作用力往往是冲击性的，为了缓和冲击，在汽车行驶系中，除采用弹性的充气轮胎之外，在悬架中还必须装有弹性元件，使车架(或车身)与车桥(或车轮)之间作弹性连接。弹性系统在受到冲击后，就开始振动，持续的振动易使驾乘人员感到不舒适或疲劳，为此，悬架应具有减振作用，使汽车振动幅度迅速衰减。因此，汽车悬架中设有专门的减振器。

车轮相对于车架和车身跳动时，车轮的运动轨迹应符合一定的要求，否则对汽车的行驶稳定性不利。因此，悬架中某些传力构件还应保证使车轮按一定轨迹相对于车架和车身跳动，这些传力构件起导向作用，故称导向机构。

悬架具备上述功能，不一定都设置满足上述各功能的装置。例如钢板弹簧除了具有缓冲作用外，还能起到传递各向力和力矩以及决定车轮运动轨迹的作用。此外，一般钢板弹簧是多片叠加而成的，本身具有一定的减振能力，在对减振要求不高的车辆上，可以不装减振器。

2.悬架的分类

汽车悬架可分为两大类:非独立悬架和独立悬架(图2-4-1)。

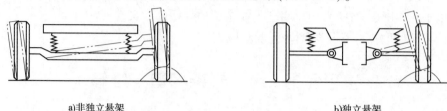

a)非独立悬架　　　　　　　　b)独立悬架

图2-4-1　非独立悬架与独立悬架示意图

非独立悬架的结构特点是两侧的车轮由一根整体式车桥相连。车轮连同车桥一起通过弹性悬架与车架(或车身)连接。当一侧车轮因道路不平而发生跳动时,必然引起另一侧车轮在汽车横向平面内发生摆动。

独立悬架的结构特点是车桥做成断开的,每一侧的车轮可以单独地通过弹性悬架与车架(或车身)连接,两侧车轮可以单独跳动,互不影响。

3.钢板弹簧非独立悬架

商用车系列汽车前、后悬架均采用传统式纵向对称式半椭圆形钢板弹簧,前后钢板弹簧前端为卷耳式,后端为吊环式结构,后钢板弹簧上装有辅助钢板弹簧,在前悬架上装有双向作用筒式减振器。

1)前悬架

前悬架由前钢板弹簧和减振器组成。如图2-4-2所示,第一片为主片,两端有卷孔,内装衬套,用钢板销与车架连接。为加强卷孔的强度,第二片前端卷成半卷孔,包在主片卷孔外面,并有较大空隙,使钢板弹簧变形时能够滑动。

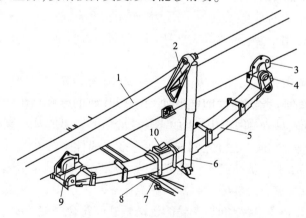

图2-4-2　前悬架

1-车架;2-上支架;3-吊耳支架;4-吊耳;5-前钢板弹簧;6-减振器;7-前轴;8-U形螺栓;9-前支架;10-橡胶缓冲块

钢板弹簧工作时,越靠近中间受到的弯曲力矩越大,为了充分利用材料,并有足够的强度和弹性,钢片长度由上至下逐渐缩短。并且各片的弯度是不等的,钢片越长弯度越小,这样装配后在工作时可以减小主片所受的负荷,使各片负荷接近均匀。

钢板销中心有油道,外端装有油嘴,可加注黄油润滑销和衬套。

2)双向作用筒式减振器

双向作用筒式减振器(又称双筒式减振器)一般有四个阀(图2-4-3),即压缩阀6、伸张阀4、流通阀8和补偿阀7。流通阀和补偿阀是止回阀,其弹簧很弱,当阀上的油压作用力与弹簧力同向时,阀处于关闭状态,不通液流;当油压作用力与弹簧力反向时,即使有很小的油压,阀也能开启。

压缩阀和伸张阀是卸载阀,其弹簧刚度较强,预紧力较大,当油压升高到一定程度时,阀才能开启,当油压降低到一定程度时,阀自行关闭。

双向作用筒式减振器的工作原理可按图2-4-3,分为压缩和伸张两个行程加以说明。

(1)压缩行程。

当汽车车轮向车架(车身)移动时,减振器受压缩,减振器活塞3下移。活塞下面的腔室(下腔)容积减小,油压升高,油液经流通阀8流到活塞上面的腔室(上腔)。由于上腔被活塞杆占去一部分空间,上腔内增加的容积小于下腔减小的容积,为此有一部分油液推开压缩阀6,流回储油缸5。这些阀对油液的节流就形成了对悬架压缩运动的阻尼力。

(2)伸张行程。

当车轮相对车身移开时,减振器受拉伸,减振器活塞3向上移动。活塞上腔油压升高,流通阀8关闭。上腔内的油液便推开伸张阀4流入下腔。同样,由于活塞杆1的存在,自上腔流来的油液还不足以充满下腔所增加的容积,下腔内产生一定的真空度,此时储油缸中的油液推开补偿阀7流入下腔进行补充。这些阀的节流作用就形成了对悬架伸张运动的阻尼力。

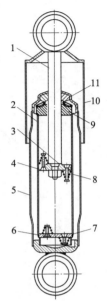

图2-4-3 双向作用筒式减振器示意图

1-活塞杆;2-工作缸;3-活塞;4-伸张阀;5-储油缸;6-压缩阀;7-补偿阀;8-流通阀;9-导向座;10-防尘罩;11-油封

压缩阀的节流阻力应设计成随活塞运动速度而变化。例如,当车架或车身振动缓慢(即活塞向下的运动速度低)时,油压不足以克服压缩阀弹簧的预紧力而推开阀门。此时,多余部分的油液便经一些常通的缝隙(图上未画出)流回储油腔。当车身振动剧烈,即活塞向下运动的速度高时,则活塞下腔油压骤增,达到能克服压缩阀弹簧的预紧力时,便推开压缩阀,使油液在很短的时间内通过较大的通道流回储油缸。这样,油压和阻尼力都不致超过一定限度,保证弹性元件在压缩行程中充分发挥缓冲作用。

同样,伸张行程中减振器的阻尼力也应设计成随活塞运动速度而变化。当车轮向下运动速度不大(即活塞向上的运动速度不大)时,油液经伸张阀的常通孔隙(图2-4-3上未画出)流入下腔,由于通道截面积很小,便产生较大的阻尼力,从而消耗了振动能量,使振动迅速衰减。当车身振动剧烈时,活塞上移速度增大到使油压足以克服伸张阀弹簧的预紧力时,伸张阀开启,通道截面积增大,使油压和阻尼力保持在一定限度以内。这样,可使减振器及悬架系统的某些零件不会因超载而损坏。

由于伸张阀弹簧的刚度和预紧力比压缩阀的大,在同样的油压力作用下,伸张阀及相应的常通缝隙的通道截面积总和小于压缩阀及相应的常通缝隙的通道截面积总和,这就保证了减振器在伸张行程内产生的阻尼力比压缩行程内产生的阻尼力大得多。

3)后悬架

后悬架由主、副两副钢板弹簧组成,如图 2-4-4 所示。主钢板弹簧由数片钢片叠成,副钢板弹簧用数片钢片叠成,连接方法是副钢板弹簧装在主钢板弹簧的上方。主、副钢板弹簧中部用盖板和骑马螺栓固定在后桥壳的钢板座上。当汽车装载质量较大时,副钢板弹簧抵在托架下面,主、副钢板弹簧共同参加工作。这样可以使汽车在不同载荷下,保证钢板弹簧既有适当的弹性又有足够的强度。

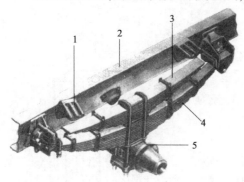

图 2-4-4　主、副弹簧的安装示意图
1-弹簧支座;2-车架;3-副弹簧;4-主弹簧;5-车桥

后钢板弹簧通过销、前支架与车架相连接,形成固定旋转支承端;后卷耳通过吊耳销、吊耳、支架销和后支架与车架连接,形成摆动旋转支承端。后悬架总成承受并传递各个方向的力和力矩。

在车架纵梁下翼面上装有橡胶缓冲块,以限制钢板弹簧的最大变形,且具有一定的缓冲作用。

汽车钢板弹簧的作用是缓和与吸收车辆行驶中受到的冲击和振动,保证各种力的传递。因此,它是行驶系中较重要的部件,它的任何损伤和故障,将会影响到车辆的行驶平稳性,不利于汽车的正常行驶。

在车辆的使用过程中,常见钢板弹簧中心螺栓孔处断裂,车桥前后移动,轮胎胎面不规则磨蚀,车辆单向跑偏(偏行)等故障。如果汽车两侧轴距不等,在行驶中,汽车会始终向一方偏驶,要保持正常行驶状态,就需紧握转向盘,并转过一定角度才行。这样长时间行车,易引起驾驶疲劳。尤其遇到紧急情况制动时,往往由于制动力分布不均,使车辆严重跑偏,甚至掉头。在会车时,易发生相撞或剐蹭事故。遇到上述情况,必须及时抢修钢板弹簧,以保证车辆的安全运行。

 知识拓展

商用车电子控制空气悬架系统

随着商用车行业的快速发展,人们对悬架舒适性的要求越来越高,从而电子控制空气悬架系统在较高端商用车上的应用也越来越多,WABCO(Westinghouse Air Brake Company,威斯订豪斯气闸公司,美国汽车电控系统公司,中文译为"威伯科")电子控制空气悬架系统在欧洲市场的应用很广泛,目前每年销售超过 30 万套,在中国市场应用的发展速度也较快,尤其是在客车领域如宇通、金龙等,因此,系统的应用技术还需要根据中国的实际工况不断地完善和发展。以 WABCO 电子控制空气悬架系统为例进行说明。

1. 电子控制空气悬架的组成和工作原理

电子控制空气悬架 ECAS(Electronically Controlled Air Suspension)系统主要由电子控

制单元ECU(Electronic Control Unit)、电磁阀、高度传感器等部件组成,如图2-4-5所示。安装在车桥上的高度传感器实时检测车辆高度(车架和车桥间的距离)的变化,并把这一信息传递给ECU,同时ECU还接收其他的输入信息,如车速信息、制动信息、车门状态和压力信息等,然后ECU根据所有的输入信息来判断

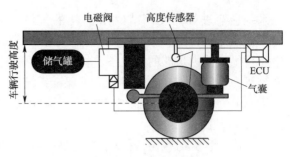

图2-4-5 ECAS系统的组成

当前车辆状态,按照其内部预先设定的控制逻辑来控制电磁阀的动作,从而实现对各个气囊的充气和放气来调节空气悬架的气囊高度,如图2-4-6所示。另外,ECU采用脉冲方式控制电磁阀的开启,首先根据当前实际高度与预期调节高度的偏差来计算电磁阀的调节脉冲的宽度,然后精确控制车辆的高度调节速度,极大地避免了高度的过冲及振荡调节现象。

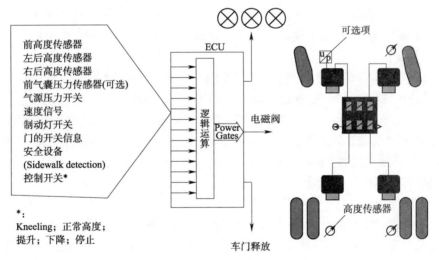

图2-4-6 ECAS系统工作原理与布置

2. 系统主要零部件与整车的匹配

根据车型不同,WABCO电子控制空气悬架系统与整车之间的匹配关系主要有布置类型、气源参数、行程和气路4个方面。

1)匹配项目

(1)布置类型。

电子控制空气悬架系统主要有前一后二(即前桥安装1个高度传感器,后桥安装2个高度传感器)和前二后一的布置形式,一般客车采用前一后二的布置形式。原则上,安装2个高度传感器的桥在系统进行高度调节时高度控制变量更加准确,鉴于此,对于左右载荷变化对空气气囊高度影响较大的车桥应安装2个高度传感器,从而确定系统的布置类型。

(2)气源参数。

整车系统气压应满足车辆满载甚至超载工况(车辆实际运行状况)的要求,同时应考

虑系统悬架进行高度调节时所消耗的气源。对于城市公交车空压机流量应大于 600 L/min,空压机排量不小于 400mL;空气悬架系统的供气气压一般要求不小于 0.8MPa,在空压机供气能力足够的情况下,空气悬架供气压力提高到 0.85MPa 在欧洲常规空气悬架系统压力一般为 1MPa。另外,为了保证系统有足够的气源供应,气囊用气储气筒容量不小于 60L,一般气囊用气储气筒容量 80～100L。

(3)行程。

气囊行程应与减振器行程、推力杆行程等相关运动零部件行程相互配合,避免气囊上升到最高高度时超越减振器的最大允许拉伸行程,同时在气囊行程范围内,运动到极限位置(最高或最低位置)高度传感器的横摆杆和纵拉杆与底盘零部件无干涉现象。

(4)气路及连接方式。

为确保系统气路无漏气现象,ECAS 电磁阀到气囊各个接头位置和供气管路应均无漏气现象,保持气路畅通,无气管弯折现象,如管路是软管结构,软管确保没有压折现象;为确保制动系统压力,安装溢流阀,即在气囊供气储气筒前,增加 0.6 MPa 溢流阀,确保空气悬架气路不受其他用气设备干涉,同时优先保证制动系统用气。此外为了保证气路清洁,安装管路滤清器,即在溢流阀前安装一个管路滤清器,确保电磁阀气路清洁,避免脏物堵塞电磁阀阀门。

气管路直径进气管内径为 Φ10,出气管内径一般为 Φ8,管路连接螺纹均为 M22×1.5。为了防止气囊气体回流,在进气口 11 前安装一止回阀。气路的连接在前一后二的布置类型下,如图 2-4-7 所示,11 口连接储气筒,22 口连接后右气囊,23 口连接后左气囊,26 口连接前右气囊,27 口连接前左气囊;在前二后一,11 口连接储气筒,22 口连接前右气囊,23 口连接前左气囊,26 口连接后右气囊,27 口连接后左气囊。

2)高度传感器的匹配设计

高度传感器内部包含一个线圈,当车桥与车身之间的距离发生变化时,高度传感器的横摆杆转动并带动相应的电枢在线圈中上下直线运动,使线圈的感应系数变化,从而使输出的电流发生变化,ECU 检测此变化并将其转换成高度信号。高度传感器结构原理和安装位置如图 2-4-8 所示。

通常一台车辆需要安装 3 个高度传感器,布置方式可以前桥 1 个高度传感器,后桥 2 个,或者前桥 2 个高度传感器,后桥 1 个。

高度传感器固定在左右车架纵梁上或通过支架与车架相连,通过高度横摆杆和纵拉杆与车桥相连,高度传感器通过 M8 螺栓与支架相连。左右 2 个高度传感器之间安装距离应尽可能大,左右传感器间距不小于 1m。另外安装时需考虑合适的连接杆长度,如长度太短,易发生连接杆反跳故障。

连接橡胶套间纵拉杆的光杆长度不小于 60mm,纵拉杆在橡胶套中的长度不小于 50mm,同时高度传感器横摆杆和纵拉杆应保持在同一平面内,纵拉杆必须保持在垂直位置。

为了保证高度传感器监测空气气囊高度变化的精确性,即微小的高度变化也能产生传感器信号变化,应尽可能利用高度传感器摆杆运动行程 ±50° 的范围来设计摆杆长度;同时在横摆杆上下摆动时,无部件干涉;另外应避免用力弯横摆杆,因为这样会在传感器凸轮轴上施加扭矩，可能造成损坏。

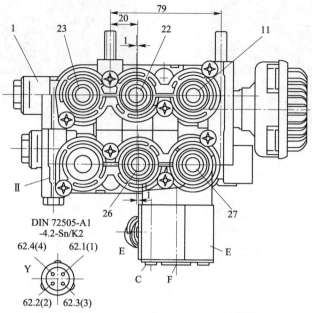

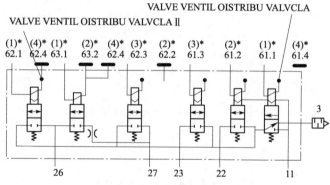

图 2-4-7 气路与线路接口

高度传感器可以水平安装也可以垂直安装，安装时必须注意传感器上与摆杆圆形连接面上2个凸块与横摆杆之间的相对位置，它们决定了高度传感器传递给ECU的信息正确与否，具体要求有：一是圆形连接面上的2个凸块应与高度传感器轴线平行；二是当车辆上升时，2个凸块都应朝高度传感器插接口方向运动。

高度传感器的电缆线为两芯线，棕色线连接ECU，黑色线搭铁，线束连接如图2-4-9所示。高度传感器的两极角间电阻是120Ω左右，因为高度传感器靠感应系数工作，所以不能在工作时用欧姆表直接测量其电阻。

3）电子控制单元ECU

ECAS系统的电子控制单元ECU的主要功能有：通过连续监测高度传感器传递的高度信号，比较输入值与指标值的差异，在出现偏差的情况下判断所需要的控制反应，然后激发电磁阀；实现不同指标值的管理和储存，如正常高度等；与诊断工具及各种开关进行数据交换；监测系统所有部件的操作；检测并储存系统故障等。

a) 外形

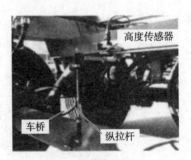

b) 安装位置

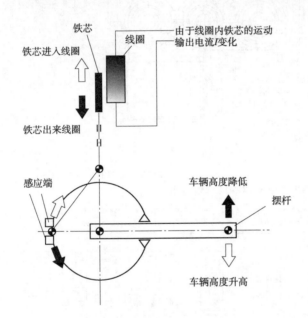

c) 工作原理示意

图 2-4-8　高度传感器结构原理与安装位置

ECU 由 WABCO 生产,其产品编号为 4460555060,外形如图 2-4-10 所示。

图 2-4-9　高度传感器的连线

图 2-4-10　电子控制单元外形

ECU 安装在驾驶室内密封舱中或者电气舱内,防止水和灰尘等的侵入,而且要远离热源,并避免其他物体碰撞;ECU 插接口朝下安装,安装位置接近性要好;电源电压应在 18～30 V,同时熔断式熔断丝容量应为 5A。

4)电磁阀

ECAS 电磁阀(图 2-4-11)是高度集成化和模块化的设计,可以在通用的外部壳体内布置不同数量的电磁阀部件来实现不同的配置。因此 ECAS 组合电磁阀减少了零部件数量,节省了安装空间和装配费用,电磁阀通过 ECU 被激发来分别控制各个气囊的充放气过程。

电磁阀安装在载荷较重车轴附近的车架横梁或支架上,一般安装在驱动桥上,如图 2-4-12 所示。

图 2-4-11 ECAS 电磁阀　　　　图 2-4-12 电磁阀安装的位置

电磁阀的插接口有防错装配装置,方便装配,安装时应拧紧;电磁阀插接口每一极角对搭铁的电阻是 75Ω;电磁阀导线为四芯线,插接口 61 控制后桥空气气囊的高度,插接口 62 控制前桥空气气囊的高度,插接口 63 控制 kneeling(侧跪功能)的动作,如图 2-4-12 所示。为了方便装配,电缆线与 ECU 的连接靠线色区分,如图 2-4-13 所示,1 为黄色,2 为红色,3 为绿色,4 为棕色。例如图 2-4-12 中插接口 61.1、62.1、63.1 为黄色,插接口 61.2、62.2、63.2 为红色,插接口 61.3、62.3、63.3 为绿色,插接口 61.4、62.4、63.4 为棕色。

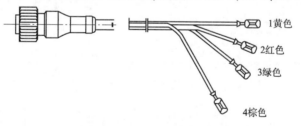

图 2-4-13 电磁阀导线

5)灯和开关

对于 ECAS 的灯和开关,取决于客户对 ECAS 功能的选择,可以在仪表板上增加功能选择开关和指示灯。

(1)灯。

ECAS 系统报警灯选用红色,功率小于 5W。高度指示灯选用黄色,功率小于 5W,用来指示车辆的高度状态。根据车辆的功能设置,还可具有特殊高度Ⅱ指示灯、Kneeling(侧跪)指示灯,均可使用黄色。但是所有指示灯不允许用发光二极管代替。

接通点火开关后,故障灯和高度指示灯亮 2s,然后灭掉,表示 ECAS 系统工作正常。如果高度指示灯(黄色)亮,说明当前高度不在正常高度上。如车辆气压充足,按下恢复正常高度按键,黄灯应熄灭。如果故障指示灯(红色)亮,说明 ECAS 系统存在故障。当系

· 127 ·

统出现故障时,取决于故障的严重性,若故障不严重报警灯将一直亮,若故障严重报警灯闪烁,以提醒驾驶人系统出现故障。当车辆侧跪并达到侧跪高度时,侧跪指示灯亮。当按下特殊高度Ⅱ开关时,特殊高度Ⅱ指示灯亮。

(2) 系统开关。

①压力开关。ECAS 系统压力开关安装在给气囊供气的储气筒上,用于检测气囊供气气压,为两电极连接开关,一极连接 ECU,另一极搭铁。

②上升/下降开关。从安全角度考虑 ECU 允许在一定车速下实现车辆高度的提升或者降低,该车速可通过 ECU 参数进行设置,下降开关在供气气压大于 0.6MPa 时有效,另外当车辆超过设定车速(通常 15~20km/h)时,自动回复正常高度。提升和下降开关形式均是复位开关。

③高度复位开关。恢复车辆正常高度,开关形式是复位开关。

④侧跪开关。在车速低于 5 km/h 时使用,侧跪开关在供气气压大于 0.6MPa 时有效。车辆侧跪后,当车速大于 7 km/h 时,车辆自动恢复正常高度。开关形式是复位开关。

⑤特殊高度Ⅱ开关。仅供特殊路况下短时使用,按下特殊高度Ⅱ开关后,同时特殊高度Ⅱ指示灯亮,不能长时间使用特殊高度Ⅱ状态。开关形式是定位开关。

6) 线束与接线

导线的连接要严格按照接线图进行设计,ECAS 线束主要分为底盘线束和仪表线束。底盘线束主要连接底盘零部件如电磁阀、高度传感器和压力开关,如图 2-4-14 所示。仪表线束主要连接电源、输入信号、指示灯和开关,如图 2-4-15 所示。

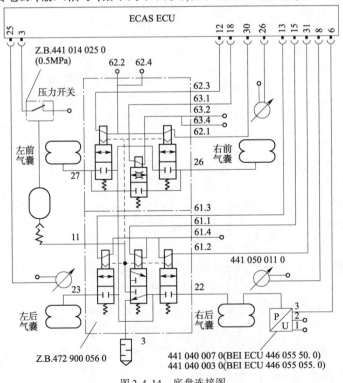

图 2-4-14　底盘连接图

ECU有2个电源,1个来自蓄电池,1个来自点火开关,电源电压要求为18~30V。需单独搭铁,并和其他用电设备搭铁点距离尽可能远,不允许和其他用电设备混接,否则易烧毁ECU。

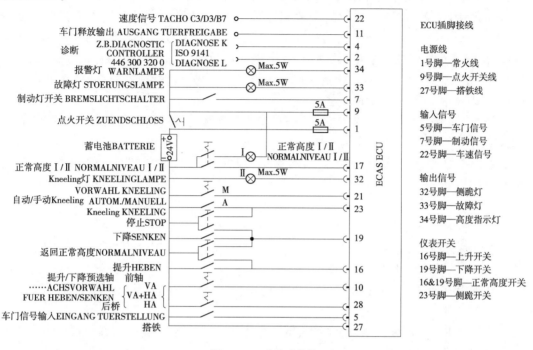

图2-4-15 仪表连接线

ECU插脚接线:3号脚-压力开关;8号脚-右后高度传感器;12号脚-左前电磁阀;13号脚-左后电磁阀;15号脚-中央充气电磁阀;18号脚-侧跪电磁阀;25号脚-左后高度传感器;26号脚-前高度传感器;30号脚-右前电磁阀;31号脚-右后电磁阀。

3. 系统参数的客户化设置

ECAS系统参数可以根据主机厂的客户化要求进行设置。在样车装配时,根据客户或主机厂定制ECAS功能,WABCO技术人员将和主机厂一起对样车参数进行设置,然后进行功能测试并达到满意后,双方对系统参数设置文件进行释放并将记录,各保留一份备查及用于售后维修服务。参数设置只有通过诊断软件或诊断仪输入PIN码后才可以进行。

钢板弹簧的检修

1. 检修

①修理钢板弹簧时应全部解体,表面除锈清洗,片间涂以润滑脂后才能进行装复。

②钢板叶片折断、裂纹、破损或减薄,钢板卡子变形、铆钉松动、中心螺栓变形、滑扣,应更换。解放汽车前钢板销直径为25mm,后钢板销直径为30mm。如果钢板销外径磨损超过0.5mm,应更换。钢板销与衬套的正常间隙为0.10~1.25mm,如果间隙超过0.5mm

应换用新套。橡胶垫有破损时,应予更换。

③检查吊耳、吊耳销和弹簧销是否有磨损、裂纹、弯曲或螺纹损伤,否则应予更换。

④检查钢板弹簧衬套和吊耳支架衬套是否有磨损、裂纹或变形,否则应予以更换。

⑤钢板弹簧叶片的曲率半径,一般用样板(新片)进行接合试验。钢板弹簧弹性减退,表现在弧高的减小,一般在弹性试验器上检查有负荷或无负荷下弧高的减小。检查结果应符合《汽车修理技术标准》的规定,要求左右钢板弹簧总成片数相等,总厚度差不大于5mm,弧高差不大于10mm。钢板销及第一片卷耳内衬套的磨损情况及支架和吊耳的磨损情况,应符合上述标准的规定。

恢复钢板弹簧叶片曲率的方法,一般采用冷态下锤击整形和专用设备成型两种方法。钢板弹簧如有断裂,一般应换用新件。

⑥检查 U 形螺栓和紧固螺母,有否裂纹、损坏或变形,检查螺纹是否损坏,必要时更换。

2. 装配

①安装前应全部除锈清洗,片间涂一层石墨滑脂。

②钢板弹簧中心螺栓直径比孔不得小于1.5mm;对于有中心定位凹穴的钢板,应使各片定位凸起和凹穴扣合。

③钢板夹子固定铆钉如有松动应予重铆;夹子的宽度应当与钢板两侧有0.7~1.0mm的间隙。

④钢板夹子上应配齐铁管,铁管与钢板之间的间隙应为1~4mm,夹子螺栓头应由外向内穿入,以防螺栓松脱划伤轮胎。

⑤钢板弹簧装配时要按顺序装好各片,中部压平夹紧,钢板弹簧中心螺栓和夹子螺栓装妥之后,各片应彼此贴合紧密。应保证一定的预压行程。

⑥装配钢板弹簧销时应涂以润滑油。钢板销与衬套间隙为0.06~0.40mm;衬套与弹簧卷耳内孔过盈应不小于0.08mm。

⑦钢板宽度与吊耳内侧端面间隙应在0.8mm左右,过大时应垫上合适厚度的垫片。

⑧钢板弹簧装配时,支承面与车轴支承面贴合,U形钢板螺栓按规定转矩均匀交叉地拧紧,紧固后螺栓应露出螺母三圈以上。应经常检查螺栓的紧固情况。如果螺栓松动,钢板片之间便产生间隙,运行振动时便产生相对运动,使其刚性下降,很容易使其片中心孔处断裂。

新车磨合行驶200km,应在承载状态下按上述规定力矩拧紧;磨合行驶500km,再次拧紧;磨合2500km 结束时,重新检查并拧紧;正常行驶后应在每行驶200km,连续紧固三次;以后每行驶8000km 检查并紧固。

3. 使用维护

①正确驾驶。遇汽车下坡或路况差时,前轴负荷由于汽车重心前移而增大,若路面选择不好,车速不当,当遇大坑时,紧急制动,钢板弹簧(或卷耳)容易断裂。

②禁止严重超载偏载,受力不均,否则钢板弹簧拱度减小,弹性变弱。

③禁止紧急制动,尤其是满载时应提前处理情况,避免紧急制动,否则钢板弹簧弯曲应力过大而损坏。

④禁止车速过高,尤其在不平的道路上行驶时,会使钢板弹簧变形幅度加大和变形次数增多,促使弯曲应力加大和疲劳加剧。

⑤禁止转弯过急,急转弯时车辆将产生离心力,增加外侧钢板弹簧的负荷,转弯愈急负荷愈大,对其损坏作用也愈大。

⑥钢板弹簧要定期维护。在拆检时每片间都应涂上石墨润滑脂,可避免钢板弹簧疲劳损坏,减轻磨损,也可防止其锈蚀。因此,要进行定期维护,以延长寿命。

4. 清洁场地

将实习场地所必要的留下,依照规定的合理位置放置,并明确标示,不必要的清除掉;垃圾进行分类处理;将实习场地清扫干净,并保持;每位成员养成良好习惯,遵守规则做事。

任务评价

钢板弹簧悬架检修评价表 表 2-4-1

序号	内容及要求	评分	评分标准	自评	组评	师评	得分
1	工具的使用	10 分	不能正确使用常用工具扣 5 分;专用工具使用不正确扣 1~5 分				
2	拆装顺序正确	10 分	拆装顺序错误一次扣 10 分				
3	零件摆放整齐	10 分	摆放不整齐扣 5 分;工具、零件落地一次扣 5 分				
4	检查各零件,说明零件作用和工作原理	20 分	不能正确叙述,每项扣 5 分				
5	正确组装钢板弹簧悬架	30 分	组装顺序错误,一次扣 10 分				
6	工具、现场整洁	10 分	未对工具和实习场地整理、清洁扣 5 分				
7	安全文明实习	10 分	出现安全问题和不文明现象扣 1~10 分				

指导教师总体评价:

指导教师_____
____年____月____日

练 一 练

一、单项选择题

1. 汽车安装的基体是(   )。
   A. 车架   B. 车桥   C. 悬架   D. 发动机
2. 修理钢板弹簧时应全部解体,表面除锈清洗,片间涂以(   )后才能进行装复。
   A. 机油   B. 齿轮油

C. 润滑脂 D. 黄油
3. 采用钢板弹簧非独立悬架,钢板弹簧起到( )作用。
　　A. 弹性元件 B. 导向装置
　　C. 弹性元件和导向装置 D. 减振器
4. 采用钢板弹簧非独立悬架,钢板弹簧与车架之间的连接( )。
　　A. 前端固定铰链,后端摆动铰链 B. 前端摆动铰链,后端固定铰链
　　C. 前端固定铰链,后端固定铰链 D. 前端摆动铰链,后端摆动铰链
5. 多数载货汽车采用钢板弹簧非独立悬架,钢板弹簧的布置类型是( )。
　　A. 纵向布置 B. 横向布置
　　C. 既有纵向布置又有横向布置 D. 都不正确

二、多项选择题

1. 汽车的悬架一般由( )组成。
　　A. 弹性元件　　B. 减振器　　C. 导向机构　　D. 车轮
2. 下列说明正确的是( )。
　　A. 悬架是车架(或承载式车身)与车桥(或车轮)之间连接、传力装置的总称
　　B. 悬架的功用是把路面作用于车轮上力、力矩传递到车架(或承载式车身)上
　　C. 减振器安装在车架与车轮之间
　　D. 悬架能保证汽车的正常行驶,满足使用要求
3. 对双向作用筒式减振器的要求是( )。
　　A. 压缩行程阻尼力要小
　　B. 伸张行程阻尼力要大
　　C. 阻尼力的大小是可以变化的
　　D. 行驶一段路程后,减振器外壳发热说明不正常
4. 商用车后悬架的特点是( )。
　　A. 由主、副两副钢板弹簧组成
　　B. 副钢板弹簧装在主钢板弹簧的上方
　　C. 副钢板弹簧装在主钢板弹簧的下方
　　D. 主、副钢板弹簧中部用盖板和骑马螺栓固定在后桥壳的钢板座上

三、判断题

1. 悬架安装在车轮与车架之间。　　　　　　　　　　　　　　　　　　　　　(　　)
2. 为节约材料,可将长钢板弹簧截短使用。　　　　　　　　　　　　　　　　　(　　)
3. 一般载货汽车的悬架未设导向装置。　　　　　　　　　　　　　　　　　　　(　　)
4. 当悬架刚度一定时,簧载质量越大,则悬架垂直变形越大,固有频率越高。　(　　)
5. 在悬架所受的垂直载荷一定时,悬架刚度越小,则悬架垂直变形越小,汽车的固有频率越低。　　　　　　　　　　　　　　　　　　　　　　　　　　　　　　　(　　)

四、分析题

1. 什么是非独立悬架?其特点是什么?
2. 分析商用车前悬架和后悬架的特点。

模块小结

1.车架俗称大梁,是跨接在前后车轮上的桥梁式结构,是构成整个汽车的骨架,是整个汽车的装配基体。汽车上采用的车架有边梁式车架、中梁式车架、综合式车架和无梁式车架。目前汽车上多采用边梁式车架和无梁式车架。

2.车桥位于悬架与车轮之间,其两端安装车轮,通过悬架与车架(或车身)相连,其功用是传递车架(或车身)与车轮之间各种载荷的作用。

按悬架结构不同,车桥分为整体式和断开式两种。整体式车桥与非独立悬架配用;断开式车桥与独立悬架配用。按车桥上车轮的作用不同,车桥分为转向桥、驱动桥、转向驱动桥和支持桥4种类型。

3.转向轮、转向节和前轴三者与车架的安装保持一定的相对位置关系称为转向车轮定位,也称前轮定位。转向轮定位包括前轮外倾、主销后倾、主销内倾及前束4个参数。多数商用车主销后倾与前束可调整。

4.汽车车轮总成由车轮和轮胎两大部分组成,处于车轴和地面之间,具有支承、缓和冲击载荷、为汽车提供驱动力和制动力、平衡侧向力,使车轮具有保持直线行驶的作用,保证汽车的通过性。

5.按轮辐结构的不同,车轮可以分为两种类型:辐板式车轮和辐条式车轮。轮辋的常见结构类型有深槽轮辋、平底轮辋和对开式轮辋。

6.按轮胎内空气压力的大小,轮胎分为高压胎、低压胎和超低压胎三种。低压胎广泛用于汽车;按轮胎有无内胎,轮胎分为有内胎轮胎和无内胎轮胎(俗称真空胎)。按胎体帘布层结构的不同,轮胎分为斜交轮胎和子午线轮胎。目前汽车上应用的轮胎主要是低压(超低压)、无内胎的子午线轮胎。

子午线胎与斜交轮胎相比较具有行驶里程长、滚动阻力小、节约燃料、承载能力大、减振性能好、附着性能好、不易爆胎等优势。

无内胎轮胎俗称真空胎,没有内胎及垫带。气门嘴用橡胶垫圈和螺母直接固定在轮辋上,空气直接充入外胎中,其密封性由外胎和轮辋来保证,轮胎的尺寸标注有两种方法:斜交轮胎的规格和子午线轮胎的规格。

7.悬架是车架(或车身)与车桥(或车轮)之间一切传力连接装置的总称。悬架具有以下的功用:连接车架(或车身)和车轮,把路面作用到车轮的各种力传给车架(或车身);缓和冲击、衰减振动,使乘坐舒适,具有良好的平顺性;保证汽车具有良好的操纵稳定性。汽车悬架可分为两大类:非独立悬架和独立悬架。悬架一般都由弹性元件、减振器、导向机构等组成,汽车一般还有横向稳定器。

8.汽车上常用的弹性元件包括钢板弹簧、螺旋弹簧、扭杆弹簧和气体弹簧等。

9.减振器在汽车中的作用是迅速衰减由车轮通过悬架弹簧传给车身的冲击和振动,提高汽车行驶的平顺性能。目前在汽车上应用最广泛的是双向作用式减振器。

学习模块 3　商用车转向系构造与维修

模块概述

汽车行驶过程中,在驾驶人操纵下,需经常改变行驶方向。汽车行驶方向的改变,是通过转向轮(一般是前轮)在路面上偏转一段的角度来实现的,用来控制转向轮偏转的一整套机构,称为汽车转向系。转向系的功用是按照驾驶人的意愿改变汽车的行驶方向和保持汽车稳定的直线行驶。汽车转向系按转向动力源的不同分为机械转向系和动力转向系两大类。

该模块是通过对转向系的学习,学会机械转向系和动力转向系的构造、原理及对其维修。

【建议学时】

18 学时。

学习任务 3.1　机械式转向系构造与维修

1. 通过查阅资料和观摩,掌握机械转向系的组成及其工作原理。
2. 学会机械转向器的拆装、检修操作方法。
3. 根据环保要求,妥善处理辅料、废弃液体和损坏零部件。

一辆东风货车的转向盘自由行程过大,行驶过程中出现前轮摆振,初步判断转向传动机构球头磨损,转向器间隙大,需要进行检查和调整。

任务准备

汽车在行驶过程中,需要改变或维持行驶方向或轨迹,这种改变是通过转向轮(一般是前轮)相对于汽车纵轴线偏转一定角度实现的。汽车在直线行驶时,转向轮也往往受到路面侧向干扰力的作用自动偏转而改变行驶方向。因此,驾驶人需要通过一套机构随时改变或恢复汽车行驶方向,同时将路面对转向轮的作用力传到转向盘上,形成"手感"。该套专设机构即为汽车的转向系。

汽车的转向系按转向能源的不同,分为机械转向系和动力转向系两大类;按转向轮的数量分,可分为两轮转向和四轮转向。

1. 机械转向系的组成与原理

机械转向系是以人的体力作为转向动力,其中所有传力件都是机械的。它由转向操纵机构、转向器和转向传动机构三大部分组成,如图3-1-1所示,当驾驶人转动转向盘1时,通过转向轴2、转向万向节3和传动轴4,将转向力矩输入转向器5。从转向盘到传动轴这一系列零部件称为转向操纵机构。作为减速传动装置的转向器中有1~2级减速传动副。经转向器减速增扭后的力矩传到转向摇臂6,再通过转向主拉杆7传给固定于左转向节9上的转向节臂8,使左转向节及装于其上的左转向轮绕主销偏转。同时,左梯形臂10经转向横拉杆11和右梯形臂13以及右转向轮绕主销向同一个方向偏转,从而实现转向。转向摇臂6、转向主拉杆7、转向节臂8、左梯形臂10、右梯形臂12、转向横拉杆11总称为转向传动机构。梯形臂10和12、转向横拉杆11和前轴构成转向梯形,其作用是保证左、右转向轮按一定规律进行偏转。我国交通规则规定车辆靠右侧通行,因而国产汽车转向盘应安置在驾驶室的左侧,这样驾驶人在驾驶车辆时,左方视野较为广阔,有利于行车安全。

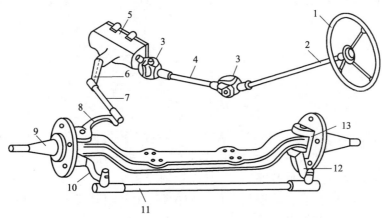

图 3-1-1 机械转向系示意图

1-转向盘;2-转向轴;3-转向万向节;4-转向传动轴;5-转向器;6-转向摇臂;7-转向主拉杆;8-转向节臂;9-左转向节;10、12-梯形臂;11-转向横拉杆;13-右转向节

为使汽车在转弯时减少附加阻力和轮胎磨损,汽车转向时各个车轮都应作纯滚动,此时各轮的轴线必须相交于一点,如图3-1-2所示。交点 O 称为转向中心。该中心随驾驶人操纵前轮转角的变化而改变,因此也称为瞬时转动中心。由图中可看出,这时汽车的内转向轮偏转角 β 大于外转向轮偏转角 α。两者的关系是:

$$\cot\alpha = \cot\beta + \frac{B}{L}$$

式中,B——两侧主销间的距离;

L——汽车轴距。

上式称为转向梯形理论特性关系式。从式中可以看出,每对应一个内轮偏转角 β,就有一个对应的外轮偏转角 α。这个关系是由转向梯形一定的底角即所谓"前展"(小于

90°)来保证的。"前展"是内外轮转角存在着余切差的关系。由转向中心 O 到外转向轮与地面接触点的距离 R 称为汽车的转弯半径。转弯半径 R 愈小,则汽车在转向时所需的场地面积就越小,汽车的机动性也越好。从图 3-1-2 可看出,当外转向轮偏转角达到最大值 α_{max} 时,转弯半径 R 最小,即:

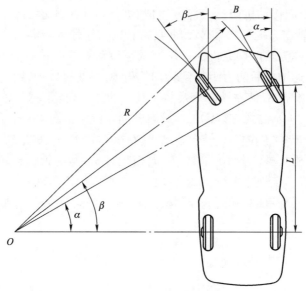

图 3-1-2 双轴汽车转向示意图

$$R_{min} = \frac{L}{\sin\alpha_{max}}$$

转向轮内轮的最大偏转角为 34°～42°,最小转弯半径为 7～12m。对于只用前桥转向的三轴汽车,由于中桥和后桥车轮的轴线总是平行的,故不存在理想的转向中心。它是在中、后桥轴线等距离处作一假想平行线,与前轮轴线相交于一点,形成纯滚动转向中心。为此,中、后桥在转向时,应自动地相对作轴向位移(由悬架装置来保证),使其车轮尽量地减小横向滑磨,以满足转向的要求。

转向盘转角与转向节臂带动的车轮偏转角之比 i_w 称为转向系角传动比。转向系角传动比 i_w 越大,则克服一定的地面转向阻力矩所需的转向盘上的转向力矩便愈小,在转向盘直径一定时,驾驶人应加于转向盘上的力就越小。但 i_w 不能过大,过大将导致转向操纵不够灵敏,即转向盘转动的圈数增加。一般货车为 16～32,轿车为 12～20。

2. 转向器

转向器是转向系中的减速增扭传动装置,其功用是增大转向盘传到转向节的力并改变力的传递方向。现代汽车的转向器已演变定型,中型和重型汽车多采用循环球式转向器,小型车多采用齿轮齿条式转向器。

1) 转向盘自由行程

不论哪一类型转向器,各连接零件之间和传动副之间总是存在间隙,当汽车处于直线行驶时,转动转向盘消除这些间隙和克服机件的弹性变形使车轮开始偏转,这时转向盘转过的角度称为转向盘自由行程。转向盘自由行程对于缓和路面冲击及避免驾驶人过度紧张是有利的。一般规定转向轮处于直线行驶位置,转向盘向左、向右的自由行程不超过10°。当零件磨损,转向盘自由行程大于规定值时,必须进行调整或换件。转向盘自由行程的大小主要是通过调整转向器传动副的啮合间隙和轴承间隙来实现的。因此,转向器一般都设有传动副啮合间隙和轴承间隙调整装置。

2)循环球式转向器

循环球式转向器是由两套传动副组成的,一套是螺杆螺母传动副,另一套是齿条齿扇传动副。图3-1-3为常见汽车的循环球式转向器。转向螺杆4由两个锥轴承支承在壳体3上,垫片2和6可用来调整轴承预紧度。

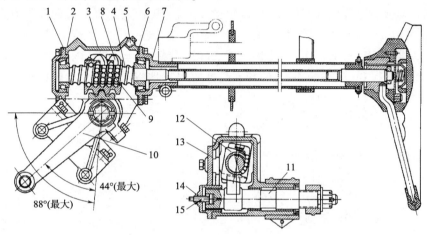

图3-1-3 循环球式转向器

1-下盖;2、6-调整垫片;3-壳体;4-转向螺杆;5-加油螺塞;7-上盖;8-钢球导管;9-钢球;10-转向摇臂;11-转向摇臂轴;12-转向螺母;13-侧盖;14-螺母;15-调整螺钉

转向螺母直径大于转向螺杆直径,故能松套在螺杆上。在螺杆和螺母的内外圆面上,制出断面近似为半圆形的螺旋槽,两者的槽相互配合构成了圆形截面的螺旋形通道。螺母侧面有两对通孔。可将钢球9从此孔塞入螺旋形通道内。转向螺母外有两个钢球导管8,每个导管的两端分别插入螺母侧面的一对通孔中,以组成两条管状的封闭循环通道,这样实现了螺杆与螺母之间的滚动摩擦,从而减少了摩擦阻力。转动转向螺杆时,通过钢球将力传给螺母,螺母将沿轴线移动。同时,由于摩擦力的作用,所有钢球在螺母与螺杆之间的通道内滚动,形成"球流"。钢球在螺母内绕行两周后,流出螺母而进入导管,再由导管流回螺母通道内,故在转向器工作时,两列钢球只是在各自的封闭通道内循环,而不会脱出。

螺母的外表面切有倾斜的等齿厚齿条,与其相啮合的是变齿厚的齿扇,齿扇与转向摇臂轴11制成一体,支承在壳体的衬套上。

转动螺杆,螺母随之轴向移动,通过齿条和齿扇使转向摇臂轴转动。

传动副的啮合间隙是通过改变转向摇臂轴的轴向位置即改变齿扇与螺母之间的相对位置来实现的。调整螺钉15的圆头嵌在摇臂轴端部的T形槽内,其螺纹部分拧在侧盖13上,并用螺母14锁紧。将螺钉15旋入,则啮合间隙减小,反之则啮合间隙增大。

循环球式转向器的正、逆向传动效率很高(最高可达90%~95%),故操纵轻便,使用寿命长,得到了广泛的应用。

3. 转向操纵机构

转向操纵机构的作用是将驾驶人作用在转向盘上的转向力矩传给转向器,转向器带动拉杆系运动,以实现汽车转向。转向操纵机构由转向盘、转向轴和万向节等组成,如图3-1-1所示。

1) 转向盘

转向盘的作用是将驾驶人的转向力矩传给转向轴,使转向轴转动,从而使汽车转向。如图3-1-4所示,转向盘由轮缘1、轮辐2和轮毂3组成。转向盘由金属骨架成型,在骨架的外面包有柔软的合成橡胶或树脂,较高级的车上包有皮革,这样使转向盘具有良好的手感,而且还可以防止手出汗时握转向盘打滑。转向盘轮辐一般有两条辐条、三条辐条(图3-1-4a)和四条辐条(图3-1-4b)等几种形式。转向轮毂孔具有细牙内花键,与转向轴上端的细牙外花键连接,并用螺栓固定,使转向盘能够可靠地将转向力传给转向轴。

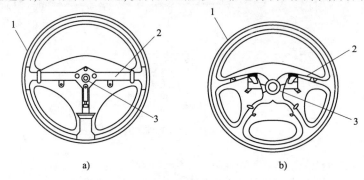

图 3-1-4 转向盘
1-轮缘;2-轮辐;3-轮毂

当汽车发生碰撞时,从安全性考虑,不仅要求转旋盘应具有柔软的外表皮,可以起到缓冲的作用,而且要求转向盘在撞车时,其骨架能产生变形(图3-1-5),以吸收冲击能量,减轻驾驶人受伤程度。

转向柱通常为空心轴管,其内有喇叭导线,在转向盘上装有喇叭按钮。现代轿车转向盘上还装有安全气囊。

2) 倾斜度可调转向轴

如图3-1-6所示,倾斜度可调转向轴就是转向轴的倾斜度可以调整,以调整转向盘的倾斜度,以适应不同驾驶习惯和不同身高驾驶人对转向盘位置的要求。按动力源不同有手动和电动两种形式。

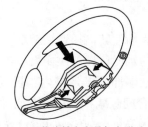 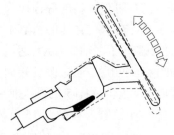

图 3-1-5 吸能式转向盘骨架变形示意图　　图 3-1-6 倾斜转向柱的作用

4. 转向传动机构

转向传动机构的功用是将转向盘输出的力传给转向轮,且使两转向轮偏转角按一定的关系变化,以实现汽车顺利转向。

汽车在行驶过程中,转向传动机构除传递转向力外,还承受转向轮由于在不平道路上行驶过程中所产生的冲击和振动。为此,转向传动机构中设有吸振缓冲装置,并能自动消除磨损后出现的间隙。由于它是在车桥与车架之间的空间运动杆系,转向摇臂、主拉杆及转向节臂其相对运动不在一个平面内,为避免发生运动干涉,它们之间的连接都采用了球形铰链连接。

转向传动机构的杆系(转向梯形)可布置在前轴之后,如图3-1-1所示,这种布置称为后置式。也有的将转向杆系布置在前轴之前,这种布置称为前置式。

转向传动机构根据悬架不同可分为与非独立悬架配用的转向传动机构和与独立悬架配用的转向传动机构两大类。

1)转向摇臂

转向摇臂如图3-1-7所示,它一般用中碳钢锻制而成。大端具有锥形的三角形细花键孔,与转向摇臂轴连接,并用螺母固定。其小端用锥形孔与球头销柄部连接,也用螺母固定,球头再与主拉杆作铰链连接。转向摇臂安装后,从中间位置到两边的摆角范围应大致相同,为了正确安装,常在转向摇臂及转向摇臂轴上设有安装记号,安装时应对正记号。有的在两者花键上铣有安装位置键槽,用以保证在安装时不致错位。

2)转向主拉杆

转向主拉杆如图3-1-8所示,主拉杆体9由两端加粗的钢管制成,在两端加粗处装有转向节球头销2、球头座5、弹簧座7、弹簧6和螺塞4等,它们组成球铰接。球头销的锥形部与转向节臂连接,并用螺母1固定。球头销的头部通过主拉杆体加粗部分开有的圆孔伸入前后两个球头座之间。在螺塞和弹

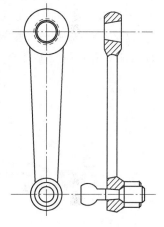

图3-1-7 转向摇臂

簧的作用下,通过球头座将球头夹持住。旋转螺塞可调整弹簧的顶紧力,调妥后用开口销锁住。主拉杆另一端用同样的铰链与转向摇臂连接,不同点是弹簧安装在靠近螺塞处。在工作中,弹簧缓冲了转向车轮传来的冲击和振动,同时也保证了当球头和球头座磨损后自动消除间隙。弹簧座与球头座背部具有一定的缝隙,以防止弹簧过载,并用以防止弹簧损坏时球头从拉杆体内脱出。为了润滑球头和球头座,拉杆体上还装有加注润滑脂的油嘴8。在球头销伸出端上套有橡胶防尘垫3,并用卡箍紧固在拉杆体上,以防止润滑脂流出和灰尘侵入。为了使主拉杆在受到向前或向后的冲击力时,都有一个弹簧起缓冲作用,两端的弹簧应装在球头销的同一侧。

3)转向横拉杆

如图3-1-9所示,转向横拉杆由横拉杆体2与旋装在两端的接头1组成。横拉杆体用钢管或钢钎制成,它的两端切制有正、反螺纹与横拉杆接头连接。由于横拉杆体两端是正反螺纹,所以当放松夹紧螺栓3时,旋转横拉杆体即可改变转向横拉杆的有效长度,以

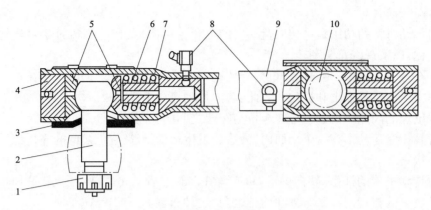

图 3-1-8 转向主拉杆

1-螺母;2-转向节臂球头销;3-橡胶防尘垫;4-端部螺塞;5-球头座;6-压缩弹簧;7-弹簧座;8-油嘴;9-主拉杆体;10-转向摇臂球头销

调整前轮的前束值。调妥后应将夹紧螺栓拧紧。在横拉杆接头上装有球头销等零件组成球形铰接,分别与两侧的转向梯形臂相连接。球头销的球头部分夹紧在球头销座9内。上、下球头销座常用尼龙或聚甲醛制成,具有较好的耐磨性。弹簧12将球头座压在球头上,这样在球头和球头座磨损时能自动消除间隙,既可减小转向盘自由行程,也可防止左、右两球头中心距发生改变。球头节上部设有防尘套8,以防尘土侵入。

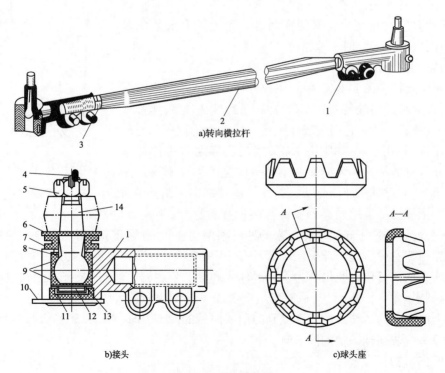

图 3-1-9 转向横拉杆

1-横拉杆接头;2-横拉杆体;3-夹紧螺栓;4-开口销;5-槽形螺母;6-防尘垫座;7-防尘垫;8-防尘套;9-球头座;10-限位销;11-螺塞;12-弹簧;13-弹簧座;14-球头销

 **知识拓展**

齿轮齿条式转向器

齿轮齿条式转向器具有结构简单、刚性大、转向灵敏等优点,另外齿条本身又具有传动杆的功能,不需要转向摇臂和纵拉杆,可简化结构,便于布置等特点,目前齿轮齿条转向器在轿车与微型、轻型货车上得到广泛使用。

图 3-1-10 为齿轮齿条式转向示意图。转向器壳体 8 支承在车身 5 上。作为传动副主要件的转向齿轮 4 垂直地安装在壳体中,转动转向盘 1,通过转向轴 2、安全联轴节 3 带动齿轮转动,与转向齿轮相啮合的齿条 7 水平布置,转向减振器 6 一端连接在转向器壳体上,另一端连接在齿条上,用以减小转向轮的摆振。转向拉杆 10 一端连接在齿条上,另一端铰接在转向节臂 9 上。在转向时,驾驶人转动转向盘,通过转向轴、安全联轴节带动转向齿轮转动,齿轮使齿条轴向移动,带动拉杆移动,拉杆通过转向节臂带动车轮摆动,从而实现转向。

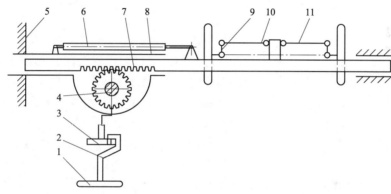

图 3-1-10 齿轮齿条式转向示意图

1-转向盘;2-转向轴;3-安全联轴节;4-齿轮;5-车身;6-转向减振器;7-齿条;8-转向器壳体;9-转向节臂;10、11-转向拉杆

齿轮齿条转向器一般都设有啮合间隙自调装置,如图 3-1-11 所示,弹簧 2 通过压块 5 将齿条 1 压紧到齿轮轴 11 上,这样齿轮、齿条在传动过程中就实现了无间隙啮合。弹簧不仅起调节作用,而且还起到一个弹簧支承作用,可以部分地吸收振动能量。转动环形调整螺母就可以改变弹簧的预紧力。

 **任务训练**

1. 检查与调整东风货车的转向盘自由行程

①首先使汽车前轮处于直线行驶的位置,再将检查刻度盘和指针分别固定在转向柱管和转向盘上,向左、向右旋转转向盘到感觉有阻力为止(前轮不偏转)。此时,指针在刻度盘上所划过的角度,即为转向盘的自由行程,如图 3-1-12 所示。

②调整转向盘自由行程以前,首先应检查转向传动机构中各处固定或连接部位是否松动,并对松动部位进行必要的紧固,或更换严重损坏的零部件。经过紧固或更换有关零部件后,当一切都符合要求,而转向盘自由行程仍然偏大时,就应该调整转向器的啮合间隙。调整时,汽车应处于直线行驶位置,并保证两侧轮胎气压一致。

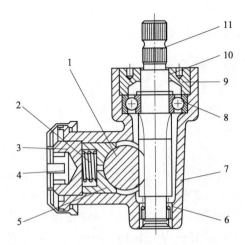

图3-1-11 齿轮齿条转向器啮合间隙自调装置
1-齿条;2-弹簧;3-环形调整螺母;4-罩盖;5-压块;6-滚柱轴承;7-转向器壳;8-球轴承;9-紧固螺母;10-密封圈;11-齿轮轴

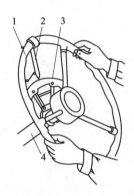

图3-1-12 转向盘自由行程的检查
1-转向盘;2-检查指针;3-检查刻度盘;4-转向柱管

③检查摇臂轴的轴向间隙。将转向器转动至中间位置,手握住转向摇臂,沿着转向器摇臂轴轴向前后拉动转向摇臂,如图3-1-13所示。当手感觉到有轴向窜动时,则调整转向器侧盖上的调整螺钉。旋进螺钉,啮合间隙减小,转向盘自由行程减小;旋出螺钉,结果相反。直至调整到摇臂轴无轴向间隙为止。

④在调整时,也可把转向器置于中间啮合位置,然后从车架里侧将调整螺钉的锁紧螺母旋松,用螺钉旋具将调整螺钉拧到底,再返回1/8圈左右,然后将锁紧螺母锁紧。

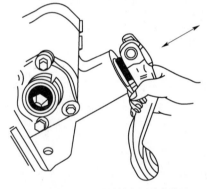

图3-1-13 摇臂轴轴向间隙的检查

2.循环球式转向器的装配与调整

机械循环球式转向器的分解图如图3-1-14所示。

(1)安装转向螺杆组件。转向螺杆螺母组件在维修时一般不拆散。若拆散重新组装时先平稳地逐个装入钢球,装钢球的过程中,转向螺杆和转向螺母不要相对运动,必要时,只能稍许转动转向螺母或用塑料棒将钢球轻轻冲进滚道内(图3-1-15),然后给装满钢球的导管口涂压润滑脂,防止钢球脱出,并用导管卡将导管固定在转向螺母上。所装钢球的直径和数量必须符合原厂规定,如EQD1031型汽车安装φ450mm转向盘的转向器的钢球直径为φ7.144mm,共(2×49+1)粒;EQ1040/47型长轴汽车安装φ550mm转向盘的转向器的钢球直径为φ7.144mm,共(2×58+1)粒。装入钢球后,转向螺母的轴向窜动量不得大于0.10mm。

(2)将轴承内圈压在转向螺杆的轴颈上。

(3)组装摇臂轴。检查用于调整转向螺母与齿扇啮合间隙的调整螺钉的轴向间隙,此间隙若大于0.12mm,应在调整螺钉与摇臂上的承孔端面间加推力垫片调整。对摇臂轴承进行预润滑之后,将摇臂装入壳体内,并按顺序装入推力垫片、调整螺钉、垫圈和孔用弹性挡圈。

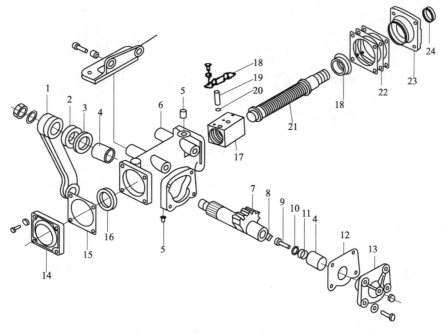

图 3-1-14　机械循环球式转向器的分解图

1-转向摇臂;2-毛毡油封;3-橡胶油封;4-衬套;5-螺塞;6-壳体;7-转向摇臂轴;8-止推垫;9-调控螺栓;10-垫圈;11-挡圈;12-衬垫;13-侧盖;14-下盖;15-衬垫;16-轴承;17-转向螺母;18-管定卡;19-钢球导管;20-钢球;21-转向螺杆;22-调整垫片;23-上盖;24-油封

(4)安装转向器下盖和上盖。把轴承装入下盖承孔中,如图 3-1-16 所示;安装调整垫片和下盖,从壳体孔中放入转向螺杆组件,安装下盖,装下盖之前在接合平面上涂以密封胶;把轴承外圈和转向螺杆油封压入上盖,并装入上盖调整垫片和上盖;通过增减下盖调整垫片用下盖上的调整螺钉调整转向螺杆的轴承预紧度,然后检查转向器的转向力矩,一般为 0.6～0.9N·m。

图 3-1-15　钢球的装入

(5)安装转向器侧盖。给油封涂了密封胶后,将油封唇口向内,均匀地压入壳体上的孔内;将转向螺母移至中间位置(转向盘总圈数的 1/2),使扇形齿的中间齿与转向螺母中间齿相啮合,装入摇臂轴组件;侧盖密封垫涂以密封胶,再进行安装和紧固。

(6)调整转向器转向间隙。使转向器的传动副处于中间位置(直行位置);通过调整钉,调整转向器传动副的啮合间隙,在直行位置上应呈无间隙啮合;在中间位置上时,转器的转动力矩应为 1.5～2.0N·m。转向器转动力矩调整合格后,按规定力矩锁紧调螺钉。

(7)安装摇臂。应注意摇臂与摇臂轴的装配记号对正,应特别注意摇臂固定螺母应确实做到紧固、锁止可靠。

(8)按原厂规定加注润滑油。

(9)有条件时,应检查转向器反驱动力矩(转向轴处于空载状态时,使摇臂轴转动力矩)。转向器的反驱动力矩应符合原厂规定。

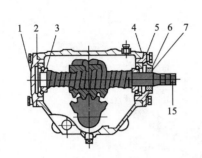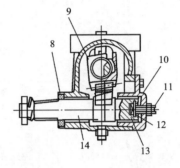

图 3-1-16 循环球式转向器装配图

1-下盖;2-调整垫片;3、5-螺杆轴承;4-上盖调整垫片;6-上盖;7-螺杆油封;8-摇臂轴油封;9-转向螺母;10-侧盖;11-调整螺钉;12-孔用弹簧挡圈;13-推力垫片;14-摇臂轴;15-转向螺杆

任务评价

循环球式转向器检修评价表　　　　表 3-1-1

序号	内容及要求	评分	评分标准	自评	组评	师评	得分
1	工具的使用	10 分	不能正确使用常用工具扣 5 分; 专用工具使用不正确扣 1～5 分				
2	拆装顺序正确	10 分	拆装顺序错误一次扣 10 分				
3	零件摆放整齐	10 分	摆放不整齐扣 5; 工具、零件落地一次扣 5 分				
4	检查各零件工作情况,不合格提出方案	20 分	不能正确检查,每项扣 5 分				
5	正确组装循环球式转向器	30 分	组装顺序错误,一次扣 10 分				
6	工具、现场整洁	10 分	未对工具和实习场地整理、清洁扣 5 分				
7	安全文明实习	10 分	出现安全问题和不文明现象扣 1～10 分				

指导教师总体评价:

指导教师_____
____年___月___日

练一练

一、单项选择题

1. 当汽车转向且外转向轮转角达最大值时,其转弯半径为(　　)。

    A. 最大　　　　B. 不能确定　　　　C. 最大与最小之间　　　　D. 最小

2. 汽车转向传动机构中的横拉杆,对中间拉杆两端与球销总成相连接的部分而言,以下哪项正确?(　　)

　　A. 两端都是左旋螺纹

　　B. 两端都是右旋螺纹

　　C. 一端为左旋螺纹,另一端为右旋螺纹

　　D. 没有一定的要求

3. 汽车转向时,外侧转向轮的偏转角度(　　)内侧转向轮的偏转角度。

　　A. 大于　　　　B. 小于　　　　C. 等于　　　　D. 大于或等于

4. 要实现正确的转向,只能有一个转向中心,并满足(　　)关系式。

　　A. $\cot\alpha = \cot\beta - B/L$　　　　B. $\cot\alpha = \cot\beta + B/L$

　　C. $\alpha = \beta$　　　　D. $\cot\alpha = \cot\beta$

5. 转弯半径是指由转向中心到(　　)。

　　A. 内转向轮与地面接触点间的距离　　B. 外转向轮与地面接触点间的距离

　　C. 内转向轮之间的距离　　D. 外转向轮之间的距离

二、多项选择题

1. 转向系可按转向能源的不同分为(　　)。

　　A. 机械式　　　B. 动力式　　　C. 液压式　　　D. 电动式

2. 机械式转向系由(　　)大部分组成。

　　A. 转向操纵机构　　　　B. 转向盘

　　C. 转向传动机构　　　　D. 转向横拉杆

3. 循环球式转向器中一般有两级传动副,分别是(　　)。

　　A. 螺杆螺母　　B. 齿轮齿条　　C. 齿轮齿扇　　D. 蜗轮蜗杆

4. 转向操纵机构包括(　　)。

　　A. 转向盘　　　B. 转向轴　　　C. 万向节　　　D. 转向中间轴

5. 转向传动机构包括(　　)。

　　A. 转向摇臂　　B. 转向主拉杆　　C. 转向节臂　　D. 转向横拉杆

三、判断题

1. 当汽车转弯时,内侧轮胎转向半径通常小于外侧轮胎。(　　)

2. 循环球式转向器中的转向螺母既是第一级传动副的主动件,又是第二级传动副的从动件。(　　)

3. 当汽车转弯时,内侧车轮与外侧车轮的偏摆角度相同。(　　)

4. 汽车转向器的角传动比愈大,就越容易实现迅速转向,即灵敏性较高。(　　)

5. 转向盘自由行程对于缓和路面冲击,使操纵柔和以及避免使驾驶人过度紧张是有利的。(　　)

四、简答题

1. 什么是转向盘的自由行程,它有什么功用?

2. 转向系统的作用是什么?它有哪几大类?

3. 循环球式转向器的工作原理是什么?

4. 转向器有几种?试述循环球式转向器的构造与工作原理。

学习任务 3.2　液压动力转向系构造与维修

1. 通过查阅资料和观摩,掌握液压式动力转向系的组成及其工作原理。
2. 学会液压式动力转向系的拆装、检修方法。
3. 根据环保要求,妥善处理辅料、废弃液体和损坏零部件。

最近,驾驶人在驾驶重卡商用车时,转转向盘时经常发出异响。来到修理厂,修理师傅将转向桥举升后起动发动机,边转动转向盘边用金属棒听诊,发现异响来自转向油泵,需要对动力转向储油罐液面、动力转向油泵及动力转向系统进行全面检查。

为了减轻驾驶人的疲劳强度,改善转向系的技术性能,目前很多汽车都采用了动力转向装置。采用动力转向的汽车转向时,所需的能量在正常情况下,只有小部分是驾驶人提供的体能,而大部分是发动机驱动转向油泵旋转,将发动机输出的部分机械能转化为液压能。并在驾驶人控制下,对转向传动装置或转向盘中某一传动件施加不同方向的渐进随动压力,从而实现转向,因此节省驾驶人的体力。在动力转向装置失效的情况下,转向系统仍起作用,只是全部的转向力都由驾驶人独立提供。

1. 动力转向装置的分类

动力转向装置按传能介质的不同,可以分为液压式和电动式。液压式动力转向装置广泛采用常流、转阀式。

根据转向加力装置的零部件布置和连接组合方式的不同,可以分为整体式动力转向系、半整体式动力转向系和组合式动力转向系,如图3-2-1所示。整体式动力转向具有结构简单,操作轻便,故障率低,维修方便,已成为多数商用车必选装置,部分双桥转向的汽车采用半整体式动力转向。

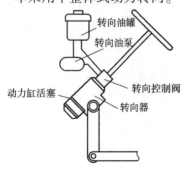
a)整体式动力转向系

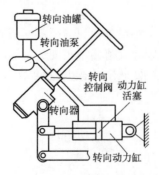
b)半整体式动力转向系

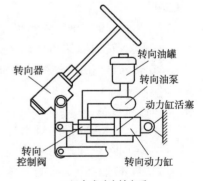
c)组合式动力转向系

图3-2-1　动力转向系三种类型

2.转向系统的组成

整体式动力转向系统由转向助力系统及转向操纵机构和转向传动机构组成。

1)转向助力系统

如图3-2-2所示,转向助力系统由整体式动力转向器、动力转向油泵、动力转向油罐以及高压油管、回油管和进油管等组成。可以看出,转向助力系统的关键部件是动力转向油泵和整体式动力转向器。

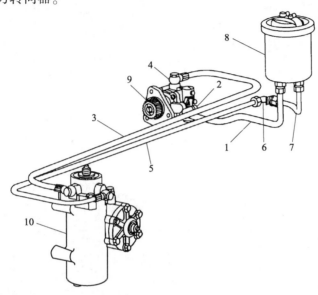

图3-2-2 转向助力系统

1-进油管总成;2-油泵进油门接头;3-高压软管总成;4-空心螺栓;5-第一低压管总成;6-低压管直通式弯接头;7-油罐回油管总成;8-动力转向油罐总成;9-动力转向油泵总成;10-整体动力转向器总成

转向油泵的动力由发动机提供,东风、解放系列柴油车的转向油泵一般安装在空气压缩机的后端,而斯太尔系列柴油车的转向油泵则有发动机凸轮轴正时齿轮来驱动。转向油泵一般为叶片式转向油泵,泵内安装有流量阀和卸荷阀。叶片泵设计有一定的稳定油量,最高转速和最大压力时非常可靠。储油罐一般装在驾驶室后悬置横梁上,也有放置在发动机前部的,这主要是为了便于检查和维护。

其简易工作原理是:发动机带动油泵转动,把油泵的油输送给转向器,多余的油流回储油罐,转向器的回油经油罐滤清,再被油泵吸入,如此循环不断地工作。

2)转向操纵机构和转向传动机构

转向操纵机构是由转向盘、转向轴、万向节、转向传动轴等组成;转向传动机构由转向器控制的转向摇臂、转向纵拉杆、转向节臂、梯形臂和转向横拉杆等组成,与机械式转向系统相同。

3.整体式动力转向器

实际上整体式动力转向器是在机械转向系统的基础上加了一套转向加力装置。整体式动力转向器是在驾驶人通过转向盘的操纵下,控制转向高压油对转向器中的转向螺母施加不同方向的液压,起到助驾驶人施加于转向盘上的腕力的作用。

1)结构

整体式动力转向器都为循环球式,其零件构成如图3-2-3所示。其中由机械转向器、转向动力缸和转向控制阀等组成整体式动力转向器,装配关系如图3-2-4所示。

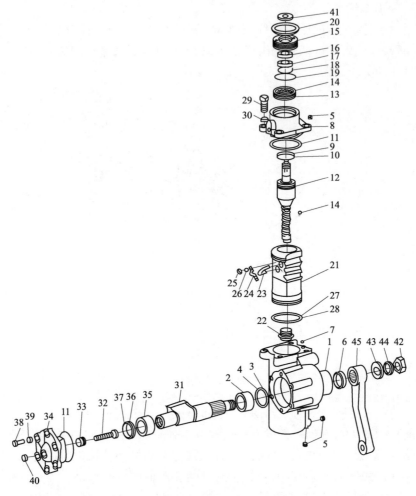

图3-2-3 动力转向器

1-外壳;2-滚针轴承;3-高压密封圈;4、37-挡圈;5-内元角圆锥堵塞;6-防尘圈总成;7、9、11、19、27-O形橡胶密封圈;8-动力转向器阀体;10-密封环;12-转向螺杆总成;13-螺杆总成外圈;14-螺杆轴承钢球;15-上盖;16-上盖油封总成;17-单列向心球轴承;18-孔用弹性挡圈;20-防松螺母;21-转向螺母(活塞);22-堵塞;23-钢球导管;24-导管夹;25-导管夹螺栓;26-弹簧垫圈;28-密封圈;29-螺栓;30-弹簧垫圈;31-转向臂轴;32-调整螺栓;33-锁紧螺母;34-侧盖;35-滚针轴承;36-高压密封圈;38-螺栓;39-弹簧垫圈;40、42-螺母;41-防尘盖;43-平垫圈;44-弹簧垫圈;45-转向摇臂

2)工作原理

图3-2-5～图3-2-7是转向器工作原理的示意图。

转向器由控制装置和执行机构两部分组成。如图3-2-5,在转向器壳1内,安装有一带直齿传动机构的活塞2将壳体分成左、右两腔室A和B。带有扇形齿轮的转向轴与之啮合。活塞2左、右移动带动转向轴转动,从而使转向拐臂摆动,通过横、直拉杆和转向节使车轮转向,这就是转向执行机构。如图3-2-5所示,在活塞2内安装有一转向螺母7和转向螺杆3,使它们通过循环钢球6形成螺纹传动。螺母7在活塞内沿圆周方向可偏转一定的角度。在螺母上安装指状拨杆19,拨杆控制转向分配滑阀16,在滑阀16两端固定有路感阀15,路感阀与滑阀之间形成一个腔室,该腔通过滑阀上的阻尼孔分别与A、B腔相通。

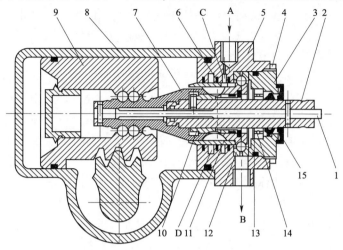

图3-2-4　整体式动力转向器装配关系

1-扭杆;2-阀芯;3-上盖;4-上盖防松螺母;5-阀体;6-密封环;7-转向螺杆;8-外壳;9-转向螺母(活塞);10-阀套;11-隔套;12-螺杆轴承外圈;13-锁环;14-螺杆轴承;15-防尘盖
A-进油口;B-出油口;C-进油道;D-回油道

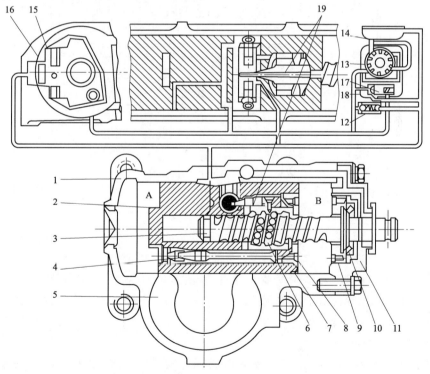

图3-2-5　转向器工作原理(直线行驶时)

1-转向器壳;2-活塞;3-转向螺杆;4-偏摆杆;5-转向扇形齿轮轴(转向臂轴);6-循环钢球;7-转向螺母;8-螺纹盖;9-螺纹盖;10-锥轴承;11-上盖;12-安全阀;13-叶片泵;14-储油罐;15-路感阀;16-滑阀;17-流量控制阀;18-节流孔;19-指状拨杆

如图 3-2-5,当汽车直线行驶时,转向螺杆 3 保持静止位置,此时转向螺母 7 被起定心作用的偏摆杆 4 设定在中间位置,与螺母固定一体的拨杆 19 也设定在中间位置,因此滑阀 16 也被设定在中间位置。转向分配滑阀 16 是一个三位四通阀,当其在中间位置时,由叶片泵来的压力油与 A、B 两腔和低压回油均相连通,从而使活塞 2 两侧油压相同,此时转向器既没有转向动作也没有助力。

如图 3-2-6 所示,当汽车左转向时,驾驶人操作转向螺杆 3 左旋,通过循环钢球 6 推动螺母 7 向右移动,螺母又推动活塞 2 向右移动。在这一过程中,由于螺纹斜面作用,螺杆通过钢球不仅给螺母一个向右的轴向推力,而且还给螺母一个左旋的圆周力,迫使螺母 7 克服定心偏摆杆 4 的弹力,沿圆周向左旋偏转一个角度,固定在螺母上的拨杆 19 使滑阀 16 在滑阀套中向下偏移一段距离,从而打开高压油与 A 腔、低压回油与 B 腔的通道。此时活塞 2 不仅在螺母 7 的作用下,而且在 A 腔高压油作用下向右移动,产生转向助力作用。当停止转向操作时,螺杆 3 停止左旋,螺杆作用在螺母上的转向力与周边力都将消失,然而活塞 2 仍将在 A 腔高压油作用下右移,在活塞的推动与定心偏摆杆 4 弹力作用下,螺母立即恢复中间位置,使滑阀也恢复中间位置,重新打开高压来油、低压回油与 A、B 两腔的通道,转向助力立即消失。

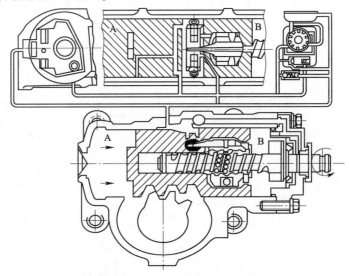

图 3-2-6 转向器工作原理(左转向时)

从上述分析可以看出:转向助力仅在转向实施过程中起作用,一旦转向操作停止,助力作用即行消失。这种"转多少助多少"的特性就是转向助力的渐进随动作用。

当汽车转向结束后,由于前轮定位的作用,放松转向盘时汽车转向轮会自动回正,并能自动保持直线行驶。转向助力系统并不影响汽车的这一特性,但是由于液压油的阻尼作用,自动回正作用要稍差些。

偏摆杆的作用有两个方面,在汽车保持直线行驶时,偏摆杆起定心作用,使螺母、转向滑阀保持中间位置。在转向结束之后,偏摆杆的弹力使螺母、滑阀回到中间位置。偏摆杆的一端制成偏心的结构,另一端通过螺纹和锁紧螺母固定在活塞上,如图 3-2-5 所示。它可以调整螺母的中间初始位置。汽车行驶严重跑偏,除其他外界方面原因外,一般都是偏摆杆故障引起的。

如图3-2-7所示,汽车右转向时,工作过程与上述相同,只是在"右转"时,滑阀将打开高压油与B腔、低压回油与A腔的通道,从而产生向右转向的助力。

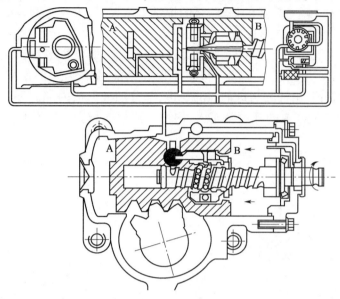

图3-2-7 转向器工作原理(右转向时)

由于转向助力的作用,使转向系统"路感"效果减弱。为此在滑阀内装有左、右两个路感阀15。阀15与滑阀16之间形成腔室通过小孔与相应A或B腔相通,转向阻力越大,该腔室油压越大,移动滑阀的力也越大,转向盘上的操纵力也越大,从而使驾驶人能感觉到路面阻力的变化,合理地控制车速。

为了避免转向轮转到极限位置时,助力侧长时间保持高压而产生的机件损坏,在转向器侧面端盖上安装有两个可调节的极限位置调节阀(简称限位阀)。左转向限位阀与A腔相通,右转向限位阀与B相通,它们实际上是两个卸荷阀。转向器内转向轴端加工有一个凸轮,当左转向至极限位置时,凸轮将左转向限位阀顶起,使高压腔卸荷,确保系统不致在高压下长期运行。右极限位置工作原理与上述作用相同。

4.动力转向油泵

转向油泵是转向助力动力的来源,一般为转子叶片泵。如图3-2-8为斯太尔车用转向油泵的结构,它主要是由泵壳1、转轴15、叶片13和转子14以及转子外圈16组成。为了确保转子油泵的输出端排量基本稳定(不随转速变化而变化),以及限定输出握力的最大值,在泵的输入端还安装有流量控制阀3和安全阀4。

转子泵安装在发动机正时齿轮壳上,由凸轮轴齿轮带动泵驱动齿轮旋转。

当发动机工作时,叶片泵旋转,泵体内安装于转子槽中的叶片在离心力和油压作用下,紧贴泵体内曲面运动。叶片与叶片之间形成密封工作腔。密封工作腔容积逐渐缩小的区域形成压油腔,密封腔容积逐渐增大的区域形成吸油腔。泵每旋转一周,完成吸油、压油动作两次,由于吸油腔与压油腔是对称分布的,作用在轴上的液压径向力平衡。泵的排量是由转子叶片的宽度和转速决定的。泵的输出压力是由转向系统的阻力决定的。为限定最高泵压,在泵体内设置有安全阀4,当动力转向系统外部负荷增大到使泵压达13MPa时,安全阀打开卸荷。为保证泵排量基本恒定,泵体内还设置流量控制机构,它是由安全阀4和流量控制阀3组成。泵转速较低时,流量控制阀3在复位弹簧作用下将出油腔与进油腔封闭。随泵转速的提高,泵的排量也增大,由于安全阀4的节流作用,使安全阀4的前、后油腔C和D形成压力差$\Delta P = P_C - P_D$(P_C:C腔压力;P_D:D腔压力),该压差随泵排量的增大而增大。当泵转速增大到设定转速,即泵排量达到一定数值时,C、D两腔形成的压差ΔP足以克服复位弹簧的预紧力,此时在压力差的作用下流量控制阀3将向左移动,从而打开出油腔与进油腔的通道,部分油液形成内部循环。泵排量越大,压差ΔP越大,流量控制阀3的开度就越大,内部卸流量就越大,从而保证输出的排量基本恒定。

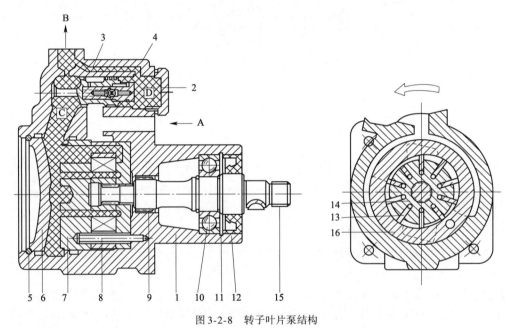

图3-2-8 转子叶片泵结构

1-泵壳;2-弹簧;3-流量控制阀;4-安全阀;5-端盖卡簧;6-端盖;7-分油盘;8-定位销;9-滚针轴承;10-轴承;11-轴承卡簧;12-油封;13-转子叶片;14-转子;15-转子轴;16-转子外圈;A-进油口(低压);B-出油口(高压);C-前油腔;D-后油腔

知识拓展

1. 转向油泵的维修

转向油泵是动力转向装置的动力源,当其发生故障时将导致转向沉重或无转向助力。转向油泵的故障主要表现在液压油输送压力低或无油压。

1) 维修内容

(1) 检查转向油泵输油压力。在转向油泵至动力转向器间的高压油管中接一个油压表,在发动机怠速或高于怠速转速情况下原地转动转向盘,测输油压力。如油压过低,可清洗转向油泵,解体维修或换用新泵。

(2) 转向油泵解体维修也比较简单,重新装复时要注意密封,否则易产生漏油故障。

(3)在转向油泵维修中,注意高压油管的连接和密封,保证不漏渗油。

(4)转向油泵免解体清洗。如转向油泵过脏和动力转向器等过脏而使动力转向装置发生转向沉重等故障时,可用强力清洗剂清洗油路系统,而后加注合格的液压油,可使系统恢复正常工作。

2)转向油泵的安装

转向油泵,固定于飞轮壳上,由齿轮传动最大流量16L/min,最高工作压力10.5MPa。

(1)吸油管不能漏气:空气从吸油管进入油中后,泵的容积效率下降,产生噪声,缩短寿命,则各管接头及闸阀等处应严防漏气。

(2)吸油管阻力不能太高:吸油管阻力太大会产生吸不上油或吸油不充分,即所谓空穴现象,但这样不但会使流量达不到,且能产生噪声,所以吸油管不能太细、太长、弯头太多。

(3)油泵与发动机的连接要力求同心,否则加速油泵轴头处密封圈磨损。

(4)进口、出口及旋转方向:注意进、出油口不能接反,旋转方向有标牌指示,不能接错。

(5)转向油泵安装完毕后,起动发动机将转向系统内空气排净,直到无气泡为止,此时,再检查油罐中的油液量,若不够,应及时注满。

2. 动力转向器的维修

1)动力转向器的拆卸

维修动力转向器之前,应将其从汽车上拆下。动力转向器的连接件较多,注意各连接关系。

(1)转向系统放油。取一个油盆,放在转向系统油罐下,松开动力转向器回油管的连接件,将油罐中的油放入到油盆中,并将回油管口接导管放入油盆中;发动机怠速运转,轻轻转动转向盘,使转向系统中的油全部回流至油盆中,至不滴油为止。或将抽油机的吸油管插入转向油罐中吸油,怠速运转发动机和轻转转向盘,直到油吸净为止。

(2)拆下与动力转向器相连接的回油管和进油管(高压油管),使动力转向器与动力转向油泵和转向油罐分离。

(3)汽车停放于直线行驶位置,即转向器中的转向臂轴也位于中间位置。松开转向臂紧固螺母,从纵拉杆上拆下转向臂,使转向臂与转向器分离;再从转向臂上拆下转向臂轴紧固螺母和弹簧垫圈,做出位置标记,使转向臂与转向臂轴花键分离。

(4)将转向盘锁止杆向上拉起,松开锁止杆,放松转向传动轴并向上拉起;松开转向传动轴最下端的转向万向节叉上的紧固螺栓螺母,将万向节叉向上移动,使动力转向器的阀芯和扭杆总成与转向万向节叉分离。

(5)松开动力转向器在车架上的固定螺栓,从车架上取下动力转向器总成。

2)动力转向器的解体

动力转向器总成中包括有循环球式转向器和动力转向控制机构两部分,解体时应注意两者之间的动作关系,以便于检查零件损坏情况,排除故障,并重新装复。

(1)取出转向臂轴。从车上拆下转向器,清除全部油泥,将转向器输入轴呈水平状固定在台虎钳上。先拧下动力转向器侧盖上的6个紧固螺栓,再用铜棒轻轻敲打转向臂轴的端头,顶出侧盖总成;从侧盖侧取出转向臂轴齿扇总成,使转向螺母呈自由状态,取出转向臂轴时不要让花键划伤转向臂轴油封。取出侧盖垫片,拧下调整螺钉的锁紧螺母,并分离侧盖和转向臂轴。

(2) 拆卸转向螺母。先拧下动力转向器阀体上的 4 个紧固螺栓,再用铜棒轻轻敲打阀体,使阀体与外壳分离,从外壳中取出阀芯和转向螺母总成。

(3) 解体转向螺母、转向螺杆和循环球总成。可事先检查一下,如无异常响声和异常现象可不必解体。

(4) 解体时,先拧下固定循环球导管夹的螺钉并拆下导管夹,取出循环球导管;一手握住转向螺母,一手缓慢地转动转向螺杆,挤出全部循环钢球,即可使转向螺母与转向螺杆脱开;如果不能脱开,就是滚道里还有钢球,只要里面还有一粒钢球,转向螺母也不能拆下,拆卸时不要丢失钢球等零件。

(5) 拆下盖总成。松开密封螺母,拧出螺杆预紧调整螺钉两圈。拆下螺栓,取出下盖。然后再取出密封槽中的密封环。

(6) 拆下阀体。
① 清除输入轴上的锈蚀,松开密封螺母,退出调整螺钉两圈。拆阀体前,做出阀体与壳体的标记,以便按原位装复。拆下阀体螺栓,取出阀体。
② 取出防尘油封、卡簧、支承垫圈、输入轴油封。
③ 取出阀体内阀套,必要时取下密封环和 O 形圈。
④ 取出阀体内的推力垫片和推力轴承。
⑤ 取下阀体端面密封槽里的密封圈,必要时报废。

(7) 拆齿条、活塞、螺杆,输入轴总成。从壳体下端拉出齿条活塞总成。不得拆开螺杆输入轴总成,否则将改变阀的对中,引起车轴跑偏。
① 用旋具撬平螺栓的两个锁片,拧出螺栓,取下导管夹及锁片。
② 左右来回转动螺杆输入轴,钢球会从导管孔中滚出,取下导管,27 粒钢球不得失落一粒,否则将全部更新。钢球与螺杆、齿条活塞配合不当,将导致转向失灵,造成事故。
③ 注意,必要时拆除活塞上的密封环和 O 形圈。
④ 必要时才从壳体内拆卸轴承。压轴承时,压头应与轴承端面的平面接触。
⑤ 必要时才从齿条活塞中取出行程阀。一般行程阀不需修理。

3) 动力转向器解体后检查

解体的目的在检查、排除故障。检查前应将所有拆卸的动力转向器的零件用干净的清洗液或洗油刷洗干净,吹干待查。

(1) 检查动力转向器壳体、阀体和侧盖。壳体活塞孔出现有划痕是正常的,如果总成发现有内泄漏,应更换壳体。壳体各个密封面是否有影响密封效果的凹痕,否则应更换壳体。壳体轴承与侧盖轴承如有压印、碎裂,应更换轴承或壳体侧盖。

(2) 检查转向螺杆和转向螺母,必要时应进行磁力探伤,如有裂纹,使钢球滚动受阻时,应换用新件。检查内螺纹滚道是否剥落、压印;如有,必须更换活塞、螺杆总成、阀套以及 27 粒钢球,若螺纹滚道有剥落和压痕,必须全套更换。

(3) 检查转向螺母齿条和转向臂轴齿扇的配合齿面,如有严重损伤或表面剥落时,应换用新件。

(4)检查所有的钢球,应圆整光滑无磨损,如有损坏应根据滚道尺寸进行更换,保证重装后各钢球受力均匀和滑动自如。

(5)检查转向臂轴花键是否有损坏或扭曲现象。(六平柴汽车转向臂轴花键为48个齿细牙,九平柴汽车转向臂轴花键为40个齿粗牙,这就是从动力转向器外观上分辨两者的最好方法)检查转向臂轴是否有裂纹,必要时进行磁力探伤,轴与轴承和油封的接触表面如有剥落、压印、裂纹、花键扭曲;转向臂轴调整螺杆如有严重损坏、发卡,或没有轴向间隙,如发现有损坏或裂纹,应更换转向臂轴总成。推力轴承滚针有脱落,推力垫片有压印,保持器分离,应更换垫片与推力轴承。

(6)检查动力转向控制件扭杆是否损坏或折断,必要时换新;检查阀芯、阀套、转向螺杆、隔套等外表面和台肩有无磨损和损坏情况,必要时换新件。

(7)检查转向螺杆轴承的损坏情况,必要时换新件。

(8)检查所有的密封环、油封的密封情况,重装时应换新件,保证控制功能和不漏渗油。检查输入轴油封工作表面是否有裂纹或明显磨损,输入轴与阀套接触区是否因过热而变色,如有,必须更换。

(9)检查齿根部是否有裂纹,磨损是否严重;如果用手抬摸齿面,有明显台阶必须更换。

4)装配转向器

(1)螺杆密封件的装配。将O形圈及密封环用专用工具装入螺杆的密封槽内,将锥套筒的小端套在密封环内,压缩密封圈10min,否则装配齿条活塞时,密封圈会切断。

(2)轴承的装配。将轴承外径与壳体内孔涂上润滑脂,轴承上的卡簧朝向壳体外面,使压头端部与轴承平面接触。

(3)齿条活塞、螺杆/输入轴总成的装配。

①装配密封环和O形圈时,不应过分拉伸,以防扭曲。装配后,在圆周涂抹上润滑脂。

②装钢球导管,应从导管的上部孔内装入钢球。装配时边转动螺杆,边放入钢球。装配中,必须防止钢球进入循环滚边外,这将引起转向发卡;用导管夹、锁卡及螺栓将导管固定,拧紧力矩为19~30N·m,最后同锁片翻边锁紧。

③螺杆转动须圆滑,无发卡现象,不允许有明显轴向和径向间隙,否则必须更新装配。

(4)将齿条活塞总成装入壳体。用导向工具将齿条活塞总成从壳体的下端装入壳体。注意齿条在壳体内的位置,从壳体转向臂轴孔可见齿条,齿条活塞上的齿槽从外向里数第二个齿槽应对准壳体窗口中心。

(5)装配下盖。将行程阀调整螺钉带螺母装入下盖。将螺杆预紧调整螺钉带螺母装入下盖。下盖密封槽内涂少许润滑脂,装上密封环,将下盖装入壳体,用螺柱固定,拧紧力矩为125~140N·m。

(6)装配阀体。

①用专用工具将密封环和O形圈装入阀套的油封槽内,注意密封环必须从阀套的两端装入油槽内,压缩密封环10min,否则装配中密封环会切断。

②将密封圈装在阀体端面密封槽内。将推力垫片两面涂上润滑脂,放入阀体孔内,推

力轴承两面涂上润滑脂,放在阀套的推力垫片上。

③阀套外表面和端面涂上润滑脂,将推力垫片贴在阀套的小头端面。

④将阀套迅速推入阀体内,注意装配位置,防止阀套上的密封件被阀体的槽口切边。

⑤螺杆/输入轴与阀套经选配出厂,不得随意更换其中零件。

⑥螺杆/输入轴上的刻线标记应与阀套上的刻线标记对准,将阀的总成装在输入轴上,直至阀套与驱动环完全啮合。

⑦使阀体上的行程阀调整螺钉与齿条上的行程阀杆对齐,转动螺杆/输入轴,使阀体与壳体相接触。最后,紧固阀体和壳体螺栓,拧紧力矩为125~140N·m。

(7) 装配侧盖转向臂轴总成。

①侧盖内轴承表面应加足润滑脂,否则会导致轴承早期磨损。

②按顺序将钢制垫片、塑料垫片和合成油封装入侧盖内,注意合成油封端面有字母的一面,必须朝外,否则将导致转向无助力。然后装入卡簧。

③转向臂轴短轴表面涂上润滑脂,插入侧盖孔内,逆时针方向拧出转向臂轴调整螺钉,直到拧不动为止,再退回一圈,以便侧盖与转向臂轴相对转动。再将塞子推入侧盖上的观察孔。

④齿条活塞在中心位置时,下盖调整螺钉预紧力矩为1.7N·m,力矩在输入轴上测量,力矩表专用号:54Y-5100、54V3-5020、百分表。

⑤将侧盖垫片套入侧盖转向臂轴总成,将总成装入壳体的齿条活塞齿中,注意转向臂轴中间齿应插入齿条活塞第二个齿槽内。最后,紧固侧盖与壳体螺栓,拧紧力矩为300~325N·m。

(8) 装配转向臂轴盖总成。

①将垫片、合成油封装入盖中,注意有字的一面朝外。将密封圈装入槽中。

②将转向臂轴盖装在壳体上,螺栓拧紧力矩为20~30N·m。装入防尘油封及密封罩。

5) 转向器的调整

(1) 转向器在中间位置,即转向臂轴端面标记应垂直于地面。

(2) 拧紧转向臂轴调整螺钉,使输入轴在180°范围内,测出的转矩为2.8~3.4N·m。

(3) 再松开转向臂轴调整螺钉一圈,记录输入轴在左右180°范围内的转矩最大值。

(4) 缓慢拧紧转向臂轴调整螺钉使输入转矩在前步基础上增加0.23~0.45N·m,拧紧调整螺钉上的锁紧螺母,拧紧力矩为54~61N·m,如果输入轴转矩超过2.3N·m,应重调。

(5) 调整下盖螺杆调整螺钉,使输入轴转矩不大于4N·m,拧紧密封螺母,拧紧力矩为95~108N·m。拧紧后的输入轴转矩应仍不大于4N·m。否则应重调。

6) 动力转向器装车

(1) 用4个固定螺栓将动力转向器固定在车架前端的动力转向器托架座上,拧紧力矩为400~450N·m。

(2) 连接转向传动轴。将转向传动轴下端的万向节叉向下拉动,使转向助力器的阀芯进入万向节叉孔中,穿上螺栓,装上弹簧垫片和螺母,将螺栓和螺母可靠拧紧,将转向传动轴与动力转向器可靠连接;调整转向器的上下和前后位置,向下方压下转向锁止杆将调好的转向器位置固定。

（3）连接转向纵拉杆。先装转向臂：按拆装标记将转向臂的花键对准转向臂轴的花键，用铜棒敲到底，装上弹簧垫圈和紧固螺母，紧固螺母拧紧力矩为250～300N·m。

再装纵拉杆，慢慢转动转向盘，使转向臂下端销孔与转向纵拉杆球头销对准，将球头销穿入销孔中，装上锁紧螺母，转向纵拉杆球头销锁紧螺母拧紧力矩为200～250N·m。拧到规定扭矩后再穿上开口销，穿开口销前允许反转螺母1/3～1/5圈，将螺母固定住。

（4）连接动力转向器油管。可靠地连接动力转向器进油管（高压油管），与转向油泵可靠地连接；连接回油管，与转向油罐连接。

转向系统的检查与调整

1. 检查油量、加油与放气

在储油罐上安装有油尺，当发动机不工作时，要求油量加至油尺的上限刻度为准，当发动机以中速稳定旋转时，储油罐的油量以高于上限刻度1～2cm为正常。

检查发现故障车动力转向系统缺油，直接向储油罐中补充新油至上述标准。

当系统更换油或严重缺油时，在系统中存在空气的情况下，补充新油的同时要进行放气。首先用千斤顶将汽车前轴顶起，起动发动机在低速稳定转速下运转，随着向储油罐逐渐加注新油的同时，慢慢地转动转向盘从一侧极限位置转至另一侧极限位置，反复进行，直至储油罐回油没有空气排出为止，将油补充至上述标准。

检查助力系统是否有空气的方法为：在发动机不工作时，将油加至油尺上刻线位置，然后起动发动机并以中速旋转，观察油罐液面高出上刻线如果大于2cm，说明系统内还存有空气。助力系统存有空气时，转向阻力系统在工作时还会产生噪声。

2. 转向助力油泵的检查

转向油泵是通过测量泵压来检查泵的好坏。如图3-2-9，将泵至转向器的管路接头B拆开，在其间串接一个量程15MPa的压力表C和开关D。首先将开关D全开，起动发动机并稳定在低转速运转，逐渐关闭开关D，注意观察压力表读数，直至将开关全部关闭，如果压力表指示（13±1.3）MPa，则泵是正常的。如果泵压达不到规定值，则说明泵的流量控制阀、安全阀产生故障或泵损坏。泵压的检查应注意开关D要逐渐关闭，同时关闭时间不能过长。检查过程中发动机要稳定低速状态下工作。

3. 转向限位阀的检查与调整

首先将前轮分别向左、右转至极限位置，检查和调整前轮转向角使其符合要求。起动发动机并使其在低速稳定运转，然后将前轮落地以增加转向阻力，向左转动方向，注意观察压力表读数。如图3-2-10，当转向轮极限位置调整螺钉距前轴限位凸块3mm处，表压明显下降说明左极限位置限位阀B此刻开启卸荷。如若此刻表压读数仍不下降或过早下降都说明需要调整。调整方法是：将限位阀锁紧螺母松开，表压过早下降则需将调整螺栓向外拧出，然后用3mm厚的钢板置于转向极限位置调整螺钉和工字梁限位凸台之间，将转向器打到极限位置，使螺钉与凸台将钢板夹紧，此时压力表读数将持续升高，拧入限位阀调整螺栓直到压力表指示值突然降低为止，将调整螺栓锁紧螺母锁紧；另一侧的限位阀调整方法相同。

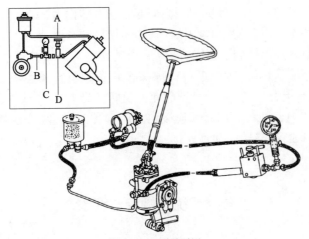

图3-2-9 测量泵压
A-油管；B-油管接头；C-压力表；D-开关

如果方向转至极限位置，表压不仅不下降，而且持续上升，则说明转向节已到极限位置，而限位阀还没有打开。此时只需将调整螺栓向里拧入，直到压力表指示值突然降低为止，将锁紧螺母锁紧。

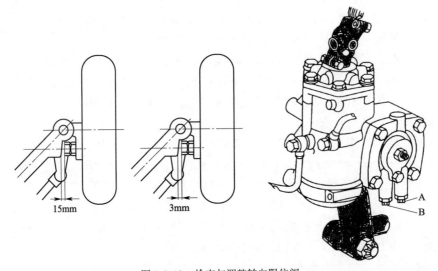

图3-2-10 检查与调整转向限位阀
A-右极限位置限位阀；B-左极限位置限位阀

4. 转向器密封性的检查

在转向限位阀调整完毕之后，将前轴用千斤顶顶起使车轮离开地面。如图3-2-9所示，在转向限位螺钉与前轴转向限位凸块之间放置一块约15mm厚的钢板，使发动机保持低速稳定运转状态，将前轮转至极限位置，观察压力表读数是否达到(13 ± 1.3)MPa，如压力低于规定数值说明转向器内部泄漏，必须检查修理。该项检查左、右两个方向都必须进行。

5. 转向盘自由行程的检查与调整

将压力表更换成量程1MPa的表头，使发动机保持低速稳定运转，将车轮转至直线行驶位置,此时测出的系统无负荷循环压力约 0.5MPa。然后向一侧慢慢转动转向盘直到表压上升 0.1MPa 时,测量转向盘的这一侧游动量应小于 20mm。再测量另一侧转向盘游动量同样应小于 20mm,两侧相加转向盘总自由行程应小于 40mm。转向盘自由行程主要取决于转向器活塞齿与转向轴扇形齿间的间隙。因扇形齿轮是制成锥形结构,因此调整转向轴的轴向位置即可调整转向盘自由行程。在转向器侧端盖上有一调整螺杆,向里旋进该螺杆可将自由行程调小,调整结束应将锁紧螺母锁紧。转向横、直拉杆接头如果间隙过大会影响转向盘自由行程,检查时应注意。

6. 液压油更换周期与要求

新车行驶 8000km 后,必须更换液压油;以后每相隔 48000km 或一年,需更换液压油及转向油罐中的滤芯。换油过程中必须严格保持清洁,不得有任何杂物进入转向系统内。换油后检查各处是否漏油。

动力转向系统换油方法有如下步骤。

①拆下转向器上的低压油管接头(图 3-2-11 中箭头所示),然后让发动机怠速运转,将转向盘向左、右转动至极限位置(注意转向盘在极限位置停留不得超 5s)2~3 次即可将油液放尽。然后,关闭发动机,重新装好接头。

②打开转向油罐上盖,向油罐中加注液压油至高过滤芯上盖面。发动机怠速运转,向左、右转动转向盘至极限位置(注意转向盘在极限位置停留不得超过 5s),继续向油罐中加油,直到油面高度不再下降且没有气泡为止。油面高度应位于油标尺的上、下标记之间,如图 3-2-12 所示。

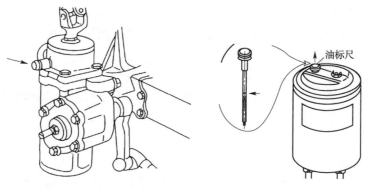

图 3-2-11　低压油管接头　　　　图 3-2-12　液压油标尺

7. 清洁场地

将实习场地所必要的留下,依照规定的合理位置放置,并明确标示,不必要的清除掉;垃圾进行分类处理;将实习场地清扫干净并保持;每位成员养成良好习惯,遵守规则做事。

液压式动力转向器拆装评价表　　　　表 3-2-1

序号	内容及要求	评分	评分标准	自评	组评	师评	得分
1	工具的使用	10 分	不能正确使用常用工具扣 5 分; 专用工具使用不正确扣 1~5 分				

续上表

序号	内容及要求	评分	评 分 标 准	自评	组评	师评	得分
2	拆装顺序正确	10分	拆装顺序错误一次扣10分				
3	零件摆放整齐	10分	摆放不整齐扣5分 工具、零件落地一次扣5分				
4	说明零件作用和工作原理	20分	不能正确叙述,每项扣5分				
5	正确组装液压式动力转向器	30分	组装顺序错误,一次扣10分				
6	工具、现场整洁	10分	未对工具和实习场地整理、清洁扣5分				
7	安全文明实习	10分	出现安全问题和不文明现象扣1～10分				

指导教师总体评价:

指导教师_____
____年___月___日

练 一 练

一、单项选择题

1. 汽车在不转向时,液压式动力转向系统内工作油是低压油,而分配阀又处于关闭状态,此种液压式转向助力器为( )。
   A. 常流式　　　　B. 常压式　　　　C. 混合式　　　　D. 变压式

2. 在转向系中,转向器采用的是循环球式液压动力转向器,当转向液压泵出故障时,转向系将( )实现转向功能。
   A. 还能　　　　　　　　　　　　　B. 不能
   C. 汽车低速行驶时能　　　　　　　D. 不能确定

3. 在液压动力转向系统中,( )是在驾驶人的操纵下,控制转向动力缸输出动力大小、方向和增力快慢的控制阀。
   A. 转向　　　　　　　　　　　　　B. 转向控制阀
   C. 在转向油泵　　　　　　　　　　D. 以上答案都不正确

4. 动力转向系统的( )可以表示转向油泵和流量控制阀的技术状况。
   A. 油压　　　　　　　　　　　　　B. 转向力矩
   C. 油压降　　　　　　　　　　　　D. 以上答案都不正确

5. 转向油泵是助力转向的动力源,其作用是将输出的( )。经转向控制阀向转向动力缸提供一定压力和流量的工作油液。
   A. 液压能转化为机械能　　　　　　B. 机械能转化为液压能
   C. 液压能转化为势能　　　　　　　D. 动能转化为机械能

二、多项选择题

1. 根据转向加力装置的零部件布置和连接组合方式的不同,可以分为(　　)。
   A. 整体式动力转向系　　　　　　　B. 半整体式动力转向系
   C. 组合式动力转向系　　　　　　　D. 独立动力转向系
2. 转向助力系统转向操纵机构是由(　　)等组成。
   A. 转向盘　　　　　　　　　　　　B. 转向轴
   C. 万向节　　　　　　　　　　　　D. 转向传动轴
3. 转向助力系统转向传动机构由(　　)等组成,与机械式转向系统相同。
   A. 转向摇臂　　　　　　　　　　　B. 转向主拉杆
   C. 转向节臂　　　　　　　　　　　D. 梯形臂和转向横拉杆
4. 整体式动力转向器由(　　)等组成。
   A. 机械转向器　　　　　　　　　　B. 转向动力缸
   C. 转向控制阀　　　　　　　　　　D. 转向滑阀
5. 转向助力的渐进随动作用可以理解成转向盘(　　)。
   A. 不转,不助力　　　　　　　　　B. 小转,助力小
   C. 大转,助力大　　　　　　　　　D. 快转,助力小

三、判断题

1. 动力转向系是在机械转向系的基础上加设一套转向加力装置而形成的。(　　)
2. 采用动力转向系的汽车,当转向加力装置失效时,汽车也就无法转向了。(　　)
3. 动力转向能使驾驶人在发生特殊情况时,帮助其握住转向盘,例如高速行驶时汽车前轮爆胎,可使汽车不至于翻到路旁的沟里。(　　)
4. 在液压动力转向系统中,转向动力缸是将转向油泵提供的液压能转变为驱动转向车轮偏转的机械力的转向助力执行元件。(　　)
5. 当发动机以中速稳定旋转时,储油罐的油量以高于上限刻度1~2cm为正常。
(　　)

四、简答题

1. 说明转向油泵的工作原理。
2. 简述液压常流转阀式动力转向装置的工作原理。
3. 说明转向储油罐的液面检查方法。
4. 说明转向助力油泵的检查方法。

模块小结

1. 转向系是指由驾驶人操纵,能实现转向轮偏转和复位的一套机构。转向系的功用是按照驾驶人的意愿改变汽车的行驶方向和保持汽车稳定的直线行驶。

2. 汽车转向系按转向动力源的不同分为机械转向系和动力转向系。机械转向系以驾驶人的体力作转向动力源,系统的所有传动件都是机械的。动力转向系是兼用驾驶人体力和发动机(或电动机)的动力作为转向能源的转向系。动力转向系是在机械转

向系统的基础上加设一套转向加力装置而形成的。

3. 转向盘的自由行程是指转向盘在空转阶段的角行程。汽车转向时,内侧车轮和外侧车轮滚过的距离是不等的。为保证转向过程中车轮作纯滚动,要求所有车轮的轴线都交于一点方能实现,此交点称为汽车的转向中心。汽车的转向特性包括不足转向、过多转向、中性转向和交变转向。

4. 汽车机械转向系由转向操纵机构、机械转向器和转向传动机构组成。转向器是转向系中的降速增矩传动装置,其功用是增大由转向盘传到转向节的力,并改变力的传动方向。按转向器中的传动副的结构类型,可以分为循环球式、齿轮齿条式等几种。

5. 循环球式转向器采有两级传动副,第一级是螺杆与螺母,第二级是齿条与齿扇。循环球式转向器工作时,转向螺杆转动,在摩擦力的作用下,所有钢球在螺母与螺杆之间形成"球流",并推动齿形螺母沿螺杆轴线前后移动,然后通过齿条带动齿扇摆动,并使摇臂轴旋转,带动摇臂摆动,最后由传动机构传至转向轮,使转向轮偏转以实现转向。

6. 汽车转向操纵机构主要由转向盘、转向轴、万向节等组成。它的功用是产生转动转向盘所必需的操纵力,并具有一定的调节和安全性能。

7. 转向传动机构的功用是将转向器输出的力和运动传给转向轮,使两侧转向轮偏转以实现汽车转向,并保证左右转向轮的偏转角按一定关系变化。

8. 液压式动力转向装置按液流形式,可分为常压式和常流式。根据转向加力装置的零部件布置和连接组合方式的不同,可以分为整体式动力转向系、半整体式动力转向系和组合式动力转向系。

9. 整体式动力转向系统由转向助力系统及转向操纵机构和转向传动机构组成。

转向助力系统由动力转向器、动力转向油泵、动力转向油罐以及高压油管、回油管和进油管等组成动力转向部分。其关键部件是动力转向油泵和整体式动力转向器。

动力转向器是在机械转向系统的基础上加了一套转向加力装置。驾驶人通过转向盘的操纵下,控制转向高压油对转向器中的转向螺母施加不同方向的液压,起到助驾驶人施加于转向盘上的腕力的作用。

转向助力仅在转向实施过程中起作用,一旦转向操作停止,助力作用即行消失。这种"转多少助多少"的特性就是转向助力的渐进随动作用。

10. 转向系统的检查与调整:检查油量、加油与放气;转向助力油泵的检查;转向限位阀的检查与调整;转向器密封性的检查;转向盘自由行程的检查与调整;液压油更换周期与要求。

学习模块 4　商用车制动系构造与维修

模块概述

按照需要使汽车减速或在最短距离内停车;下坡行驶时保持车速稳定;使停驶的汽车可靠驻停,这就是汽车制动系的功用。

按功能的不同,汽车制动系可以分为行车制动系、驻车制动系以及应急制动、安全制动和辅助制动系。应急制动装置是用独立的管路控制车轮的制动器作为备用系统,其作用是当行车制动装置失效的情况下保证汽车仍能实现减速或停车;安全制动装置是当制动气压不足时起制动作用,使车辆无法行驶;辅助制动装置是为了下长坡时减轻行车制动器的磨损而设,其中利用发动机排气制动应用最广。

按照制动能源分类,汽车制动系又可以分为人力制动系、动力制动系和伺服制动系。

该模块是通过对制动系的拆装,学习鼓式制动器、盘式制动器、驻车制动器、液压制动传动装置、气压制动传动装置、辅助制动等的结构、原理与检修。

【建议学时】

46 学时。

学习任务 4.1　鼓式车轮制动器构造与维修

1. 通过查阅资料和观摩,掌握盘式制动器的组成及其工作原理。
2. 学会鼓式制动器拆装、检修操作方法。
3. 根据环保要求,妥善处理辅料、废弃液体和损坏零部件。

任务导入

一辆采用液压制动传动装置的轻型商用车,行驶 70000km,检查发现其安装的鼓式制动器制动摩擦片磨损严重,需要更换,同时对制动系进行全面检查。

任务准备

1. 制动系的功能与分类

1)制动系的功能

汽车需要行驶，同时也需要能够使行驶中的汽车减速甚至停车，而且有时能够可靠地停车显得更重要。要做到使行驶中的汽车减速或停车就必须产生一个与汽车行驶方向相反的力，才能让行驶中的汽车减速或停车，作用在行驶的汽车上的滚动阻力、坡道阻力、空气阻力、加速阻力等都与汽车的行驶方向相反，但是这些力的大小都是随机的、很难控制的，因此，汽车上必须设置一系列专门的装置，以便使驾驶人能够根据道路和交通等情况，借助以外界（主要是路面）在汽车某些部分（主要是车轮）施加一定的力，对汽车进行一定程度的强制制动，使汽车减速或停车，这一功能就是制动系的功能，这一系列专门的装置即为制动系。另外，当汽车停下来后需要可靠的停车，这也包括在坡道也能可靠地停车，使汽车能够可靠地停车也是制动系的功能之一。

2）制动系的分类

（1）制动系按照其主要功用分类。

①行车制动装置。行车制动装置是行车时驾驶人常使用的制动装置，它一般用右脚操纵，能产生较大的制动力。

②驻车制动装置。驻车制动装置是驾驶人在停车时使用的制动装置，它一般用手操纵，主要用于停车后防止汽车滑溜。它的制动器可装在变速器或分动器之后的传动轴上，称中央制动装置，也可利用后桥车轮制动器兼驻车制动器，此种形式称为复合式制动器。

上述两套制动装置是各种汽车应具备的基本制动装置。

③应急制动、安全制动和辅助制动装置。重型或矿山用重型汽车，为了提高行车的安全性和减轻行车制动器的热衰退，通常还设有应急制动、安全制动和辅助制动装置。应急制动是用独立的管路控制车轮制动器作为备用系统。安全制动是制动气压未达到起步额定气压而让汽车起步或在行车时当制动管路漏气等造成制动气压不足时，自动产生制动，使车辆无法行驶，保证汽车行驶安全。辅助制动是为了下长坡时减轻行车制动器的磨损而设，其中利用发动机排气制动应用最广。

较完善的制动系统还具有制动力调节装置、报警装置、压力保护装置或制动防抱死装置等附加机构，每套制动装置都由产生制动作用的制动器和操纵制动器的传动机构组成。

（2）制动系按其传动机构动力源分类。

①人力制动系。仅靠驾驶人施加于制动踏板或手柄上的力作为制动的动力源，其中又分液压式和机械式两种，机械式仅用于驻车制动。

②动力制动系。利用发动机的动力作为制动的动力源，由驾驶人通过制动踏板或手柄控制制动时刻与制动强度。其中按传力介质不同又分气压式、液压式、真空助力—液压式、空气助力—液压式。

③伺服制动系。兼用人力和发动机动力进行制动的制动系。

2. 车轮制动器

凡是利用固定元件与旋转元件工作表面而产生制动力矩的制动器，都称为摩擦制动器，车轮制动器就是一种摩擦制动器，因为旋转元件固装在车轮上，所以称为车轮制动器。汽车上常用的车轮制动器可分为鼓式制动器和盘式制动器两种，它们的区别在于前者摩擦副中的旋转元件为制动鼓，其圆柱面为工作表面，后者的摩擦副中的旋转元件为圆盘状制动盘,其端面为工作表面。

鼓式车轮制动器多为内张双蹄式,根据使两蹄张开的能量不同,鼓式车轮制动器又可分为液压轮缸张开式车轮制动器(适用于液压制动传动装置)和气压凸轮张开式车轮制动器(适用于气压制动传动装置)。

1)液压轮缸张开鼓式车轮制动器

(1)结构。如图4-1-1所示,车轮制动器由旋转部分、固定部分、张开机构和定位调整机构组成。

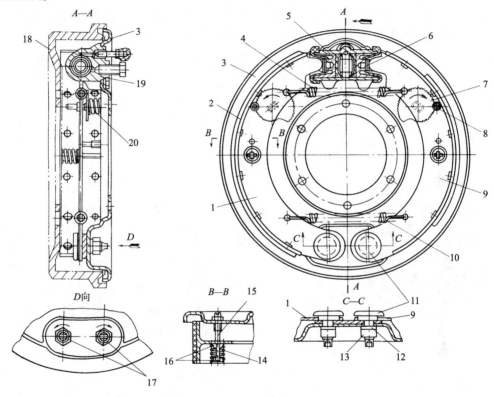

图4-1-1 简单非平衡式制动器

1-前制动蹄;2-摩擦片;3-制动底板;4、10-复位弹簧;5-轮缸活塞;6-活塞顶块;7-调整凸轮;8-锁销;9-后制动器;11-支承销;12-弹簧垫圈;13-螺母;14-限位弹簧;15-制动蹄限位杆;16-弹簧盘;17-标记;18-制动鼓;19-制动轮缸;20-凸轮压簧

旋转部分的制动鼓18多用灰铸铁制成,它以鼓盘中部的止口和端面定位,并用螺栓固装在轮毂的凸缘上,随同车轮旋转。制动鼓的边缘上有一个用于检查蹄与鼓间隙的检查孔,用于检查蹄、鼓间隙。固定部分由制动底板3和制动蹄1、9组成,冲压的制动底板通过螺钉装在车桥的凸缘盘上;支承销11安装在制动底板上,它为一阶梯轴,其中靠近粗端的轴颈是一偏心轴,松开锁止螺母13即可转动支承销;制动蹄采用钢板焊接,其截面呈T形,摩擦片2用塑料石棉压制而成,用埋头铝铆钉铆接到制动蹄上,以增大蹄、鼓间的摩擦系数,制动蹄的上端顶靠在轮缸19的活塞顶块6上,蹄的下端孔与支承销偏心轴颈作动配合。张开机构的轮缸用螺钉安装在制动底板上,顶块压入活塞的外端,制动蹄即嵌入顶块的切槽中,制动蹄利用活塞的位移来促动,活塞直径相同时,促动两个制动蹄的推力始终相等。定位调整机构用来保持和调整制动蹄和制动鼓的间隙。调整凸轮7装在制动

底板上,用压紧弹簧20来定位,凸轮的工作表面为凹弧槽面,制动蹄腹板上的锁销8抵靠在凸轮上,即在复位弹簧4、10的作用下,制动蹄始终抵靠在凸轮上。制动蹄限位杆用螺纹旋装在制动底板上,制动蹄限位弹簧14使制动蹄腹板紧靠着限位杆中部的台肩,借以防止制动蹄的轴向窜动。

制动蹄常有两处调整部位:转动凸轮7可使蹄内外摆动,蹄、鼓间隙按上大下小的规律变化,有利于间隙的合理恢复。转动偏心的支承销11,可使蹄上下、内外运动,不仅改变了蹄、鼓间隙,而且还可使摩擦副的实际工作区域发生变化,有利于蹄、鼓间全面贴合。在支承销后部端面上打有标记(见D向视图),用以指明偏心轴颈轴线的偏移方向。协调地使用上述两处调整部位,便可得到规定的蹄、鼓间隙值(一般为0.25~0.5mm),使制动蹄张开时的外圆与鼓的内圆同心,即全面贴合的理想位置。为此,修理制动鼓内圆柱工作表面时,应以轮毂轴承座定位,才能保证蹄、鼓、毂三者同心,而保证蹄、鼓全面贴合。

(2)工作原理。如图4-1-2,制动踏板1安装在驾驶室里,驾驶人通过制动踏板操纵制动系工作,真空助力器2连同制动主缸3通过螺栓安装在驾驶室与发动机舱之间的防火板上,制动轮缸固定在制动底板上,制动底板用螺钉与转向节凸缘(前轮)或桥壳凸缘(后轮)固定在一起。制动鼓6固定在轮毂上和车轮7一起旋转,因此,使制动鼓停止旋转,即可制动车轮使车轮停止旋转,而使汽车制动。

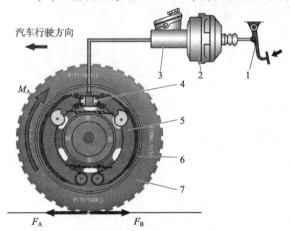

图4-1-2 鼓式制动器工作原理简图
1-制动踏板;2-真空助力器;3-制动主缸;4-制动轮缸;5-制动蹄;6-制动鼓;7-车轮;F_A-圆周力;F_B-制动力

制动时,踩下制动踏板,通过真空助力器助力,制动主缸产生高压制动液,高压制动液通过管路进入制动轮缸,轮缸活塞在液压力的作用下向外移动,驱动两制动蹄张开,与制动鼓贴合压紧。此时,不旋转的制动蹄对旋转的制动鼓将产生一个摩擦转矩M_A,其方向与车轮的旋转方向相反,大小决定于轮缸的张力、摩擦系数和制动鼓及制动蹄的尺寸。制动鼓将该转矩传到车轮后,将车轮抱死,由于车轮与路面间附着力作用,车轮即对路面作用一个向前的摩擦力F_A。与此相反,路面会给车轮一个向后的反作用力F_B。它的大小等于M_A与车轮半径之比值,方向与汽车行驶方向相反,这个力就是车轮受到的制动力F_B。各轮上制动力的和是汽车受到的总制动力。制动力由车轮经车桥和悬架传给车架及车身,迫使整个汽车产生一定的减速度,直至停车;放松制动踏板,轮缸制动液回到主缸,制动蹄在复位弹簧的作用下向中央收拢,制动蹄与制动鼓之间出现间隙,制动鼓可随车轮一起自由旋转,制系不起制动作用,因而解除制动。

2)气压凸轮张开鼓式车轮制动器

采用气压制动传动装置的汽车,多采用凸轮张开式车轮制动器。

凸轮张开式车轮制动器如图4-1-3所示。该制动器除用制动凸轮作为张开装置外,其余结构与液压轮缸张开式车轮制动器中的简单非平衡式制动器类同。制动底板7用螺栓固定在转向节上,制动蹄 2 其下端支承孔与支承销 9 的偏心轴径动配合,并用挡板及锁销轴向限位。在复位弹簧 3 的作用下,制动蹄上端支承面始终靠紧在制动凸轮 4 的两侧。每个制动蹄上铆有两块长短相等的石棉塑料摩擦片,其间留有储存制动磨屑的缝隙。凸轮 4 用中碳钢制成,表面高频淬火处理,以提高其耐磨性。工作表面对称的凸轮与轴制为一体,故凸轮只能绕固定的轴线转动而不能移动。当凸轮转过一定角度时,两蹄的位移量是相等的。可见,两蹄对制动鼓施加的压紧力的大小,完全决定于凸轮对蹄的推力的大小、凸轮表面的几何形状和它所转过的角度的大小。制动时由于凸轮上总是作用着一定的不平衡力,故在支座 10 的两端装有耐磨的衬套,并有润滑油嘴定期润滑。为了防止润滑脂外溢和水、土侵入,在衬套的外端装有密封圈,并用推力垫和调整垫片限制和调整凸轮轴的轴向窜动量。在制动凸轮轴的一端装有制动调整臂 5,用来调整制动蹄、鼓间隙,同时它也用来传递制动气室产生的气压推力,即制动蹄张开的促动力。制动鼓 8 用螺钉与轮毂连接在一起,车轮也装在轮毂上。制动时,压缩空气进入制动气室 6,推动橡胶膜片及推杆叉,使制动调整臂绕制动凸轮轴转动,调整臂带动凸轮轴转动,凸轮便迫使两制动蹄张开并压紧在制动鼓上,产生制动作用。放松制动时,制动气室中的压缩空气排出,膜片和凸轮轴在弹簧的作用下复位。同时,两制动蹄也在其复位弹簧的作用下复位,以其上端支承面靠紧凸轮两侧,保持一定蹄、鼓间隙。

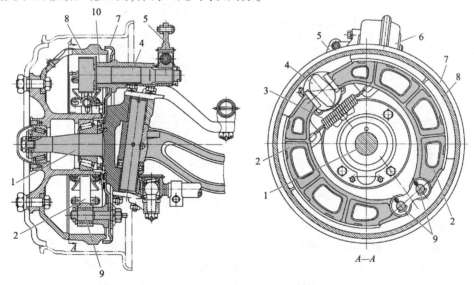

图 4-1-3 凸轮张开式车轮制动器

1-转向节;2-制动蹄;3-复位弹簧;4-制动凸轮轴;5-制动调整臂;6-制动气室;7-制动底板;8-制动鼓;9-支承销;10-制动凸轮轴支座

制动时在蹄、鼓之间摩擦力的影响下,使前蹄(转紧蹄)有离开凸轮的倾向,后蹄(转松蹄)有压紧凸轮的倾向,造成凸轮对转紧蹄的张开力小于转松蹄,从而使两蹄所受到的制动鼓的法向反力 $Y_1 \approx Y_2$,使两蹄的制动力矩近似相等。因此,这种制动器可以认为是简单平衡式车轮制动器。

在装配过程中或使用一段时间后需要调整制动蹄、鼓间隙。制动蹄、鼓的间隙可以根据需要进行局部或全面调整,局部调整只需调整调整臂,改变凸轮张开的初始角度即可,全面调整需要制动调整臂和偏心销两处配合调整。调整臂结构参见图4-1-4,在制动调整臂体 8 和两侧的盖 9 所包围的空腔内装有调整蜗轮 2 和蜗杆 7,单线的调整蜗杆,借细花键套装在蜗杆轴 4 上,调整蜗轮 2 以内花键与制动凸轮的外花键接合。转动蜗杆,即可在制动调整臂与制动气室推杆的相对位置不变的情况下,通过蜗轮使制动凸轮轴转过一个角度,从而改变制动凸轮的初始位置。蜗杆轴与制动调整臂的相对位置是靠锁止套 11 和锁止螺钉 12 来固定的,当需要转动蜗杆轴时,需将螺钉 12 松开,将具有六角孔的锁止套和弹簧 5 压进一定行程,将六角孔的锁止套按入制动调整臂体的孔中,即可转动调整蜗杆。放开锁止套,弹簧即将锁止套推回与蜗杆六角头结合的左极限位置,调整好后,需将锁止螺钉锁紧。

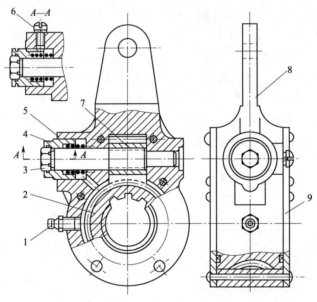

图 4-1-4　制动调整臂

1-油嘴;2-蜗轮;3-蜗杆轴;4-锁止套;5-弹簧;6-锁紧螺钉;7-蜗杆;8-调整臂体;9-盖

远离凸轮一端的间隙是用偏心的支承销来调整的,见图4-1-3。合适的蹄、鼓间隙是靠近支承销一端的间隙较靠近凸轮一端的间隙小些。

应该说明,该类制动器由于用一个凸轮同时调整两个制动蹄的间隙,很难使两个制动蹄的蹄、鼓间隙达到一致。故凸轮轴支座和制动底板的相对位置,也应有微量调整的必要。多数支座和底板的固定孔径都稍大于固定螺栓的直径,松开固定螺母可使支座和凸轮轴线相对于制动底板作微量的移动,以补充调整蹄、鼓间隙。

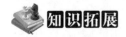

制动间隙自动调整臂

制动摩擦片与制动鼓之间在自由状态时必须保持一个标准间隙。此间隙值太小,会产生制动"拔劲"和制动鼓发热。而此间隙值过大会使汽车制动反应时间过长,产生制动迟缓,随着汽车行驶,制动蹄摩擦片的磨损,该间隙值会不断地增大。因此,在汽车维修中,经常对"制动间隙"进行调整。

1. 结构

以往的制动调整臂都是手动调整的。手动调整臂不仅调整频繁,而且调整不准确。斯太尔重型汽车选用瑞典汉德(Hadex)公司制造的自动调整臂结构简单、工作可靠,无须人工经常调整。该制动间隙自动调整臂结构如图 4-1-5 所示,其结构分解图如图 4-1-6 所示。

自动调整臂基本上由四部分组成:带有单向离合器的离合环和主弹簧的蜗杆轴,带有弹簧的齿条、齿轮机构,由控制臂固定的定位机构和与制动凸轮联动的蜗轮。

如图 4-1-7,制动过程中,制动调节臂偏移角度有三段:对应于正常的制动间隙的偏转角度 C。对应于摩擦片磨损产生的过量间隙转角 Ce;当制动蹄摩擦片与制动鼓接触之后,由分室推杆的推力使各传动机件弹性变形所产生的偏移角 E。

2. 自动调整臂工作原理

在介绍自动调整臂工作原理时,请同时参阅图 4-1-6。

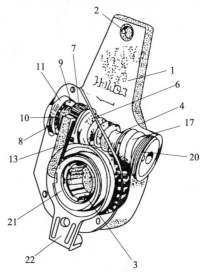

图 4-1-5 自动调整臂的结构图
1-自动调整臂主体;2-销孔衬套;3-蜗轮;4-蜗杆轴;6-蜗杆轴承;7-齿轮;8-离合器弹簧;9-离合环;10-平面轴承;11、20-堵头;12-调整臂侧板;13-齿条;17-主弹簧;21-控制盘;22-控制臂

①如图 4-1-8,控制盘 21 上开有一个缺口,齿条下端拐臂插在缺口中。在制动实施前,齿条拐臂在控制盘 21 缺口的上端。齿条拐臂与控制盘缺口之间的间隙角 A 正好对应于自动调整臂消除制动蹄摩擦片与制动鼓之间的正常间隙所发生的角度 C。

②如图 4-1-9,当实施制动时,制动气室推杆推动调整臂主体逆时针转动。此时蜗杆 4 推动蜗轮 3,以及蜗轮 3 通过花键带动制动凸轮轴同步逆时针转动。与此同时,蜗杆 4 连同齿轮 7 和齿条 13 一体逆时针摆动至齿条下端拐臂与控制盘 21 缺口下端接触,此刻自动调整臂的转角 C 正好对应于制动正常间隙的消除,制动蹄摩擦片应与制动鼓刚好接触。

③如图 4-1-10,如果此时制动蹄摩擦片与制动鼓还没有接触,就是说有超量间隙存在。那制动气室推杆继续向前推动的结果是使调整臂主体又向逆时针方向转动了一个超量间隙转角 Ce。正常间隙消除后,齿条拐臂已与控制盘缺口下端接触,而控制盘 21 又与控制臂 22 联同一体,控制臂 22 又固定在分室支架上,也就是说:控制盘 21 被控制臂 22 固定不动。因此,调整臂主体旋转在超量间隙角 Ce 过程中,齿条 13 被控制盘 21 缺口下端顶住,使齿条 13 相对于调整臂主体向上移动,并推动齿轮 7 向后旋转。然而,由离合环 9、弹簧 8 和齿轮 7 组成单向离合器,即齿轮 7 相对离合环 9 处于打滑状态。此时,齿条 13 并没有改变蜗杆 4 与蜗轮 3 的相对位置。如图 4-1-11,离合环 9 内端面有一外锥环,蜗杆 4 的前端面有一内锥轴端,在前面所叙述的过程中,在蜗杆 4 的后端有一主弹簧 17,主弹

簧 17 的弹力一直迫使蜗杆 4 的内锥顶在离合环 9 的外锥面上,从而使离合环 9 不能相对蜗杆 4 转动。

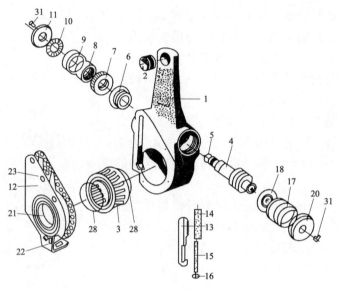

图 4-1-6 自动调整臂分解图

1-制动调整臂;2-销孔衬套;3-蜗轮;4-蜗杆轴;5-密封圈;6-蜗杆轴承;7-齿轮;8-离合器弹簧;9-离合环;10-平面轴承;11、20-堵头;12-调整臂侧板;13-齿条;14、15-齿条弹簧;16-堵;17-主弹簧;18-弹簧座;21-控制盘;22-控制臂;23-侧板;28-密封圈;31-销钉

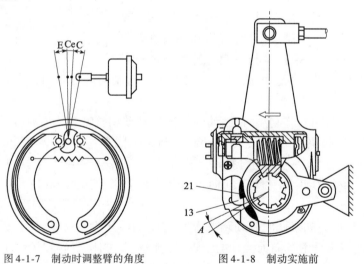

图 4-1-7 制动时调整臂的角度　　图 4-1-8 制动实施前

当调整臂转过超量间隙转角 Ce 后,制动蹄摩擦片正式与制动鼓表面接触,制动间隙消除。

④如图 4-1-12,由于制动气室推杆的推力,所有联动传动机构弹性变形使调整臂再向前产生一个转角 E。在这一过程中,调整臂主体 1 通过主弹簧 17 推动蜗杆 4,进而推动蜗轮 3。蜗轮 3 的反作用力通过蜗杆 4 使主弹簧 17 压缩,从而使蜗杆 4 产生一个向后的位移,使蜗杆 4 与分离环 9 脱开。在这一转角过程中,控制盘缺口下端顶齿条 13,齿条 13 啮

合齿轮7以及离合环9相对蜗杆4又向后旋转一个角度。此时,蜗杆与蜗轮相对位置仍然没有变化。

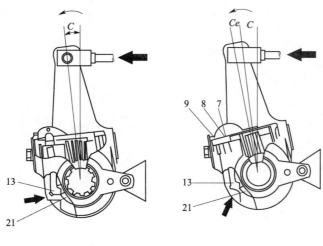

图4-1-9 消除正常间隙　　图4-1-10 超量间隙的消除

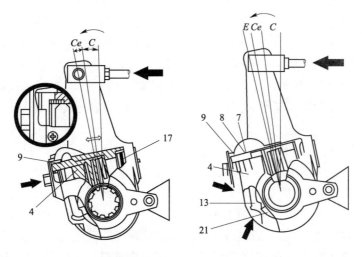

图4-1-11 锥齿离合器　　图4-1-12 弹性间隙的消除

⑤如图4-1-13,制动结束后,自动调整臂上推力逐渐消除,首先调整臂向顺时针方向转动,消除弹性变形产生的转角E。在这一过程中由于推力是随弹性变形转角的逐渐消除而逐渐减小的。因此在这一过程中蜗杆4仍然压缩主弹簧17,使蜗杆与离合环9依然脱离,齿条13仍然可脱离蜗杆转动齿轮7和离合环9,蜗杆4和蜗轮3的相对位置也仍然不变。

⑥如图4-1-14,当气室推杆的推力完全消除,调整臂弹性转角的转动也即结束。此时,主弹簧17将蜗杆4顶到与分离环9压紧的状态。随着调整臂向顺时针方向的回转,齿条13的拐臂从控制盘21缺口的下端上移至缺口的上端。对应这一过程,刚好调整臂转过一个消除正常间隙的转角C。

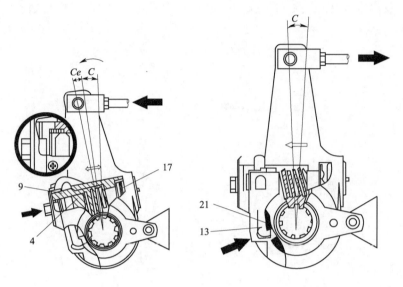

图 4-1-13　在弹性变形区释放制动　　　　图 4-1-14　正常间隙的转动

⑦如图 4-1-15，由于摩擦片的磨损，制动蹄摩擦片与制动鼓产生超量间隙，因此当正常间隙消除后，还有过量间隙使调整臂还可回转。此时，调整臂再向顺时针旋转时，齿条 13 由于控制盘 21 缺口上端的限位，将带动齿条、分离环 9 和蜗杆 4 相对蜗轮 3 向前（右旋方向）旋转，蜗杆将拨动蜗轮将超量间隙消除，完成制动间隙自动调节。此后，制动调整臂将在正常间隙转角范围内转动，直到制动蹄摩擦片再一次磨损产生超量时再自动进行调整。因此，这种调整是持续而且自动进行的。如此，安装这种自动调整臂减少了人为的维护操作工作量。

这种自动调整臂的调节是在制动结束后无负荷工况下进行的，因此调节精度高。此外，控制盘缺口的大小即决定了制动蹄与制动鼓正常间隙的大小。因此，不同标准的制动间隙的自动调整臂其控制盘是不同的。

此外，控制臂上有一个指示机构，如图 4-1-16 所示，当制动间隙在标准范围时，指示器的指示针指向调整臂侧盖上的缺口。如果指针离缺口距离越远，说明制动超量间隙越大。再者，与普通调整臂一样，在每个调整臂蜗杆轴端部都制成六方调整螺母。这是用来在初始安装调整臂时，可用手动先行进行大超量间隙的初调而设置的。

鼓式制动器的检查和调整

1. 鼓式制动器技术标准

①制动蹄摩擦衬层的最小厚度应大于 1.0mm。
②制动鼓内表面打磨后内径比标准内径的扩大不能超过 2mm。
③制动蹄表面与制动鼓的接触面积应占整个摩擦面的 90% 以上。
④制动蹄摩擦片与制动鼓之间的间隙应满足：制动鼓可用手转动但有点阻力为宜。

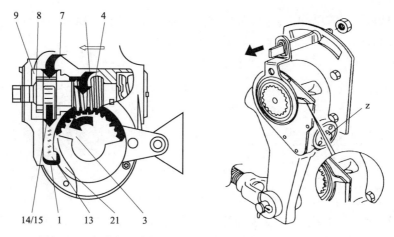

图 4-1-15 调节超量间隙　　图 4-1-16 控制臂上指示结构和调整点

2. 设备与器材

鼓式制动器故障车,游标卡1把,常用维修工具1套,制动液1瓶。

3. 操作步骤

1) 轮缸张开鼓式车轮制动器

(1) 鼓式制动器的组成。

鼓式制动器(后制动器)组成零件如图 4-1-17 所示。

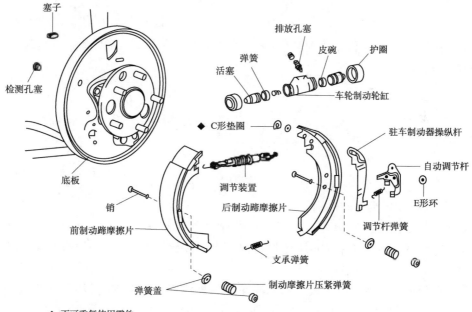

图 4-1-17 鼓式制动器的组成

(2) 鼓式制动器的拆卸。

将故障车举升,做好安全防护。

① 取下检测孔塞,从检测孔检查制动蹄摩擦衬层的厚度。最小厚度应大于 1.0mm。否则应更换制动蹄,如图 4-1-18 所示。

②卸下制动鼓,如难以卸下,可用金属丝将自动调整杆挑开,再用螺丝刀转动调装置,减小制动蹄被调整装置张紧的力度,如图 4-1-19 所示。

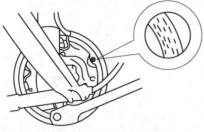

图 4-1-18　制动蹄摩擦衬层的厚度检测　　　图 4-1-19　制动鼓的拆卸

③拆下复位弹簧、压紧弹簧、支承弹簧拆下前、后制动蹄摩擦片,如图 4-1-20 所示。
④从制动轮缸上拆下制动器油管用容器接住制动液,如图 4-1-21 所示。

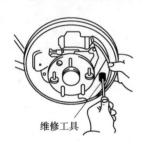
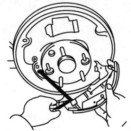
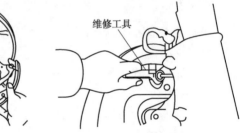

图 4-1-20　弹簧和制动蹄摩擦片的拆卸　　　图 4-1-21　制动器油管的拆卸

⑤拆卸并分解制动轮缸,制动轮缸组成零件有:2 个护罩、2 个活塞、2 个皮碗、1 个弹簧,如图 4-1-22 所示。

图 4-1-22　制动轮缸的组成

(3)鼓式制动器零件的检测。

①制动蹄摩擦衬层的检测。摩擦衬层的厚度不能小于 1.0mm,能有不均匀磨损现象,否则,应予以更换。如果不得不更换任何一个制动蹄摩擦片,则需要换左右两轮全部摩擦片。

②制动鼓检测。制动鼓内表面即摩擦面如有划痕或磨损起槽,可用车床将其打磨至深度为 0.50mm。打磨后内径比标准内径的扩大不能超过 2mm(有些标有 MAX 那就是极限尺寸)。

③检查制动蹄与制动鼓之间的贴合情况。

(a)在制动鼓摩擦面上均匀涂抹一层白粉笔,将制动蹄在制动鼓内贴合转 1 周(图 4-1-23)。

(b)检查制动蹄表面与制动鼓的接触面积(制动蹄表面的白色部分),应占整个摩擦面的90%以上。否则,应打磨制动蹄摩擦表面,用砂纸或锯片打磨白色部分,再进行贴合试验,重复进行,直至符合要求。

(c)将制动蹄中间部分约10mm宽的地方横向打磨,进行贴合试验,该位置应不白(即未与制动鼓接触),这样有利于在使用中提高制动蹄与制动鼓的接触面积。

④检查制动轮缸活塞及缸筒,如有划痕或磨损严重应予更换。另外,在装配时应换用新的皮碗。

(4)鼓式车轮制动器的安装。

①在制动轮缸活塞、皮碗上涂一层锂皂基乙二醇黄油,组装制动轮缸(图4-1-24)。

图4-1-23 制动鼓的检查

②将制动轮缸安装在底板上并连接好制动油管。

③在底板与制动蹄摩擦片的接触面上以及调紧装置螺栓的螺纹和尾端涂抹高温黄油。

④将调整装置装至后制动蹄摩擦片上,装上后制动蹄摩擦片(同时装好驻车制动装置),然后装上前制动蹄摩擦片,装好支承弹簧。

⑤将后制动蹄的驻车制动器操纵杆前后拉动,检验调整装置应能复位,否则应检验后制动蹄的安装是否正确,然后将调整装置的长度尽可能调至最短,装上制动鼓(图4-1-25)。

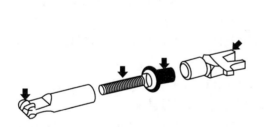

图4-1-24 调整装置涂黄油的位置

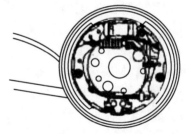

图4-1-25 调整装置自动回转的检查

⑥制动蹄摩擦片与制动鼓间隙的调整。用螺丝刀从调节孔调节调整螺栓,使制动鼓用手不能转动,再用螺丝刀慢慢放松至制动鼓可用手转动,但有点阻力为宜。

⑦装配好车轮。

(5)制动液的排空。

①将制动主缸的油杯加满制动液。

②一人将制动踏板连续踏下数次,直至踏板一次比一次增高,到踏不下去为止,然后用力踏着不放。

③另一人拧松该制动鼓内侧的制动液放气螺栓,应有制动液流出,且该制动液不应有气泡,应有力地冲出,否则应将制动液放气螺栓拧紧,然后踩制动踏板的人将制动踏板放松。

④重复②、③步骤,直至流出的制动液没有气泡且有力地冲出,拧紧制动液放气螺栓。

⑤按相同的方法对其余车轮进行排空。

2)气压凸轮张开鼓式车轮制动器

(1)制动器的分解。

①将制动鼓从车桥上拆下。

②用拉簧钩拆下摩擦片复位弹簧,取下支销上的垫板。

③取下制动蹄总成,拆下支承销、制动凸轮、调整臂总成及制动气室、支架。

④拆下制动底板。

(2)制动器的装配。

①将制动底板用螺栓固定在前桥转向节凸缘或后桥桥壳凸缘上,依次装上支承销、支架和制动气室总成、调整臂。

②将凸轮轴的凸轮工作面,花键部分和轴颈处分别涂上少许润滑脂(防止凸轮轴锈住卡孔)后,装入支架的孔中,其花键部分与调整臂的内花键啮合,在尾端的伸出部分上装上垫圈后用开口销锁住。

③将制动蹄套到支承销上并用垫板进行轴向定位,然后装上复位弹簧。注意:两制动蹄的位置不要互换,其上端面要与凸轮工作面完全贴合,支承销内端的标记朝内相对。

④装上制动鼓及其余零件。

(3)制动器的调整。

①取下制动鼓上检查孔的盖片,松开支承销的固定螺母和凸轮轴支架、紧固螺栓。

②拧转调整臂蜗杆轴使制动蹄张开与制动鼓贴紧至拧不动为止。

③分别拧动偏心支承销使下端的间隙改变(经验做法是将偏心支承销放置在其左右所能转动的角度范围内的中间位置)。

④再继续拧转蜗杆轴至拧不动后,再按上述方法拧动支承销。这样反复拧动调整臂蜗杆轴和支承销,使蹄鼓间均匀贴合。

⑤在拧紧凸轮轴支架和支承销上的紧固螺母后,将蜗杆轴拧松1/2~2/3转(听声音3~4响),制动鼓应能自由转动而不与摩擦片或其他零件擦碰。

⑥用厚薄规检查蹄鼓间隙,将厚度合适的厚薄规从检查孔内塞入拉动有阻力即为合适。具体间隙值为:EQ1092型汽车支承端为0.25~0.40mm,凸轮端为0.40~0.55mm。CA1092型汽车支承端为0.25~0.40mm,凸轮端为0.40~0.45mm,同一端两蹄间隙差应小于0.1mm。

⑦当制动蹄摩擦片使用磨损后,一般进行局部调整,局部调整时不要转支承销,仅转动调整臂就可以了。前桥顺时针拧动蜗杆轴间隙减小,而后桥逆时针拧动蜗杆轴间隙减少。

⑧当汽车制动发生前轮跑偏时,可以减小跑偏一侧前轮的蹄鼓间隙或加大跑偏另一侧的间隙。

任务评价

气压凸轮张开鼓式车轮制动器的检查与调整评价表　　　　表4-1-1

序号	内容及要求	评分	评分标准	自评	组评	师评	得分
1	工具的使用	10分	不能正确使用常用工具扣5分; 专用使用不正确扣1~5分				

续上表

序号	内容及要求	评分	评分标准	自评	组评	师评	得分
2	拆装顺序正确	10分	拆装顺序错误一次扣10分				
3	零件摆放整齐	10分	摆放不整齐扣5分； 工具、零件落地一次扣5分				
4	说明零件作用和工作原理	20分	不能正确叙述，每项扣5分				
5	正确组装鼓式制动器	20分	组装顺序错误，一次扣10分				
6	间隙调整	10分	间隙调整方法正确，不正确每处扣5分				
7	工具、现场整洁	10分	未对工具和实习场地整理、清洁扣5分				
8	安全文明实习	10分	出现安全问题和不文明现象扣1~10分				

指导教师总体评价：

指导教师_____
____年___月___日

练 一 练

一、单项选择题

1. 一般汽车制动系统包括(　　)和驻车制动装置。
　　A. 手制动装置　　　　B. 制动鼓　　　　C. 行车制动装置　　　　D. 制动器

2. 鼓式车轮制动器的旋转元件是(　　)。
　　A. 制动蹄　　　　B. 制动鼓　　　　C. 摩擦片　　　　D. 制动钳

3. 任何制动系都由供能装置、控制装置、传动装置和制动器四个基本组成部分组成，其中制动踏板机构属于(　　)。
　　A. 供能装置　　　　B. 控制装置　　　　C. 传动装置　　　　D. 制动器

4. 制动系按功能不同可分很多类，其中在制动系失效后使用的制动系称为(　　)。
　　A. 行车制动系　　　　　　　　　　B. 驻车制动系
　　C. 应急制动系　　　　　　　　　　D. 辅助制动系

5. 制动鼓安装在(　　)。
　　A. 车轮　　　　B. 轮毂　　　　C. 制动底板　　　　D. 车桥

二、多项选择题

1. 制动系按照其主要功用分为(　　)。
　　A. 行车制动装置　　　　　　　　　B. 驻车制动装置
　　C. 应急制动　　　　　　　　　　　D. 安全制动和辅助制动装置

2. 制动系按其传动机构动力源不同可分为(　　)。

A. 人力制动系 B. 动力制动系
C. 伺服制动系 D. 辅助制动系
3. 保证汽车能在行驶安全条件下发挥高速行驶能力,制动系必须满足( )。
A. 具有良好的制动效能 B. 具有良好的制动效能恒定性
C. 具有良好的制动方向稳定性 D. 操纵轻便、制动平顺性
4. 制动鼓与( )一起旋转。
A. 轮毂 B. 车轮 C. 轮胎 D. 制动底板
5. 车轮制动器由( )组成。
A. 旋转部分 B. 固定部分
C. 张开机构 D. 定位调整机构

三、判断题

1. 汽车在制动时,不旋转的制动蹄对旋转着的制动鼓作用一个摩擦力矩,其方向与车轮旋转方向相反,所以车辆能减速甚至停止。 ( )
2. 车辆制动时,两个制动蹄制动效果是一样的。 ( )
3. 按照张开力的不同鼓式制动器分为液压轮缸张开式和气压凸轮张开式。 ( )
4. 制动轮缸中的活塞有单活塞和双活塞式。 ( )
5. 鼓式车轮制动器的旋转元件是制动鼓。 ( )

四、简答题

1. 汽车制动系由哪些部分组成,它是如何工作的?
2. 鼓式制动器是由哪些部分组成的?
3. 简述鼓式制动器的工作原理。
4. 简述液压张开鼓式制动器更换制动蹄的方法。
5. 简述气压凸轮张开鼓式制动器制动间隙的调整方法。

学习任务4.2 盘式制动器构造与维修

任务目标

1. 通过查阅资料和观摩,掌握液压传动、气压传动的盘式制动器组成及其工作原理。
2. 学会盘式制动器拆装、检修操作方法。
3. 根据环保要求,妥善处理辅料、废弃液体和损坏零部件。

任务导入

一辆采用液压制动传动装置的轻型商用车,行驶 30000km 后,检查发现其安装的盘式制动器制动块磨损严重,需要更换,同时对制动器进行全面检查。

任务准备

如果连续使用制动,鼓式制动器摩擦副将产生大量的热,由于制动鼓是密封的,散热

条件差,所以车轮制动器将在很高的温度下工作,高温将导致蹄、鼓间摩擦系数降低,制动效果变差。另外,如果制动鼓进水,水很难迅速排出,也将导致制动效果下降。

为了消除上述缺点,研制出了盘式车轮制动器。盘式车轮制动器摩擦副中的旋转元件是以端面为工作面的金属圆盘,称为制动盘,它通过轮毂与车轮连接在一起。固定元件由制动块、制动钳等组成,制动块安装在制动钳上。制动钳固定在转向节上或车轴上,促动元件的活塞也装在制动钳上。当需要减速时,通过传动装置将制动块压向制动盘,产生摩擦,即可制动车轮产生制动。

盘式车轮制动器有以下特点。

①制动盘、制动块都裸露于大气中,散热容易,制动器不容易过热,减少了制动器的热衰退现象,同时,当制动盘上有水时,在离心力的作用下,水将很快被甩干,不易出现水衰退现象,故有较好的制动恒定性。

②制动器无助势作用,因此对摩擦副摩擦力附着系数变化不敏感,制动效果稳定。另外制动器产生摩擦力矩与管路压力呈线性关系(鼓式车轮制动器由于有助势作用,呈非线性关系),因此,盘式车轮制动器制动平顺性好。

③盘式车轮制动器制动块与制动盘间隙小,且管路中无残余压力,无复位弹簧,因此制动滞后时间短,有利于紧急制动。

④结构简单,质量轻,便于维修,易于实现制动块与制动盘制动间隙自动调整。

⑤制动盘升温后沿厚度方向的热膨胀量比鼓式车轮制动器径向膨胀量要小得多,且制动管路中无残压,因此不会出现间隙自调过度问题。

但盘式车轮制动器由于无助势作用,因此要求有较大的制动油(气)压,所以一般在液压制动管路中需加制动助力装置。另外,制动盘裸露在大气中易粘上灰尘等。

盘式车轮制动器按照制动钳与转向节(或车轴)之间的连接关系可分为固定钳盘式车轮制动器和浮动钳盘式车轮制动器两大类,如图 4-2-1 所示。

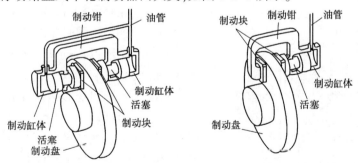

图 4-2-1 固定钳盘式车轮制动器和浮动钳盘式车轮制动器

1. 固定钳式车轮制动器

固定钳式车轮制动器的制动钳安装在车桥上,既不能旋转,也不能沿制动盘的轴线方向轴向移动,因此称为固定钳式车轮制动器。

图 4-2-2 是一种固定钳式车轮制动器,制动盘 7 通过轮毂与车轮连接在一起,用轴承安装在转向节上,随车轮一起转动。制动钳 8 固定在转向节上,不能发生任何方向的移动。在制动钳的两侧各装有 2 个活塞 5,活塞上装有矩形密封圈,摩擦片 3 分别置于制动

钳的两侧,用导向支承销 2 及弹簧片 1 定位,在摩擦片上装有摩擦片过薄报警装置,当制动块磨损到极限位置时,两导线接触构成通路,驾驶室仪表板上警告灯报警。

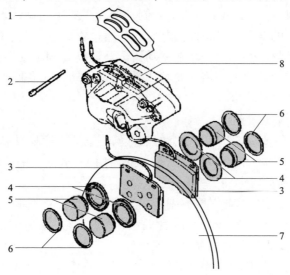

图 4-2-2　固定钳式车轮制动器
1-片簧;2-导向支承销;3-摩擦片;4-防尘罩;5-活塞;6-密封圈;7-制动盘;8-制动钳

图 4-2-3 是固定钳式车轮制动器原理图,制动时,油液被压入内、外两轮缸中,其活塞在液压作用下将两制动块压紧制动盘,产生摩擦力矩将制动盘制动,即将车轮制动,此时,轮缸槽中的矩形橡胶密封圈的刃边在活塞摩擦力的作用下产生微量的弹性变形,如图 4-2-4a)所示。放松制动时,活塞和制动块依靠密封圈的弹力和弹簧的弹力复位,解除制动,如图 4-2-4b)所示。在不制动时,制动块与制动盘之间的间隙每边只有 0.1mm 左右,矩形密封圈刃边的微量变形,就足以保证制动的解除。

从上述的分析可以看出,矩形橡胶密封圈除起密封作用外,同时还起活塞复位的作用,另外,密封圈还可以自动调整制动块与制动盘之间的间隙,如果制动块与制动盘的间隙磨损加大,制动时密封圈变形达到极限后,活塞仍可继续移动,直到制动块压紧制动盘为止。解除制动后,矩形密封圈所能将活塞推回的距离同磨损之前相同,仍保持标准值。显然,这种结构对橡胶密封圈的弹性、耐热性、刃边几何精度及表面粗糙度的要求较高,因此要求橡胶密封圈要定期更换,而不单纯考虑其密封性能。

制动块与制动盘之间的间隙对制动性能影响非常大,间隙大,制动距离就长。制动盘的端面圆跳动对制动块与制动盘的间隙影响很大,因此要严格控制此制动盘的端跳,要求制动盘

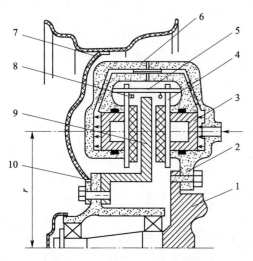

图 4-2-3　固定钳式车轮制动器原理图
1-转向节凸缘;2-调整垫片;3-活塞;4-制动块;5-导向支承销;6-制动钳;7-轮辐;8-复位弹簧;9-制动盘;10-转向节凸缘;r-制动盘摩擦半径

工作表面有高的平整度和垂直度,轮毂轴承的松紧度应严格控制,修平制动盘工作表面时,应和轮毂一起进行加工,并一起进行平衡试验。

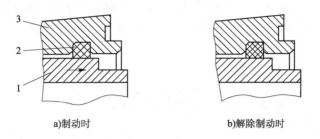

a)制动时　　　　　　　　b)解除制动时

图 4-2-4　活塞密封圈的工作情况
1-活塞;2-矩形橡胶密封圈;3-轮缸

2. 浮动钳式车轮制动器

浮动钳式车轮制动器的制动钳与制动盘在制动盘的轴向可以相对移动,制动钳处于浮动状态,因此称为浮动钳式车轮制动器。

图 4-2-5 是一种浮动钳式车轮制动器,制动盘 11 用合金铸铁制造,用螺钉 12 固定在轮毂上,与前轮一起转动,并夹在制动块 16 之间。制动钳支架 2 由两个螺栓固定在前悬架支柱上,制动钳通过两个导向销 6 浮动的装在前制动块支架 2 上,U 形支架 2 既是制动块安装的支架,又是制动块的轨道,由于制动块 16 浮装在支架 2 上,这样在汽车行驶时可能有轻微的抖动,引起噪声及磨损,为此用防振弹簧 7 和 8 把制动块夹住,以减少抖振。

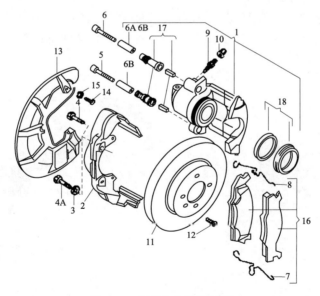

图 4-2-5　浮动钳式车轮制动器

1-制动钳总成;2-制动钳支架;3-垫圈;4、4A-螺栓;5-螺栓;6A、6B-导向销;7、8-防振弹簧;9-放气螺钉;10-防尘套;11-制动盘;12-制动盘固定螺钉;13-防溅盘;14-防溅盘固定螺栓;15-弹簧垫圈;16-制动块;17-导向销塑料套;18-活塞密封圈和防尘罩

浮动钳式车轮制动器的工作原理如图 4-2-6 所示。制动时,活塞 8 在液压力 P_1 的作

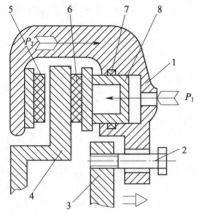

图 4-2-6　浮动钳式车轮制动器的工作原理图

1-制动钳；2-导向销；3-制动钳支架；4-制动盘；5-固定制动块；6-活动制动块；7-活动摩擦块；8-活塞

用下,将活动制动块 6 推向制动盘 4。与此同时,作用在制动钳 1 上的反作用力 P_2 推动制动钳沿导向销 2 向右移动,使固定在制动钳上的固定制动块 5 压靠到制动盘上。于是,制动盘两侧制动块在 P_1 和 P_2 的作用下夹紧制动盘,使之在制动盘上产生与运动方向相反的制动力矩,促使汽车制动。

知识拓展

气压传动盘式制动器

气压传动盘式制动器 ADB(Air Disc Brake)最早出现于 20 世纪 90 年代中期,广泛应用于中重型车辆。它具有整体结构简单、质量轻、制动噪声小、散热快、制动间隙小以及维护简单等众多优于鼓式制动器的特点。目前 ADB 在欧洲发展迅速,挂车安装率超过 50%,部分国家已经制定法规在公交车上安装使用。

1. WABCO 气压盘式制动器结构

WABCO PAN 系列制动器使用空气为动力,采用浮钳盘式和单推杆促动,并使用了专利技术以控制制动衬块斜向磨损。在有效减少质量的情况下,同时保证了盘式制动器的性能。如图 4-2-7 所示,盘式制动器主要由两部分组成:制动钳和制动钳支架。制动钳支架通过螺栓直接连接到车桥上,如图 4-2-8 所示。而制动钳通过导向销连接到制动钳支架上。制动时制动钳(包括制动气室、制动衬块、推盘等)可以沿导向销做轴向运动。

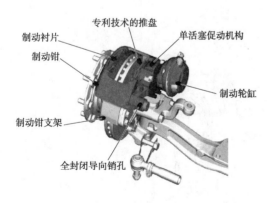

图 4-2-7　WABCO(威伯科)气压盘式制动器结构

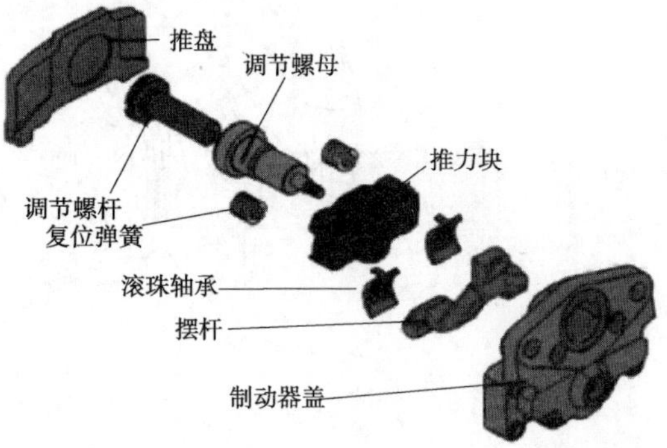

图 4-2-8　制动支架图

2. WABCO 气压盘式制动器原理

如图 4-2-9 所示,当气室 5 输入压力 F_1 时,气室 5 的推杆推动自调机构 4 向左伸出,从而消除了内制动衬块 3 与制动盘 9 右侧面的间隙,并开始输出压力 F_2 传递给外侧制动衬块。此时,外侧制动衬块 3 将压力 F_2 压在旋转制动盘 9 上,由于制动盘 9 的轴向移动受限制,因此制动盘 9 将 F_2 的反作用力经过自调机构 4 传回到主钳体 7 同时,主钳体 7 又把反作用力 F_2 通过连接螺栓连接副钳体 1,使得浮动钳体 1 受到一个向右的拉力;由于滑销 12 在托架上也固定不动,并对主钳体 7 和浮动钳体 1 仅起支承、防转动而不限左右移动的作用。随着自调机构 4 地不断伸出整个制动钳不停地向右滑动,使得外侧制动衬块 2 与制动盘 9 左侧面的间隙也被消除,此时浮动钳体 1 就对外侧制动衬块 2 产生压力 F_3,这样外侧制动衬块 2 和内侧制动块 3 就以 $F_2=F_3$ 制动力压在制动盘 9 的两侧面上,并产生制动力矩 T,最后将旋转的制动盘减速。

3. PAN 的各部分结构

1)单推杆促动机构

在过去,由于货车的制动块比较大,为了避免楔块磨损,必须使用两个推杆。调整间隙时,需要使用复杂的机构对两个推杆进行同步调整,增加了系统的质量而且由于零件数量多也增加了损坏的概率。WABCO 对此进行了改进,推出了单推杆机构,结合专利技术的推盘,在避免楔块磨损的情况下,减少了零件数量,从而将间隙调整机构和促动机构合并为一个紧凑、可靠的整体。

2)间隙自动调整机构

具体的间隙调节过程如图 4-2-10 所示。只有在系统完全克服摩擦片和制动盘之间的间隙后,制动摆杆 2 摆动将带动圆柱销 9 拨动传动衬套 10。压紧弹簧 11 是一个单向离合器,和摩擦环 12 一起通过弹簧压住的锥面和调节螺母接合。

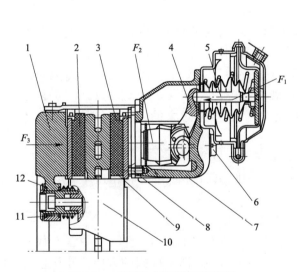

图 4-2-9 气压盘式制动器工作原理

1-浮动钳体;2-外侧制动衬块;3-内制动衬块;4-摆杆及自调机构;5-制动气室;6-密封帽;7-主钳体;8-密封胶;9-制动盘;10-支架;11-滑销密封圈;12-滑销

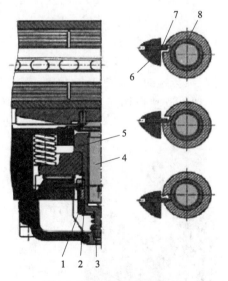

图 4-2-10 间隙自动调整机构

1-固定弹簧;2-摩擦环;3-调整螺母;4-调节螺杆;5-调节螺母;6-推杆;7-调节销;8-传动衬套

如果间隙增大,制动摆杆 12 将拨动衬套 10 额外转过一个角度。这个转动将被传递到调节螺母 5,从而将调整螺杆 8 转出一个角度。

如果摩擦片接触到制动盘,那么调节螺母 5 内的摩擦力矩将比弹簧压住的锥面所能传递的力矩要大。锥面的转动不能转动调整螺母。也就是说调整功能和受力的大小有关。

制动释放后,压紧弹簧 11 处于自由状态,这样所有的零件都将分离。

需要更换摩擦片时,可以通过调整螺母 13 将旋转调整螺母 5,从而释放摩擦片。

3）制动块摩擦传感器

当制动块过度磨损时,如果不能及时更换,制动时有可能损坏制动盘,更为严重的是,车辆将丧失制动,极有可能造成事故。为了更好地提高车辆的安全性,WABCO 制动盘可以选装磨损传感器,与 EBS 配合,可以在制动块分别剩余 3mm 和 2mm 时向驾驶人报警。

盘式制动器的检查和调整

1. 检查

1）制动盘与制动块检查

取下内外制动块后,再测量盘的厚度。制动盘初始厚度为 45mm,极限厚度为 37mm。跳动量为 0.15mm,最大厚度差为 0.1mm。制动盘表面不允许存在径向贯通裂纹。同一车桥上的制动盘要同时更换,换用新的制动盘后,推荐安装新的制动块。

新制动块厚度为 30mm,允许磨损极限为 12mm。

2）转轴总成

如图 4-2-11 所示为转轴总成,为气压盘式制动器的核心机构,其特性是具有顺时针旋转性,其目的是保证摩擦片和制动盘之间的间隙值。间隙调整机构在每一个工作循环都会顺时针旋转某一角度,其触动装置设置在压力臂上。当出现的间隙值超过设定值时,调整机构通过旋转螺纹副补偿出现的间隙值。制动块和制动盘之间正常的间隙值为 0.7～1.2mm,过小的间隙将导致制动区域过热,过大的间隙将导致制动力矩不足或失效。

图 4-2-11　转轴总成

2. 盘式制动器装配注意事项

（1）装桥前要用肉眼识别制动盘制动面的油污、异物,并进行清除。

（2）区分左右盘式制动器。

①每只卡钳体上均喷有白色箭头,且箭头中含有代表左件、右件的英文大写字母 L、R,箭头所指的方向为车辆前进时的制动盘旋转方向。

②若白色箭头模糊不清或没有时,可从结构上来区分。从制动钳钳体上看,装桥后,若从长导销沿着卡钳体外圆弧到短导销的旋转方向,与车辆前进时的那边的制动盘旋转方向一致就是那边制动器。

(3)要检查制动钳的滑动是否顺畅。装配制动器后用双手握住制动钳,双向推拉制动器,感觉有无卡滞现象。

3.制动块与制动盘的间隙调整

制动块与制动盘的间隙调整的调整方式有三种。

(1)在保证气压充足的情况下,空挡连续制动,使之间隙维持在设计值区间。

(2)安全停稳车辆,取下轮胎,向车轮方向推动卡钳体至不能移动为止,利用塞尺检测外制动块与制动盘之间的间隙值。

(3)人工调整。

①去除制动器总成头部的堵盖(黑色橡胶材料)。

②用内六角 M8 的棘轮扳手顺时针旋转调整六方头,将推板推出,最终使摩擦片与制动盘制动面贴合无间隙。

③通过用手旋转轮毂盘总成来确认制动块表面与制动盘面是否紧贴合。

④逆时针旋转调整六方头 80°±20°,松开制动块与制动盘,并保证设计要求值 0.7~1.2mm,并且尽量保持左右制动器的旋转角度一致。

⑤首先将调整好制动钳向单侧滑移至极限,再用塞尺进行测量。

⑥调整结束后将堵盖还原。

任务评价

液压传动盘式车轮制动器的检查与调整   表 4-2-1

序号	内容及要求	评分	评分标准	自评	组评	师评	得分
1	工具的使用	10 分	不能正确使用常用工具扣 5 分; 专用使用不正确扣 1~5 分				
2	拆装顺序正确	10 分	拆装顺序错误一次扣 10 分				
3	零件摆放整齐	10 分	摆放不整齐扣 5 分; 工具、零件落地一次扣 5 分				
4	说明零件作用和工作原理	20 分	不能正确叙述,每项扣 5 分				
5	正确组装式盘式制动器	20 分	组装顺序错误,一次扣 10 分				
6	间隙调整	10 分	间隙调整方法正确,不正确每处扣 5 分				

续上表

序号	内容及要求	评分	评分标准	自评	组评	师评	得分
7	工具、现场整洁	10分	未对工具和实习场地整理、清洁扣5分				
8	安全文明实习	10分	出现安全问题和不文明现象扣1~10分				

指导教师总体评价：

指导教师_____
____年___月___日

练一练

一、单项选择题

1. 盘式车轮制动器的摩擦工作面是旋转元件的(　　)。
   A. 外圆柱面　　　　B. 内圆柱面　　　　C. 端面　　　　D. 侧面
2. 下列属于钳盘式制动器间隙自调装置中的活塞密封圈的作用的是(　　)。
   A. 复位弹簧作用　　　　　　　　　B. 密封作用
   C. 间隙自调作用　　　　　　　　　D. 以上都是
3. 汽车制动器(　　)的作用是将主缸传来的液压力转变为使制动蹄张开的机械推力。
   A. 推杆　　　　B. 后活塞　　　　C. 制动轮缸　　　　D. 复位弹簧
4. 盘式制动器,制动盘固定在(　　)。
   A. 轮毂上　　　　B. 转向节上　　　　C. 制动鼓上　　　　D. 活塞上
5. 盘式制动器制动间隙是(　　)。
   A. 0.1mm　　　　B. 0.3mm　　　　C. 0.5mm　　　　D. 1mm

二、多项选择题

1. 盘式车轮制动器的特点是(　　)。
   A. 抗热衰退能力强　　　　　　　　B. 抗水衰退能力强
   C. 制动间隙小　　　　　　　　　　D. 结构简单,质量轻
2. 盘式车轮制动器按照制动钳与转向节之间的连接关系可分为(　　)。
   A. 固定钳盘式　　　　　　　　　　B. 浮动钳盘式
   C. 非平衡式　　　　　　　　　　　D. 平衡式
3. 盘式制动器是由(　　)组成。
   A. 制动盘　　　　B. 制动钳　　　　C. 制动轮缸　　　　D. 制动块
4. 下列属于钳盘式制动器间隙自调装置中的活塞密封圈的作用的是(　　)。
   A. 复位弹簧作用　　　　　　　　　B. 密封作用
   C. 间隙自调作用　　　　　　　　　D. 以上都不是

三、判断题

1. 盘式制动器制动效能比鼓式制动器好,是因为盘式制动器有自增力作用。(　　)

2. 盘式制动器的自动复位,是通过活塞的密封圈来实现的。　　　　（　　）
3. 盘式制动器的制动间隙调整是通过人工调整的。　　　　　　　（　　）
4. 盘式制动器具有抗热衰退能力强。　　　　　　　　　　　　　（　　）
5. 目前汽车上广泛采用浮动钳盘式制动器。　　　　　　　　　　（　　）

四、简答题

1. 盘式制动器中,活塞密封圈的功用是什么?
2. 盘式制动器的结构与工作过程是怎样的?
3. 简述液压传动盘式制动器的制动块更换方法。
4. 简述气压传动盘式制动器的间隙调整方法。

学习任务4.3　液压制动传动装置构造与维修

1. 通过查阅资料和观摩,掌握液压制动传动装置的组成及其工作原理。
2. 学会液压制动传动装置拆装、检修操作方法。
3. 根据环保要求,妥善处理辅料、废弃液体和损坏零部件。

一辆采用液压制动传动装置的轻型商用车,行驶110000km后,检查发现右后轮轮缸有制动液渗出,需要更换轮缸,同时需要更换制动液。

任务准备

制动传动装置按传力介质的不同可分为液压式、气压式和气—液综合式;按制动管路的套数可分为单管路和双管路制动传动装置。按照交通法规的要求,现代汽车的行车制动系须采用双管路制动传动装置,若其中一套管路损坏时,另一套仍然起制动作用,从而提高了制动的可靠性和安全性。

1. 液压制动传动装置的基本组成及工作原理

如图4-3-1所示,液压式制动传动装置由制动踏板、制动主缸、储液罐、制动轮缸、油管等组成。现如今的汽车采用了各种制动力调节装置,用以调节前后车轮制动管路的工作压力,常用的调节装置有限压阀、比例阀、感载比例阀和惯性阀等。

双管路液压制动传动装置是利用彼此独立的双腔制动主缸,通过两套独立管路,分别控制两桥或三桥的车轮制动器。常见的双管路的布置方案有前后独立式、交叉式以及一个制动器两个轮缸彼此独立等,如图4-3-2所示。

前后独立式双管路液压制动传动装置由双腔制动主缸通过两套独立的管路分别控制前桥和后桥的车轮制动器。这种布置方式结构简单,如果其中一套管路损坏漏油,另一套仍能起作用,但会破坏前后桥制动力分配比例,主要用于发动机前置后轮驱动的汽车。

交叉式双管路液压制动传动装置由双腔制动主缸通过两套独立的管路分别控制前后桥对角线方向的两个车轮制动器。这种布置方式在任一管路失效时，仍能保持一半的制动力，且前后桥制动力分配比例保持不变，有利于提高制动方向稳定性，主要用于发动机前置前轮驱动的汽车。

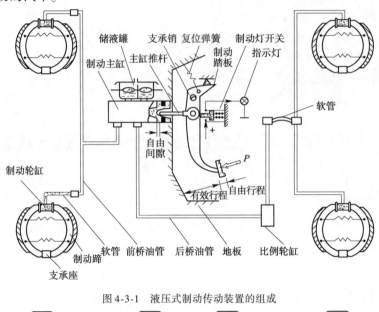

图 4-3-1 液压式制动传动装置的组成

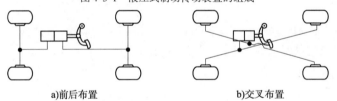

a)前后布置　　　　　　b)交叉布置

图 4-3-2 制动管路的布置

2. 液压制动传动装置主要部件

1）制动主缸

处于制动踏板与管路之间，其功用是将制动踏板输入的机械力转换成液压力。对应于双管路制动系，制动主缸常用串联双腔式。制动主缸的结构如图 4-3-3 和 4-3-4 所示。串联式双腔制动主缸主要由储液罐、制动缸外壳、前活塞、后活塞、前后活塞弹簧、推杆及橡胶碗等组成。

主缸的壳体内装有前活塞 A、后活塞 B 及复位弹簧，前后活塞分别用橡胶碗密封，前活塞用限位螺钉保证其正确位置。储液罐分别与主缸的前、后腔相通，前出油口、后出油口分别与轮缸相通，前活塞靠后活塞的液力推动，而后活塞直接由推杆推动。

在制动主缸上端装有储油罐，制动主缸内的活塞 B 通过真空助力器内的推杆和制动踏板相连。如图 4-3-5 所示，制动时，踩下制动踏板，通过推杆、真空助力器推动活塞 B 左移，直到皮碗盖住补偿孔后，工作腔中液压升高，油液一方面通过腔内储油口进入右前和左后制动管路，一方面又推动活塞 A 左移。在右腔液压和弹簧的作用下，活塞 A 向左移动，左腔压力也使油液通过腔内出油口进入右后和左前制动管路。当继续踩下制动踏板时,左、右腔的液压继续升高,使前、后管路制动器制动。

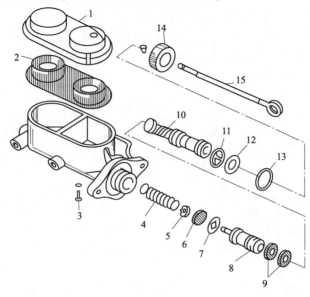

图 4-3-3 串联式双腔制动主缸的分解图
1-储液罐盖;2-膜片;3-活塞定位螺钉;4-弹簧;5-橡胶碗护圈;6-前橡胶碗;7-橡胶碗保护垫圈;8-前活塞 A;9-前橡胶碗;10-后活塞 B;11-推杆座;12-锁圈;13-密封圈;14-防尘套;15-推杆

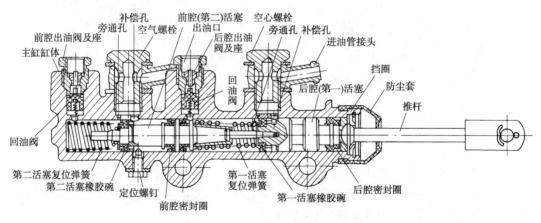

图 4-3-4 串联式双腔制动主缸工作示意图

解除制动时,活塞在弹簧作用下复位,油液自制动管路流回制动主缸,如活塞复位过快,工作腔容积迅速增大,油压迅速降低,制动管路中的油液由于管路阻力的影响,来不及充分流回工作腔,使工作腔中形成一定的真空度,于是储油室中的油液便经进油口和活塞的轴向小孔推开垫片及皮碗进入工作腔(某些车型中,油液通过皮碗的唇边进入工作腔)。当活塞完全复位时,补偿孔开放,制动管路中流回工作腔的多余油液经补偿孔流回储油室。

若与左腔连接的制动管路损坏漏油,则在踏下制动踏板时只有右腔中能建立液压,左腔中无压力。此时在压差作用下,活塞 A 迅速移到其前端顶到主缸缸体上。此后,右工作腔中液压方能升高到制动所需的压力值。若与右腔连接的制动管路损坏漏油,则在踏下制动踏板时,先是活塞 B 前移,而不能推动活塞 A,因而右工作腔中不能建立液压。但在活塞 B 直接顶触活塞 A 时,活塞 A 便前移,使左工作腔液压方能升高到制动所需的压力值。可见,双回路液压制动系中任意一回路失效时,制动主缸仍能工作,只是所需踏板行程加大,将导致汽车的制动距离增加,制动效能下降。

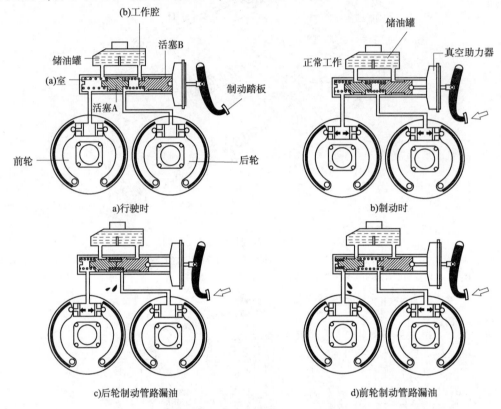

图 4-3-5　制动主缸的结构及工作原理

2）制动轮缸

制动轮缸固定在制动底板上,其作用是将制动主缸传来的液压力转变为使制动蹄张开的机械推力。如图 4-3-6 所示,制动轮缸主要由缸体、活塞、皮碗、弹簧和放气螺钉等组成。放气螺钉的作用是排出混入制动液中的空气。

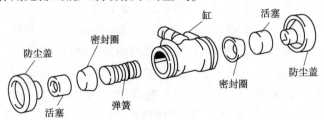

图 4-3-6　双活塞制动轮缸的分解图

3）真空助力器

真空助力器安装在制动踏板与双腔串联式制动主缸之间,其作用是减轻驾驶人的制动操纵力。如图 4-3-7 所示,其内部有薄而宽的活塞,通过固定在活塞上的膜片将空气室和真空室隔离。真空室和发动机进气管相通。

复位弹簧安装在真空室的推杆上和推杆一起运动。橡胶阀门与在膜片座上加工出来的阀座组成真空阀,与控制阀柱塞的大气阀座组成大气阀。真空阀将真空室与空气室相连,空气阀将空气室和外界空气相连。发动机不作时真空助力器不工作。

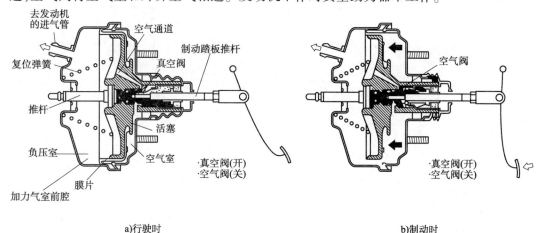

a)行驶时　　　　　　　　　　　b)制动时

图 4-3-7　真空助力器的结构及工作原理

如图 4-3-7a)所示,真空室内的空气被吸进发动机进气管,产生真空。如图 4-3-7b)所示,踩下制动踏板,真空阀关闭,空气阀打开。空气进入空气室,使空气室压力大于真空室压力,活塞向前运动。于是带动制动主缸内的活塞运动,产生制动油压。

松开制动踏板,助力器活塞在复位弹簧的作用下恢复到原来的位置,制动踏板推杆也往回运动,空气阀关闭,真空阀打开,使真空室和空气室相通。其他制动机构也恢复到原来的位置,制动油压下降,制动解除,如图 4-3-7a)所示。

当真空助力器或真空源失效时,作用于主缸推杆上的力取决于驾驶人对制动踏板施加的踏板力,但这时踏板力要比真空助力器或真空源未失效时的力大得多。

当发动机熄火后,进气歧管就不能产生真空吸力,助力器无真空源,其内存有的真空能力只能维持部分程度制动,因此,严禁下坡熄火滑行。

助力器推杆的有效长度必须严格控制,必须保证空气阀与橡胶反作用圆盘有一定的间隙,如果间隙过大,则踏板自由行程过大,制动距离长;如果间隙过小,制动主缸推杆不能完全复位,制动不能完全解除,造成制动拖滞。因此必须严格调整制动踏板自由行程。

人工检验助力器方法是先让发动机熄火,踩制动踏板数次,让左右气室无真空吸力,再踩住踏板不动,起动发动机,在进气歧管真空吸力的作用下,左右气室产生一定的真空度,助力器开始起助力作用,此时制动踏板应缓慢下降,如果制动踏板无反应,则说明助力器不起助力作用。发动机工作时,用力踩下制动踏板,使发动机熄火,若制动踏板在 30s 之内不变,则说明助力器密封性能良好,如果制动踏板很快下降,则说明助力器密封性能不良。

4)真空泵

真空助力器如果安装在柴油车上,因柴油机的进气歧管产生的真空度小,不能满足助力器对真空源的要求,所以另设真空泵提供动力源,并串联上真空罐,以平衡压力波动。

真空泵结构如图 4-3-8 所示,真空泵泵体装在发动机一侧,转子 6 由发动机的正时齿轮驱动(有些汽车真空泵安装在发电机后端,由发电机轴驱动),转子偏心的安装在泵体 3 中,其上有四个叶片 8 等距分布,止回阀 1 装在进气口处。

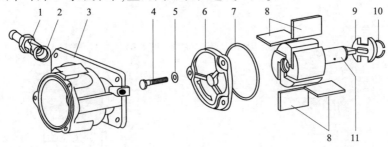

图 4-3-8 真空泵

1-止回阀;2-密封圈;3-泵体;4-螺钉;5-弹簧垫;6-泵盖;7-密封圈;8-叶片;9-传动片;10-挡圈;11-转子

真空泵原理如图 4-3-9 所示,转子转动时,叶片在离心力的作用下,压紧在泵体内壁上,因而在转子转动的过程中,便产生了四个容积不断变化的气室,对某一气室而言,转子每转动一圈,便完成一个进排气循环,因而对整个真空泵而言,这一循环重复四次。其结果是在吸气口处中形成了一定的真空,在真空吸力的作用下,止回阀打开,使真空罐产生一定的真空度,以满足助力器对真空源的需要,发动机转动越快,真空度越大。吸进的空气通过排气口排到大气中去。

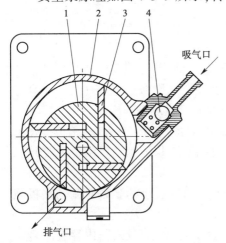

图 4-3-9 真空泵原理图
1-转子;2-泵体;3-叶片;4-止回阀

5)制动液

制动液位的高低直接影响制动性能,在使用中由于蒸发或泄漏,造成制动液面过低,将导致制动失效,影响制动安全,因此应随时监控制动液面,及时补充制动液。

制动液面过低报警开关如图 4-3-10 所示,开关通过加液口盖 2 安装在制动液罐上,浮子 5 漂浮在制动液里,浮子可通过导杆带动磁铁随制动液上下移动,导杆内装有笛簧开关,笛簧开关通过导线插座与驾驶室报警灯连接。

当制动液面下降时,浮子也随同下降,当制动液液面下降到超过规定值时,磁铁与笛簧开关对正,笛簧开关触点被磁化,触点闭合,报警开关接通,驾驶室的制动液位报警灯报警。

制动液是液压制动系的重要组成部分,它的质量好坏对制动系的工作可靠性有很大影响。为此,对制动液的质量如下要求。

①连续制动时,制动器将产生大量的热能,这些热能将使制动液升温,因此要求制动液高温下不易汽化,否则将在管路中产生气阻,使制动系失效。

②汽车在高速行驶时,有些制动管路将处于很低的温度下工作,低温将影响制动液的

流动性,使制动性能变差,因此要求制动液在低温下具有良好的流动性。

③制动液应具有低的腐蚀性,特别是与制动液直接接触的金属件应不被腐蚀,橡胶件不发生膨胀、变硬和损坏。

④能对液压系统的运动件起良好的润滑作用。

⑤吸水性差而溶水性良好,即能使渗入其中的水汽形成微粒而与之均匀混合,否则将在制动液中形成水泡而大大降低汽化温度。

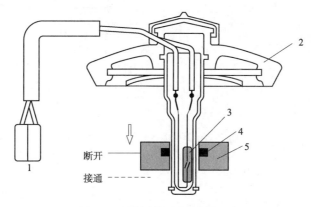

图 4-3-10 制动液面过低报警开关
1-连接器端子;2-制动储液罐盖;3-笛簧开关;4-磁铁;5-浮子

液压制动传动系统的增压装置

真空助力器为直接操纵式伺服装置,其特点是伺服系统的控制装置用制动踏板机构直接操纵,其输出力作用于液压主缸,与踏板力一起对主缸油压加压,应用于各种轿车。另外还有一种增压式间接操纵式伺服装置,即真空增压器,其特点是制动踏板机构控制制动主缸,主缸输出的液压传递到辅助缸,并对伺服系统进行控制,伺服系统的输出力与主缸液压共同作用于辅助缸,辅助缸输出到轮缸的液压远高于主缸液压。

1. 真空增压伺服制动系统

真空增压伺服制动系统的组成如图 4-3-11 所示。它在液压制动传动装置中增加了真空增压器,包括辅助缸、控制阀、进气滤清器,真空伺服气室增加了真空止回阀、真空罐和真空管道等装置。汽油机上的真空力源是发动机的进气歧管,柴油机则是一个真空泵或是在进气歧管中的引射器。

图 4-3-12 所示为一种 66-Ⅳ型真空增压器。它由辅助缸、控制阀和真空伺服气室三部分组成。辅助缸内腔被活塞 4 分隔成两部分:左腔经出油接头 1 通向前后制动缸;右腔经进油接头通向制动主缸。推杆 26 的前端嵌装着球阀门 5,其阀座在辅助缸活塞 4 上。推杆穿过尼龙制的密封圈座 10,并以两个橡胶双口密封圈 9 保证孔和轴表面的密封。推杆后端与伺服气室膜片 22 连接。伺服气室不工作时,活塞和推杆分别在弹簧 2 和 25 的作用下处于右极限位置。球阀门与阀座保持一定距离,从而保持辅助缸两腔连通。

真空伺服气室也被其中的膜片 22 分隔成左右两腔。左腔 C 经前壳体 20 端面的真空管接头(图中已剖去)通向真空罐,且经由辅助缸体 3 中的孔道与制动阀下气室 B 相通;其右腔 D 则经焊接在后壳体圆柱面上的气管 28 通到控制阀上腔 A。

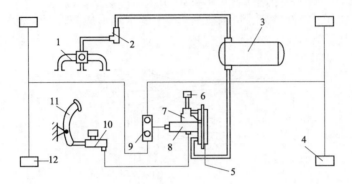

图 4-3-11 真空增压伺服制动系统结构

1-发动机进气管;2-真空止回阀;3-真空罐;4-后制动轮缸;5-真空增压器;6-进气滤清器;7-控制阀;8-辅助缸;9-安全缸;10-制动主缸;11-制动踏板;12-前制动轮缸

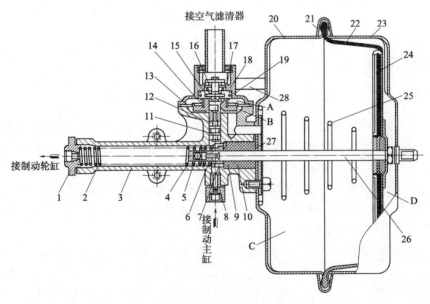

图 4-3-12 66-Ⅳ型真空增压器

1-辅助缸出油接头;2-辅助缸活塞复位弹簧;3-辅助缸体;4-辅助缸活塞;5-球阀门;6-皮圈;7-活塞限位座;8-辅助缸进油接头;9-密封圈;10-密封圈座;11-控制阀柱塞;12-皮圈;13-控制阀膜片;14-膜片座(带真空阀座);15-真空阀座;16-大气阀门;17-阀门弹簧;18-控制阀体(带大气阀座);19-控制阀膜片复位弹簧;20-伺服气室前壳体;21-卡箍;22-伺服气室膜片;23-伺服气室后壳体;24-膜片托盘;25-伺服气室膜片复位弹簧;26-伺服气室推杆;27-连接块;28-气管

控制阀实际上是一个由液压控制的继动阀,其中由真空阀门 15 和大气阀门 16 组成的阀门组件。大气阀座在控制阀体 18 上;真空阀座则在膜片座 14 上。膜片座下与控制阀活塞 11 连接。不制动时,如图 4-3-12 所示,大气阀关闭,真空阀开启。控制阀上腔 A 和下腔 B 与伺服气室左腔 C 有同等的真空度。

踩下制动踏板时(图4-3-13a),制动液即自制动主缸输入辅助缸,经过活塞4上的孔进入各制动轮缸。轮缸液压即等于主缸液压。与此同时,输入液压还作用在控制阀活塞11使膜片座上移,先关闭真空阀,使上腔A和下腔B隔绝,接着再开启大气阀。于是外界空气便经进气滤清器流入控制阀上腔A和伺服气室右腔D,降低其中的真空度(即提高其中压力)。此时控制阀下腔B和伺服气室左腔C中的真空度仍保持原值不变。在C、D两腔压力差作用下,膜片22带动推杆26左移,使球阀5关闭。这样主缸便与辅助缸左腔隔绝。此时在辅助缸活塞4上作用着两个力:主缸液压作用力和伺服气室输出的推杆力。因此,辅助缸左腔及各轮缸的压力高于主缸压力。

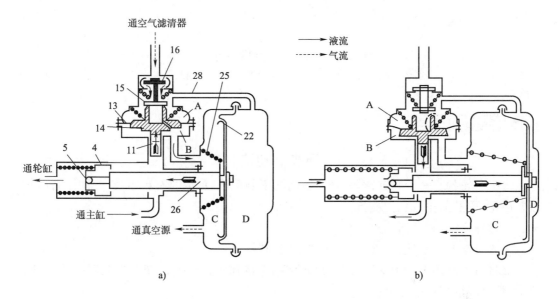

图4-3-13 真空增压器工作示意图(图注同图4-3-12)

在A和D两腔真空度降低的过程中,膜片13和阀门组逐渐下移。A、D两腔真空度下降到一定值时,即因大气阀门16落座而保持稳定。这个稳定值取决于输入控制压力(即主缸压力),而后者又取决于踏板力和踏板行程。使制动踏板回升一定距离时(图4-3-13b),主缸液压即下降一定值,控制阀平衡状态被破坏,活塞11连同膜片座14下移,使真空阀开启。于是A、D两腔中的空气有一部分又被吸入真空罐,因而伺服气室C、D两腔的压力差也有所减小。辅助缸输出压力也就保持在较低值。完全放开制动踏板时,则所有运动件都在各自的复位弹簧作用下回到图4-3-12所示位置。

在真空管路无真空度或真空增压器失效的情况下,辅助缸中的球阀5将开启,保证制动主缸和各制动轮缸之间的油路畅通。这样,整个制动系统还可以同人力液压制动系统一样工作。当然,此时所需的踏板力比有真空伺服作用时要大得多。

2. 气压增压伺服制动系统

气压增压伺服制动系统的组成和工作原理与真空增压伺服制动系统基本相同,所不同的是气压增压是利用高压空气产生助力作用。由辅助缸、气压伺服气室和控制阀组装而成的部件称为气压增压器,如图4-3-14所示。

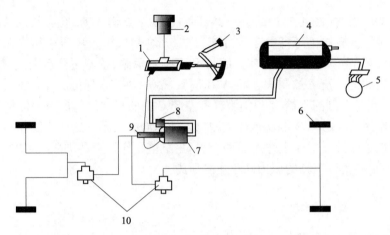

图 4-3-14 日产 T80 系列气压增压伺服制动系统
1-制动主缸;2-储液器;3-制动踏板;4-储气筒;5-空压机;6-制动轮缸;7-气压伺服气室;8-控制阀;9-辅助缸;10-单腔安全缸

任务训练

更换制动液

每个车轮各有一个轮缸,都要释放里面的废制动液,释放时有顺序要求,即先右后轮,再左后轮,再右前轮,最后左前轮。

1. 操作方法(以右后轮为例)

①先将车至于平地,熄火后,拉起驻车制动器。

②将右后部用千斤顶支撑将右后车轮拆下,找到轮缸放油口套上吸取器胶管上的橡胶嘴,然后吸取器接上压缩空气。

③用小开口扳手扳住轮缸放油口底部的外六方,把小扳手逆时针扳动(这是拧松轮缸放油口的动作),同时压下气门扳手开始吸取旧液,当储液罐中的旧液吸完时加入新的制动液,保持连续不断向储液罐中加入新的制动液,直至排出的制动液油清澈且没有空气为止。

④顺时针扳回扳手(这是拧紧轮缸放油口的动作),在操作中遇到吸取器油壶装满旧液时,必需暂停操作,拧紧轮缸放油口再倒出旧制动液。

⑤重复之前步骤,完成后拔下橡胶嘴,用软布把轮缸放油口擦拭干净。

⑥再踩几次制动踏板,观察是否有油液渗出,以便确定轮缸放油口已经拧紧。

⑦安装回右后车轮,此时完成一个车轮轮缸的放液步骤。

⑧依次类推把另外三个车轮轮缸完成制动液的更换工作。

2. 添加制动液的容量

添加新制动液至上下限刻度线之间,最好接近上限。注意因为制动液对车漆和皮肤具有腐蚀性,所以如果沾到制动液要及时清除;因为制动液具有吸湿性,因此添加好制动液后须把盖子拧紧,防止吸入空气中的水汽。

起动发动机,原地多踩几脚制动踏板,感觉不软,观察地面没有新的油污,进行路试,随后的一周时间内,每次用车前检查制动液的油位,如果没有变化就确定换油操作成功。

3. 清洁场地

将工作场地所的物品依照规定的合理位置放置,并明确标示,不必要的物品清除掉;垃圾进行分类处理;将工作场地清扫干净,并保持干净。

 任务评价

更换制动液评价表   表 4-3-1

序号	内容及要求	评分	评分标准	自评	组评	师评	得分
1	工具的使用	10 分	不能正确使用常用工具扣 5 分; 专用工具使用不正确扣 1～5 分				
2	拆装顺序正确	20 分	拆装顺序错误一次扣 5 分				
3	零件摆放整齐	10 分	摆放不整齐扣 5 分; 工具、零件落地一次扣 5 分				
4	按照正确的操作步骤进行	30 分	不正确,每项扣 5 分				
5	正确检查制动液面(静态、行驶后)	20 分	没有进行检查,一次扣 10 分				
6	工具、现场整洁	10 分	未对工具和实习场地整理、清洁扣 5 分				
7	安全文明实习	10 分	出现安全问题和不文明现象扣 1～10 分				

指导教师总体评价:

指导教师_____
____年___月___日

练 一 练

一、单项选择题

1. 为提高汽车制动可靠性和行车安全性,现代汽车广泛采用的是( )制动传动装置。
   A. 单回路   B. 双回路   C. 三回路   D. 四回路

2. 液压制动主缸在不制动时,其出油阀和回油阀的开闭情况是( )。
   A. 出油阀和回油阀均开启   B. 出油阀关闭,而回油阀开启
   C. 双阀均关闭   D. 回油阀开,出油阀关

3. 在不制动时,液压制动系统中制动主缸与制动轮缸的油压关系是( )。
   A. 主缸高于轮缸   B. 主缸与轮缸相等
   C. 轮缸高于主缸   D. 不一定

4. 汽车处于维持制动状态时,真空助力器的( )。

A. 空气阀打开,真空阀打开 B. 空气阀关闭,真空阀打开
C. 空气阀打开,真空阀关闭 D. 空气阀关闭,真空阀关闭
5. 装有气压增压器的制动系统中,制动主缸和制动轮缸的油压关系为( )。
A. 主缸油压高于轮缸 B. 轮缸油压远远高于主缸
C. 相同 D. 不一定

二、多项选择题

1. 双管路液压制动传动装置常见布置方案有( )。
A. 前后独立式 B. 交叉式
C. 每个车轮彼此独立 D. 一个制动器两个轮缸彼此独立
2. 串联式双腔制动主缸主要由( )、制动缸外壳、推杆及橡胶碗等组成。
A. 储液罐 B. 前活塞
C. 后活塞 D. 前后活塞弹簧
3. 制动轮缸主要由( )和放气螺钉等组成。
A. 缸体 B. 活塞 C. 皮碗 D. 弹簧
4. 制动传动装置按传力介质的不同可分为( )。
A. 液压式 B. 气压式
C. 气—液综合式 D. 气—电综合式弹簧
5. 按制动管路的套数可分为( )制动传动装置。
A. 单管路 B. 双管路 C. 四管路 D. 多管路

三、判断题

1. 双腔制动主缸在后制动管路失效时,前制动管路也失效。 ( )
2. 液压制动主缸的补偿孔和通气孔堵塞,会造成制动不灵。 ( )
3. 液压制动最好没有自由行程。 ( )
4. 采用双管路制动传动装置,液压式是前轮先制动,后轮后制动。 ( )
5. 真空助力器不工作时,为控制油压与大气压平衡,真空阀及空气阀均关闭。
( )

四、简答题

1. 简述液压制动的特点。
2. 简述双腔串联式液压制动主缸的工作原理。
3. 简述真空助力器的工作原理。
4. 简述真空增压器的工作原理。
5. 分析液压制动系统更换制动液的方法。

学习任务4.4 气压制动传动装置构造与维修

任务目标

1. 通过查阅资料和观摩,掌握气压制动传动装置的组成及其工作原理。

2. 学会气压制动传动装置故障检修方法。
3. 根据环保要求,妥善处理辅料、废弃液体和损坏零部件。

任务导入

一辆陕汽重载货汽车,驾驶人反映该车制动时,制动力下降,制动距离变长。下车检查后发现中、后桥制动气室推杆不动,应对制动回路和各种阀进行检查。

任务准备

中重型商用车制动系统都具有主制动(行车制动)、应急制动和驻车制动三种制动装置。主制动主要是用来控制车速、停车和保证行车安全;驻车制动主要是用来保证停止的车辆稳定停靠,不致溜滑;应急制动是在主制动控制系统全面失效时用于替代主制动,确保行车安全的。目前中重型商用车普遍采用双管路制动系统。双管路制动系统是将前桥与(中)后桥分成既相互关联又相互独立的两个回路,这样可以使汽车行驶中若其中一个回路出现故障时,不影响另一回路的正常工作,以确保制动的可靠。

由于车辆的设计用途和生产厂家各不相同,汽车行车制动系统的布置形式也存许多不同,但基本结构相似,以陕汽德龙 X3000 制动系统为例进行说明。

1. 基本组成

陕汽德龙 X3000 的全车气路由气源部分、前桥制动回路、(中)后桥制动回路、驻车制动回路以及辅助用气回路五部分组成。其中驻车制动回路又分为主车和挂车两个驻车制动回路。图 4-4-1 为全车气路组成,图 4-4-2 为整车气路原理图。

制动系统气路元件的各个气路接口都用数字辨明了它的用途,其符号的含义有:"1"代表该阀件的进气口;"2"代表该阀件的出气口;"3"代表该阀件的排气口;"4"代表该阀件的控制气口。凡标有两位数字的表示某一接口的顺序。例如"11"表示该阀件的第一进气口、"12"表示第二进气口、"21"表示该阀件的第一出气口、"22"表示该阀件的第二出气口等。

1)气源部分

空压机 1 在发动机的驱动下将空气进行压缩,高压气体沿着气路管线中空气干燥器 3 的 1 口进入(空气处理单元),经干燥和调压阀 4 调压后,高压气体由 2 口输出到四回路保护阀 5 的 1 口,四回路保护阀将整车气路分为既相互独立,又相互联系的四个回路并分别由 21 口、22 口、23 口和 24 口输出。

当整车气压达到额定气压后,调压阀将通往四回路保护阀气路关闭,此时干燥器的排气口 3 打开。由于干燥器排气门 3 的打开,来自空压机的压缩空气直接排入大气;同时,干燥器总成(空气处理单元中的一部分)中的反冲气腔,将一部分干燥过的气体反向通过干燥剂,将干燥剂中的水分带走,经排气口 3 排入大气,从而使空气处理单元中的干燥剂干燥,起到再生作用,使得干燥剂可重复利用。

当整车气压低于额定气压时,调压阀将通往四回路保护阀气路打开,此时干燥器的排气口 3 关闭,空压机在发动机的驱动下,给全车进行充气。

干燥器上有电子加热装置,在寒冷季节为防止干燥器排气口因水分的存在而结冻,影

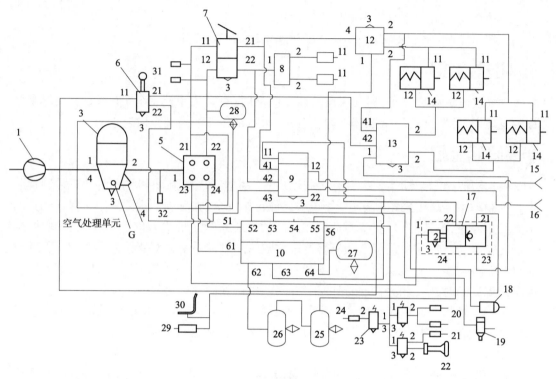

图 4-4-1 全车气路原理图

1-空压机;3-干燥器;4-调压阀;5-四回路保护阀;6-手制动阀;7-制动总阀;8-匹配阀;9-挂车制动控制阀;10-多回路分气接头;11-前轴制动气室;12-继动阀;13-驻车继动阀;14-中/后桥制动气室;15-充气接头(红);16-制动接头(黄);17-带止回阀的五通分气接头;18-离合器助力轮缸;19-变速器减压阀;20-轮间差速锁汽缸;21-排气制动汽缸;22-电/气喇叭;23-电磁阀;24-桥间差速器汽缸;25/26/27/28-储气罐;29-驾驶室悬置汽缸;30-座椅汽缸;31-气压报警传感器;32-测试接头

响干燥器排气口的正常开启与关闭。

2)前桥制动回路

由四回路保护阀 22 口输出的高压气体,沿管线传输到制动总阀 7 下腔 12 口的同时,也将高压气体的气压储存于储气罐 28 中。当踩下制动总阀制动时,制动总阀下腔打开,高压气体由制动总阀的 22 口输出并进入匹配阀 8,经匹配阀的特定条下的调压后,高压气进入前制动气室 11 从而产生制动。

图 4-4-3 是匹配阀的外形图,匹配阀的作用是:在轻踩制动时(制动气压小于 410kPa),匹配阀的输出气压比匹配阀的输入气压低,防止在轻踩制动时,车辆点头;当制动气压大于 410kPa 时,匹配阀的输出气压同输入气压一致。

当制动解除、制动总阀关闭时,前轴制动气室在复位弹簧的作用下复位,残余气体分别由匹配阀和制动总阀的 3 口排出。

3)中、后桥制动回路

由四回路保护阀 21 口输出的高压气体,沿管线流向制动总阀 7 上腔 11 口,当踩下制动总阀制动时制动总阀上腔打开,高压气体由制动总阀的 21 口输出到达继动阀 12 的 4 口并将继动阀打开,由多回路分气接头 10 的 63 口所提供给继动阀 1 口的高压气体,迅速

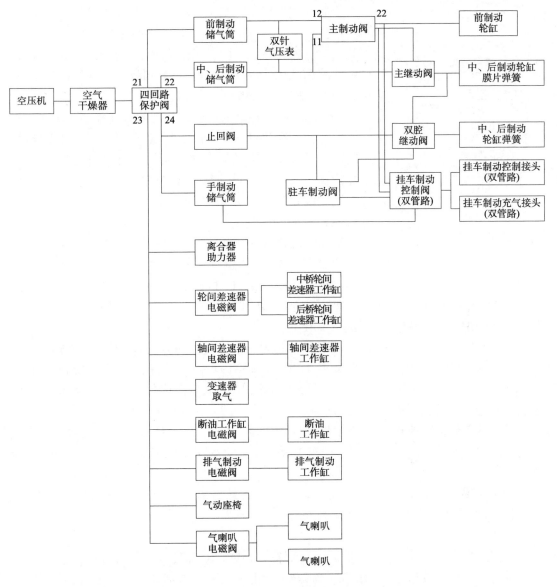

图 4-4-2 整车气路原理图

由继动阀的 2 口输出并分别进入中桥和后桥的制动气室 11 口,在气压力的作用下中后桥的制动器产生制动并汽车减速或停车。

当制动解除时制动总阀和继动阀关闭,中、后桥制动气室在复位弹簧的作用下复位,残余气体分别由继动阀和制动总阀的 3 口排出。

4)驻车制动回路

(1)主车驻车制动回路。

来自驻车制动阀 6 进气口 11 的高压气体,由带有止回阀的五通分气接头 17 的 21 口提供。在五通分气接头 17 的前面装有一个限压阀,此限压阀将通过的气压限制到最大不超过 850 kPa。

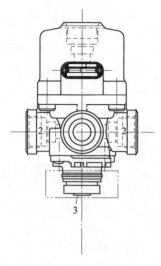

图 4-4-3 匹配阀

当手制动阀放置于行车位置时,驻车制动阀打开,其 21 口的高压气体迅速传输到驻车继动阀 13 的 42 口并使驻车继动阀打开,其 1 口来自带有止回阀的五通分气接头 23 口的高压气体由驻车继动阀的两个 2 口输出,分别将高压气体的气压力传输到中、后驱动桥的制动气室 14 的 12 口,在气压力的作用下中、后桥复合制动气室的弹簧被压缩,此时驻车制动解除。

当驻车制动阀放置于驻车位置时,驻车制动阀和驻车继动阀关闭,中、后桥复合制动气室被压缩的弹簧在弹簧张力的作用下复位实现驻车,即断气制动。断气制动时,残余气体分别由驻车制动阀和驻车继动阀的 3 口排出。

(2)挂车制动回路。

挂车制动控制阀 9 的 11 口,其高压气体来自于带有止回阀的五通分气接头的 22 口。挂车制动控制阀 11 口的高压气体分为两路,一路直接由 12 口输出,并将气压力传输到挂车充气接头 15;另一路则分别由挂车制动控制阀的 41、42 和 43 口控制其 22 口的输出,而挂车制动控制阀的 22 口与挂车制动接头 16 连接。

当驻车制动阀置于行驶位置、踩下制动总阀制动时,挂车制动控制阀打开,制动控制阀的 22 口将气压力传输至挂车制动接头 16;当解除行车制动时,挂车制动控制阀的 41、42 口没有气压力输出而关闭,其 22 口也无气体压力输出,管路内的残余气体分别由制动控制阀和挂车制动控制阀的 3 口排出。

若将驻车制动阀放置于驻车位置时,驻车制动阀的 22 口和挂车制动控制阀的 43 口没有气压力,为保证挂车驻车安全,挂车制动接头 16 常有气压力输出,以实现挂车驻车制动。

为了保证车辆制动效能安全,行车继动阀 12 的后桥出气口 2 与驻车继动阀 13 的 41 口连接,以便使车辆具有可靠的行车制动和驻车制动。

5)辅助用气回路

为了保证车辆用气,气路中设置了多回路分气接头 10 和带有止回阀的五通分气接头 17。带有止回阀的五通分气接头除了保证车辆用气之外,还具有缩短空压机 1 为车辆充气时间的作用,具体负值用气回路有如下回路。

①多回路用气接头有上、下两个腔,在气压低于 650kPa 时,两腔不通是为了保证制动气路用气安全,在气压高于 650kPa 时,两腔互通。

②多回路分气接头上、下两个腔的进气口 51 和 61,分别与四回路保护阀的 24、21 口相连接。

③上腔 52、53、55 和 56 口依次向离合器助力轮缸、变速器减压阀、空气座椅/驾驶室气囊、轮间/桥间差速锁汽缸电磁阀;辅助排气制动电磁阀和电/气喇叭电磁阀提供高压气体。

④下腔的 62 口向储气罐 26、25 提供高压气体、63 口向继动阀 12 的 1 口提供高压气体、64 口向储气罐 27 提供高压气体。

⑤四回路保护阀的 23 口与带有止回阀的五通分气接头 1 口相连接以提供高压气体。其出气口 21 口向手制动阀 1 口提供高压气体、22 口向挂车制动控制阀 11 口提高高压气体、23 口向驻车继动阀的 1 口提高高压气体、24 口与储气罐 26、25 相连以缩短车辆的充气时间。

2. 制动系统主要部件结构

1) 空气处理单元

空气中含有水分，这些水汽进入到制动系统，会引起系统内的一些元器件锈蚀等，造成气路故障，为了防止空气中的水分进入到制动系统，在高压气体进入到制动气路之前，利用空气处理单元对高压气进行干燥处理，消除高压气中的水分。

空气处理单元是由带回流阀的干燥器和四回路保护阀组合而成。其功能完全可以代替原来的"干燥器总成、反冲气罐、四回路保护阀"。空气处理单元中的主要组成元件是干燥器总成和四回路保护阀。

(1) 干燥器总成的结构及工作原理。

干燥器总成主要由上部空气干燥系统和下部的调压、反冲系统组成。

如图 4-4-4 所示，来自空压机的压缩空气经 1 口进入 A 腔，因温度降低产生的冷凝水在排气口 B 聚集，空气经过滤网 C、环道 D 到达干燥器的上部，在这个过程中，空气将进一步冷却，水蒸气进一步凝结，当通过颗粒状的干燥剂（分子筛）E 时，水分被吸附于干燥剂表面及颗粒缝隙间。从而使流经的空气得到干燥后的空气经 F 腔、斜孔 G 到达 A-A 视图中的 H 腔。此时一部分气体经止回阀 I 后由 22 口输出到四回路保护阀。另一部分气体经节流孔 J 作用于膜片 K 上，使膜片 K 向下拱起，气体经回流孔 L 达到 22 口，同时一部分气体通过滤网 M，打开阀门 N，进入 O 腔。

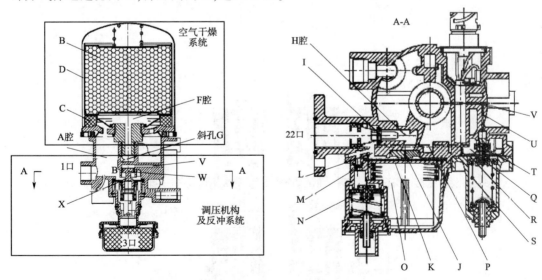

图 4-4-4 干燥器总成结构示意图

在进气过程中，22 口有一部分气体经过小孔 P（虚线表示）到达调压阀膜片腔 Q，作用于膜片 R 上，当出气口 22 的气压达到干燥器开启压力时，气压克服弹簧 S 的力，打开阀门 T，气体经小孔 U、小孔 V 进入排气活塞 W 的上方，推动排气活塞 W 打开排气门 X。

A腔的气体和B处冷凝水经排气口3排出。

在排气瞬间,由于H腔的气压降低,止回阀关闭,22口的气压就会反回来,通过回流孔L、节流孔J来回冲干燥筒,附在干燥剂表面的水分和杂质就会随同压缩空气从3口排出。当膜片K上面的压力降到它的关闭压力时,回流结束。在此过程中,干燥剂得到再生。

排气活塞W有压力释放阀的作用,在任何压力过高的情况下,排气活塞W将自动打开阀门X。当输出口22的压力降到它的关闭压力时,阀门T关闭,排气阀门X关闭。干燥器将再次开始向四回路保护阀供气。

为了保证在寒冷地区时,排气阀门X和阀门T的正常工作,在干燥器壳体上安装了一个电加热器,在温度低于7℃时,加器电路接通,开始加热,当温度到达29℃时,加热器断电,加热结束。

(2)四回路保护阀的结构及工作原理。

四管路保护阀的作用是将全车气路分成四个既相联系又相独立的回路,当任何一个回路发生故障(如断、漏)时,不影响其他回路的正常工作。

如图4-4-5,在全车气路没有高压空气的情况下,四回路保护阀全部关闭,空气压缩机里的压缩空气由"1"口进入保护阀,当输入端气压达1000kPa时,四个阀分别开始向各自回路充气,当回路气压上升到450kPa时阀全部打开,直至全车气压达到调压阀所设定的1000kPa气压值。需要说明的是实际工作中四个阀并不是同时打开的,因为四个弹簧设定的压力不完全一致,同时四个回路充气压力上升的速度也是不尽相同,开启的顺序要视

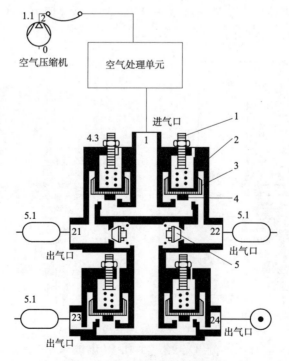

图4-4-5 带止回阀的四回路保护阀
1-调整螺钉;2-调整弹簧;3-膜片;4-进气阀门;5-止回阀

弹簧预紧力和回路气压上升的差异而定,这在使用中无关紧要的,这也正是在充气过程中双针气压表两指针往往指示不同步的原因。

当某一回路发生断、漏气故障时,例如前制动回路断裂,该回路气压急剧下降,全车气路仍然保留有 450kPa 气压,而漏气回路继续漏气直至气压下降为零。此刻随着空压机继续供气,供气压力一旦回升到 450kPa,除故障复位阀继续关闭外,其余回路又重新打开充气,直到回路气压上升到故障回路阀所设定的开启压力 1000 kPa 时,该阀打开放空,从而将其余三个回路的最高气压限定在 1000 kPa,确保了无故障回路的正常工作。

在全车气压较低的情况下,为了首先向前、(中)后制动储气筒充气,以确保制动可靠,陕汽重卡采用带止回阀的四回路保护阀。该阀的驻车制动和辅助用气回路的供气口分别接在前制动和(中)后制动回路上的,且用两个止回阀加以隔离。这样只有当前、(中)后制动回路气压达到 650 kPa 才开始向驻车制动和辅助用气回路充气。

2) 主制动阀

主制动阀用来控制主制动系统工作,陕汽重卡采用双回路双腔主制动阀如图 4-4-6,主制动阀分为上、下两腔室。由(中)后制动储气筒来气接 11 接口,由前制动储气筒来气接 12 接口。上腔出气口 21 向主制动继动阀提高制动信号气压,22 通向前制动气室。

制动时,制动踏板通过一套连接杠杆使主制动控制阀顶杆 a 向下移动,通过橡胶弹簧 b 迫使活塞 c 克服复位弹簧力向下移动,当活塞 c 与阀杆 e 接触时关闭排气口 d。继续下移将迫使阀杆 e 随之下移打开进气口 j,由储气筒来的气通过 21 接口输出到继动阀,从而实现(中)后桥制动。在进气口打开向制动回路充气时,回路气压同时作用在活塞 c 上,当气压向上顶活塞的力与橡胶弹簧预紧力相等时活塞开始向上回升到进气口 j 关闭的平衡状态。制动踏板行程越大,弹簧预紧力越大,从而输出到制动回路的气压越大,这种制动气压随着踏板行程成一定比例关系变化的特性也称为随动性。

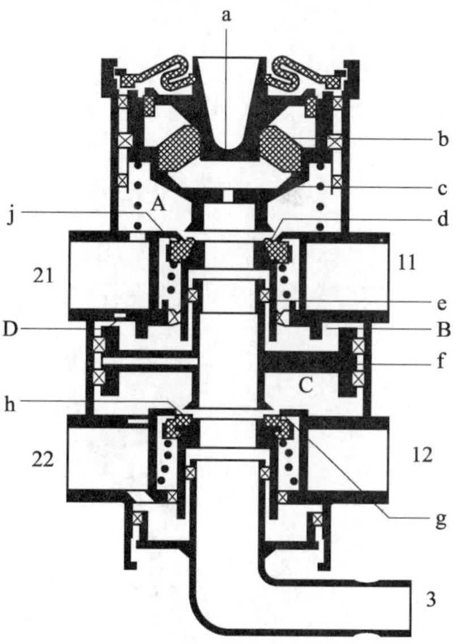

图 4-4-6 主制动阀结构原理示意图
a-顶杆;b-橡胶弹簧;c-活塞;d-排气口;e-阀杆;f-活塞;g-进气口;j-进气口;h-排气口;B-腔;D-小孔;11、12-接口;21/22-接口;3-排气口

当上腔动作的同时,回路气压小孔 D 通向 D 腔作用在活塞 f 上,迫使活塞下移首先关闭排气口 h,进而打开进气口 8,来自前制动储气筒的气经 12 和进气口 8 通过出气口 22 向前制动回路充气产生前制动。这样,回路气压又作用在活塞 f 下面,当前制动回路气压上升到与 B 腔气压相等时,活塞 f 回升,关闭进气口使制动回路气压不再升高,产生一个与(中)后桥制动同步的气压。下腔输出气压与上腔输出气压有一定的比例关系,同步增减。只是在同一时刻上腔输出气压总比下腔输出气压高出一个超前量 ΔP。在相同输出气压时(中)后桥制动总比前桥要早。

双回路主制动阀必须保证某一回路失效时不影响另一回路正常工作。如图 4-4-6 所示,由于主制动阀下腔是上腔来控制的,因而下腔工作失效不影响上腔第一回路的工作。

如果第一回路失效,例如21出口断、漏,当顶杆下移打开进气口j时,21接口建立不起气压,从而B腔也没有气压信号,但顶杆推动活塞c以及阀杆e继续下行使阀杆与活塞间隙消除之后,顶杆的下移会直接推动活塞f下移,从而打开下腔进气口实现第二路直达。此时的平衡关系将由第二回路制动气压作用在活塞f向上的力与橡胶弹簧力产生。

解除制动时,作用在顶杆上的力消除,橡胶弹簧压力消失,活塞c在复位弹簧和回路气压的作用之下上行,首先关闭进气口j,进而打开排气口d,载荷调节阀的输入气压经21口和排气口3放空,继动阀的控制气压经载荷调节阀放空,制动气室的气压经继动阀放空,(中)后桥制动解除。与此同时,主制动阀下腔在回路气压的作用下使活塞f上行,关闭进气口e,打开排气口h,前制动气室气压经X口和排气口3放空,前制动解除。

3)驻车制动与应急制动阀(手制动阀)

应急制动是主制动失效时,用以代替主制动的备用制动系统。应急制动系统与驻车制动共用一套制动系统。

如图4-4-7,当手柄处于0°~10°范围内时,汽车的驻车制动全部解除,处于行车状态;当手柄处于73°锁止位置时,汽车处于完全制动状态;当手柄处于82°检查位置时,牵引车驻车制动状态,但挂车处于完全解除制动状态。

当手柄从73°向0°位置运动时,手柄凸轮向下推动大活塞h,压下平衡弹簧g,推动活塞b下移,排气阀门d关闭,进气阀门e全开,附加阀的进气阀门c打开,f腔内压缩空气进入a腔,然后分成两路,一路经21口进入弹簧制动气室,解除牵引车驻车制动,一路经22口进入挂车制动阀,解除挂车驻车制动,当手柄处于0°~10°范围内时,汽车驻车制动处于完全解除状态。

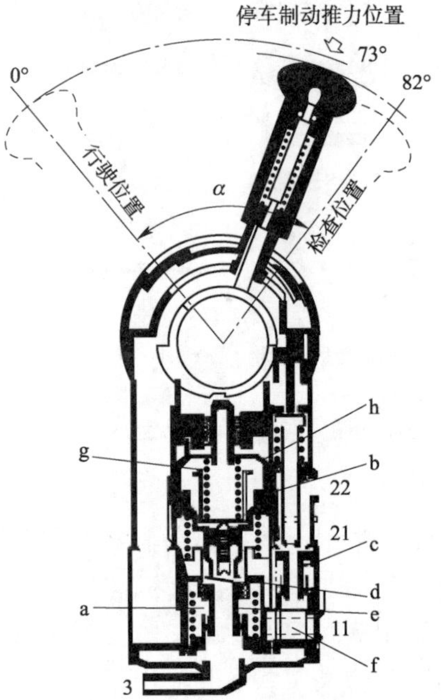

当手柄从0°向55°和73°运动时,大活塞h、平衡弹簧g、平衡活塞b向上运动,排气阀门d打开、进气阀门e关闭;附加阀进气阀门c关闭。输出气压随手柄转角的增加而呈线性下降为零,当手柄处于55°~73°范围时,整个汽车处于全制动状态。当手柄处73°时,手柄被锁死。当手柄从73°到达82°检查位置时,附加阀门的进气阀门c打开,解除了挂车的制动作用,这时可检查汽车是否可以只在牵引车的驻车制动作用下具有停坡能力。放松手柄时,手柄又自动回到停车制动锁止位置。

4)继动阀

继动阀的作用是缩短制动反应时间,对主制动气室的作用为"快充"和"快放"。

由于(中)后桥制动气室总容量较大,距主制动阀的距离又远,因此当制动踏板踩下时到最远的那个气室气压达到相应数值的制动反应时间过长。为此在距(中)后桥制动气室最近的位置安装一个继动阀(图4-4-8),它由储气筒用一根较粗的主管路直接供气,

图4-4-7 驻车制动阀结构原理
a-腔;b-平衡活塞;c-附加阀进气阀门;d-排气阀门;e-进气阀门;f-腔;g-平衡弹簧;h-大活塞

再用一根较细的管路由主制动阀来控制。

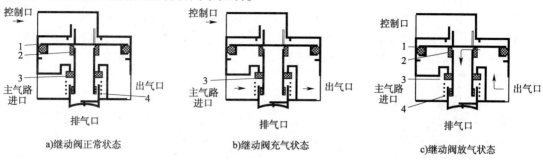

图 4-4-8 主制动阀继动阀结构原理示意图
1-继动活塞;2-排气阀;3-进气阀;4-弹簧

当主制动阀工作时,由主制动阀上腔输出一个与制动踏板行程相应的气压信号,进入继动阀的控制口,该气压使活塞1下行首先封闭排气口,进而将阀压下打开进气门,早已等候在主气路的压缩空气迅速提高排气口向制动气室充气从而达到快充的目的。

当制动气室气压上升与控制气压相等时,该气压作用在活塞1下面的力与控制气压作用在活塞上面的力平衡,活塞1回升重新关闭进气口,使输出气压不再上升,达到与制动踏板同步随动作用。双阀关闭,维持制动。

当主控制阀解除制动时,制动气室的输出气压经主制动继动阀放空,继动阀的控制气压经主制动阀放空,制动气室回路气压迫使活塞迅速上升,重新打开排气口,气室气压经由继动阀排气口放空,从而达到"快放"的目的。继动阀仅起一个小气量控制大气量的作用而不改变制动的任何性能。

5)差动式继动阀

差动式继动阀的结构如图 4-4-9 所示。

差动式继动阀是用于缩短驻车制动在实施过程中的排气时间,同时避免在紧急制动时,行车制动和驻车制动同时起作用,导致制动气室损坏、制动负荷过重、过早磨损等。

差动式继动阀的工作原理为:当驻车制动单独起作用时,B 腔无压缩空气,A 腔压缩空气部分或全部放空,活塞 a 在 C 腔气压作用下上移,排气阀门 e 打开,同时阀门座 c 上移关闭进气阀门,弹簧制动室的压缩空气经排气口 3 排出,弹簧压缩得以释放,从而实现驻车制动;当行程制动和驻车制动同时起作用时,弹簧制动室的压缩空气排出,如果这时行车制动也在工作,压缩空气经 41 口进入 B 腔,作用在活塞 b 上,由于 C 腔空气排空,活塞 b 下移关闭排气阀门,通过阀门座 c 打开进气阀门,来自 1 口的压缩空气经 C 腔到达 2 口,并计入弹簧制动室,弹簧压缩按行车制动压力上升程度解除,从而避免了两种制动力的叠加。

6)驻车制动继动阀

陕汽重卡采用双回路双腔差动式制动继动阀。驻车制动继动阀用来手制动系统的工作,起到"快充"和"快放"作用。

如图 4-4-10 所示,驻车制动继动阀同主制动继动阀结构不同,驻车制动继动阀有两个控制口 41 和 42,分别受主制动继动阀的 2 口和驻车制动阀控制。这种布置的优点是,当同时使用驻车制动和主制动时,主制动起作用,当主制动失效时,驻车制动起作用。

7) 前制动气室

陕汽重卡采用的是膜片式气室,其作用是随制动踏板的不同行程,通过制动凸轮轴对前桥实行不同程度的制动,如图4-4-11所示,制动气压同制动踏板行程成正比,也就是制动力同制动踏板成正比,其推杆行程最大60mm。

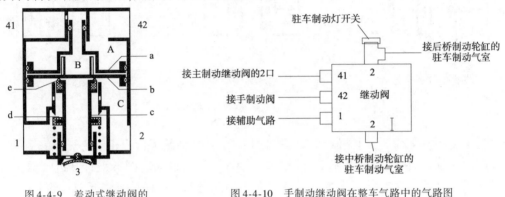

图4-4-9　差动式继动阀的结构示意图
a-活塞；b-活塞；c-阀门座；d-阀座；e-排气阀门

图4-4-10　手制动继动阀在整车气路中的气路图

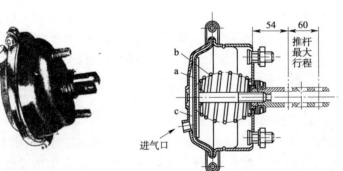

图4-4-11　前桥制动气室

8) 中后桥制动气室

陕汽重卡中后桥制动气室采用的是复合式制动气室,前部是膜片式制动气室,后部是弹簧储能式制动气室。复合式制动气室的作用是既对(中)后桥主制动产生制动作用,又可实施驻车制动和应急制动。

如图4-4-12所示,主制动气室与驻车制动气室成一个整体。主制动气室采用常规式膜片制动结构,驻车制动气室采用典型弹簧储能放气制动装置。驻车制动气室充气压力由12进入气室时作用在活塞e上,与弹簧f的推力呈相反作用。当充气压力大于650kPa时,活塞压缩弹簧向左行至极限位置,从而解除制动。如果气室空气经12完全放空,则活塞被弹簧f推向右行,并通过中空的推杆推动主制动气室推杆伸出产生制动力,最大制动强度取决于弹簧预紧力,如图4-4-12b)所示。当12输入气压低于650kPa时,活塞连同推杆也要伸出产生制动,但制动强度随输入气压值成反比关系。输入不同气压可产生不同强度的制动效果,因此驻车制动气室又是应急制动气室。

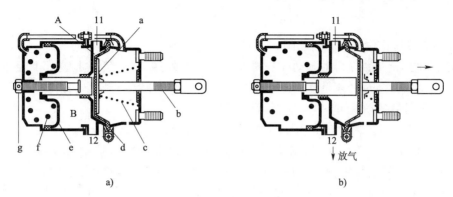

图4-4-12 复合式制动气室的结构
a. e-活塞；b-推杆；c-弹簧；d-膜片；f-弹簧；g-螺栓
A-主制动气室；B-驻车制动气室

在驻车制动气室中空的推杆中设置有一细牙螺栓，当螺栓全部旋出时，就将活塞克服力弹簧力拉向左极限位置，从而可以在没有压缩空气的情况下驻车制动。

复合制动气室在解体时应予特别注意，因为驻车制动气室弹簧预紧力很大，因此拆装时必须在压床上进行。拆卸时首先用压床压紧，拆卸气室固定螺栓，待全部拆卸完之后，慢慢将压床松开，弹簧完全自由状态时进行分解。否则，易发生安全事故。

3. 制动系统常见故障诊断与排除

1）气源部分

（1）制动系统充气速度慢或完全不充气。

这一故障主要是由于空气压缩机进、排气阀封闭不严或烧损所致，拆检更换进、排气阀即可排除。

（2）干燥器不能反冲排气。

这一故障一般源于调压阀故障，应对调压阀进行拆检。干燥器排气阀常出现漏气的故障是由于排气阀密封件损坏，或是在阀与阀座之间存有异物，使其封闭不严。

（3）四回路某一回路不充气。

欧曼汽车四回路保护阀把全车分成前桥制动回路、（中）后桥制动回路、驻车制动回路和辅助用气回路。在实际运行中，往往发生某一回路不充气，遇有这种故障应对四回路阀进行拆检，如果阀卡死则清理后重新装配即可排除。如果阀损坏则应用修理包更换坏的部件。

2）主制动回路

（1）踩下制动踏板时，主制动阀从排气处漏气。

如果踩下制动踏板时，主制动阀从排气口漏气，故障主要在主制动阀本身。如图4-4-6所示，应首先检查上腔与下腔进气口 j 和 e 与活塞 c 和 f 的接触面上有无异物，密封件有无破损。如果活塞与进气阀接触封闭不严，就会产生制动时漏气的现象。其次应检查进气阀杆 e 与中腔活塞 f 之间的密封圈是否磨损和破损、下腔进气口 g 的阀杆与壳体之间密封圈是否磨损和损坏。因为这些密封圈损坏都会造成漏气故障。另外应检查主制动阀中腔活塞 f 的两个 O 形密封圈是否磨损和损坏。因为这两个密封圈破损同样会造成漏气故障。

（2）不踩制动踏板时，主制动阀漏气。

如果在制动解除之后，主制动阀从排气口 3 处向外漏气，一般是上腔或下腔进气口 j 和排气口 h 密封件破损，或是在阀与阀座之间存有异物，导致上制动阀漏气。进气阀杆与壳体之间密封圈破损也会产生漏气。

（3）解除制动后，制动气室膜片不复位或复位太慢。

如果发现全车制动"发咬"，制动气室膜片都不复位，显然是制动踏板与主制动阀连接杠杆连接过"紧"，使制动踏板没有自由行程，主制动阀总处于打开的位置，因此全车制动回路总有一定的制动气压存在。虽然该气压不高，但使制动总处于制动状态，气室推杆总以一定的力迫使制动蹄片贴在制动鼓上，从而产生"发咬"的现象，这种故障往往发生在更换或安装主制动阀时。因此，在安装主制动阀，连接制动拉杆与主制动阀拐臂时一定应注意，安装后，连接拉杆后端应与主制动阀拐臂连接销存有一定的自由间隙，这一间隙可通过调整拉杆长度来实现。换句话说，安装上制动阀后应保证制动踏板有一定的自由行程。

制动解除后，前轮"发咬"，待行驶一段距离"发咬"现象才会消失。换句话说，前制动气室膜片复位太缓慢。这一般是由于主制动阀下腔放气不畅造成的。主制动阀下腔进气口 e 密封件中腔活塞 f 之间有油污和脏物堵塞，上行回不到位（活塞卡住）都会产生这一故障。前制动回路管路部分被油泥堵塞、前气室弹簧失效也会产生这一故障。如果是单边"发咬"，很可能是制动机械部分的问题。例如制动凸轮轴锈蚀、制动凸轮轴弯曲变形等都会产生制动后"发咬"的故障。制动蹄复位弹簧断裂或弹力太小显然也会产生此故障。

制动解除后，（中）后桥制动"发咬"，随汽车行驶一段后制动都能完全解除。这种故障原因较多。首先主制动阀上腔回气不畅、继动阀回气不畅、制动管路部分堵塞都会产生"发咬"现象。

主制动阀回气不畅主要是进气口 j 与活塞 c 之间被油污脏物堵塞，或是活塞 c 在制动解除后回不到位，使排气口 d 形成节流，造成放气缓慢（图 6-6）。继动阀放气不畅也是该问题。

如果（中）后桥仅是个别车轮制动"发咬"，很可能是该部位机械部分故障，制动蹄摩擦片复位弹簧折断，制动凸轮轴与衬套锈蚀，凸轮轴弯曲变形，桥壳变形，制动气室复位弹簧失效等都会产生制动后"发咬"故障。如果是某个车轮突然"发咬"，很可能是制动蹄摩擦片脱落或者是破碎。

如果（中）后桥车轮持续"发咬"，显然问题在驻车制动系统上。驻车制动阀漏气或者是（中）后桥某一弹簧储能制动气室漏气，都会造成（中）后桥全部车轮持续"发咬"的故障。应急制动继动阀漏气也会产生上述故障。

（4）前轮制动效果差，经检查前轮制动气室制动气压偏低。

这一故障一般是由于主制动阀上腔与中腔的控制气孔 D 被油泥或脏物堵塞而使压缩空气节流，使前轮制动的活塞 f 上腔 B 气压降低所致。此时应对主制动阀拆检清洗。

3）驻车制动与应急制动回路故障

(1)驻车制动阀漏气。

当驻车制动阀置"驻车制动"位置时,驻车制动阀从排气口 3 持续漏气,一般是阀的进气阀与阀座封闭不严,或是阀与阀座之间存在异物,或是进气阀密封件损坏所致。

在驻车制动时,驻车制动阀漏气不会产生其他故障。然而当把驻车制动阀手柄置"行驶"位置时,驻车制动阀漏气,将会产生汽车行驶时(中)后桥车轮"发咬"的故障。这是由于驻车制动阀的阀杆与气阀的接触封闭不严所致。造成改排气口封闭不严的原因,可能是密封件的损坏,或是由于阀杆与气阀之间有异物或油污的隔开而造成排气口封闭不严。拆检清洗或更换进气阀密封件,故障就可排除。

(2)弹簧储能气室漏气。

弹簧储能气室活塞密封圈损坏、拉伤、气室汽缸拉伤等,都会造成气室漏气。因(中)后桥车轮的各弹簧储能制动气室都是气路连通的,因此只要有一个气室漏气,就会造成各个气室气压的降低。因此,导致行驶时(中)后桥车轮"发咬"的结果。遇有这种故障,则需将漏气的制动气室拆检修理。拆卸和安装弹簧储能制动气室时,必须在压床上进行,以确保安全。

(3)驻车制动继动阀漏气。

当驻车制动时,继动阀漏气,对汽车不会造成故障,这是由于继动阀的进气阀密封件损伤或阀座之间有异物或杂质,使阀门封闭不严造成的。

当汽车处于行驶状态时,继动阀从排气口持续漏气,原因是排气阀与活塞封闭不严,此时会使弹簧储能制动气室的气压不足,导致行车制动"发咬"的故障。

4)制动不灵

制动不灵除上述气路控制系统的问题外,主要的问题就出在制动蹄摩擦片与制动鼓上。制动蹄摩擦片与制动鼓接触面积应大于整个面积的 70%,同时要求制动蹄摩擦片干净无油污,干燥不潮湿。为保证制动蹄摩擦片和制动鼓的接触面,在制动鼓圆度超差、拉伤以及制动蹄摩擦片磨损时,或换用新制动蹄摩擦片时,必须将制动蹄摩擦片和制动鼓内表面用专用机具光削,而且光削的胎具必须保证制动鼓与轴头同轴,制动蹄摩擦片同样与轴头同轴。在没有专用机具的情况下可用锉刀和砂纸对制动蹄摩擦片进行修磨以确保接触面积大于 70%。制动蹄摩擦片的两端"咬合"制动效果要比中间"咬合"效果好得多。因此,在光磨制动蹄摩擦片时,其光磨的直径应比制动鼓内径大 0.2mm,一般制动鼓的最大光削量为 1mm。

5)制动跑偏

造成制动跑偏因素很多,诸如同轴左、右轮胎气压差别较大,左、右轮胎磨损程度不同。但主要原因只有两条:一条是左、右制动蹄摩擦片间隙相差较大,造成制动的不同步;另一条便是左、右车轮的制动力不同。造成力矩不同的原因也较多,左、右气室制动气压不同,左、右制动蹄摩擦片与制动鼓接触面积不同,某侧制动蹄摩擦片上有油污等都会使制动跑偏。一般来讲,在反复调整制动蹄摩擦片间隙仍不能排除跑偏故障时,就应对制动鼓和制动蹄摩擦片进行拆检和光磨。

6)轻踩制动时前轮摆动

这种故障大多数是由于前轮制动鼓圆度超差所造成的制动不同步,导致轻踩制动时前轮摆动。一般来讲将制动鼓光磨后即可排除。

制动系统是较为复杂的系统,因此一个故障往往并不是由一个原因引起的,而是由几种原因产生的"综合征"。因此在分析判断时可能要远比我们上述分析得复杂得多,但只要我们了解系统的结构与工作原理,掌握了科学的分析方法,再加上一定的实际经验,故障会被迅速查清并排除。

 知识拓展

挂车制动

1. 双管路挂车制动阀

双管路是主车与拖车由充气管路与制动控制两根管路连接。牵引车和挂车制动系统主要由安装于主车上的挂车制动控制系统和安装于挂车上的挂车制动系统组成。

挂车制动阀是安装在拖车上的主要阀件。它主要作用是主车通过它为挂车储气筒充气,根据主车的制动信号使挂车同步产生等强度的制动,以及当连接管路断漏(如主车与挂车脱钩)时能使挂车自动产生制动。

如图4-4-13,由主车来的充气管路连接于进气口1,主车来的制动控制管路连接于控制口4。当主车正常行驶时,充气管路经1进气口和单向V形皮碗通过Ⅰ接口向拖车储气筒充气,当1口和Ⅰ口气压相等时充气结束。

当主车制动时,安装于主车上的拖车制动控制阀通过制动控制管路给出一个制动气压信号。该气压通过控制口4作用在活塞5上,使活塞下行,首先封闭排气口10,进而顶开进气门9,此时拖车储气筒的气经打开的进气门和出气口2给拖车制动气室充气产生制动。与此同时回路气压又作用在活塞5的下面,当气室回路气压与控制气压相等时,活塞5回升重新关闭进气门,使制动气室回路气压不再上升,从而使拖车产生与主车同步强度的制动。与此同时,如若拖车储气筒Ⅰ接口气压低于充气接口1气压值,主车仍然持续为拖车储气筒充气,以确保拖车制动气压的需要。

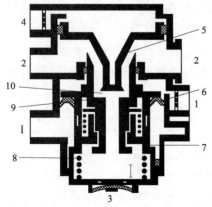

图4-4-13 挂车制动阀结构

1-进气口;2-出气口;3-放气口;4-控制口;
5-活塞;6-膜片;7-活塞体;8-弹簧;9-进气门;
10-排气口;Ⅰ-接口

当主车制动解除时,控制口4的控制气压控制管路由拖车制动控制阀(安装在主车上的)放空。拖车气室口路气压迫使活塞5上行打开排气口"10",气室气压经该口和放气口"3"放空,拖车制动解除。

行驶中如若充气管路突然断、漏,此时,充气接口"1"气压下降,拖车储气筒Ⅰ接口压力高于充气压力,此时活塞件7将在该压差作用下上行,上行的结果同样使活塞5关闭排气口。打开进气门9,从而使储气筒向制动气室充气,使拖车自动产生制动,其制动强度取决于充气回路漏气的程度。如果充气管路完全断裂,充气接口"1"气压下降为零,则会产生全负荷紧急制动。

2. 双管路挂车制动控制阀

双管路拖车制动控制阀安装在主车上,其主要作

用是主车通过它持续不断地向拖车充气。无论是主车前制动、(中)后制动还是驻车制动,只要其中一个或全部动作,拖车制动控制阀都向拖车制动阀输出一个制动信号,使拖车产生相应强度的制动。当制动控制管路断、漏时,它同样能使拖车与主车同步产生制动挂车制动控制阀工作原理,如图4-4-14所示。

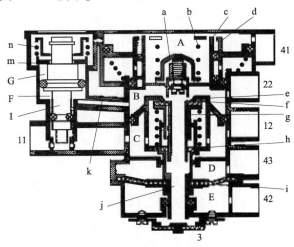

图4-4-14 挂车控制阀原理图

a-平衡活塞;b-调整弹簧;c-进气口;d-活塞;e-排气口;f-两用阀门;g-阀杆;h-活塞;i-膜片;j-排气口;k-旁通阀出气口;m-旁通阀出气口;n-调整弹簧;11、12-进气口;22-出气口;3-排气口;41、42、43-控制口

由驻车制动储气筒通向输入"11"接口,输入12接口接拖车充气管路,22接挂车制动控制管路,41口接主制动阀上腔即(中)后桥制动回路来的控制信号气压,42口接主制动阀下腔即前制动回路来的控制信号气压,43口接驻车制动来的控制信号气压。

无论是在正常行驶,还是在制动状态,驻车制动储气筒总经由11口输入到C腔,再由12接口和充气管路向挂车储气筒充气。

在汽车正常行驶时,来自(中)后制动回路的气压信号经42口进入D腔,该气压作用在膜片i与充气气压在c腔作用在活塞h上的力平衡(活塞有效面积与膜片有效面积相同),活塞体h保持在图4-4-14所示位置上。

当主制动阀动作时,来自(中)后制动回路的气压信号经41口通向A腔,使活塞d下行,同时来自前制动回路的气压信号经42口通向E腔作用在膜片i的下面,从而使活塞体h打破平衡状态而上行。活塞d下行和活塞体h上行的结果,首先将排气口e封闭;将阀杆8顶开打开进气口f,如此C腔的气经进气口涌向B腔,经22口输出,当这一输出的制动控制信号气压达到主制动信号气压值时,B腔的气压对活塞d的作用力与A腔制动信号气压对活塞d的作用力以及弹簧力相平衡,B腔气压对活塞体h的作用力与E腔制动信号气压对膜片i的作用力相平衡,此时活塞体h下行、活塞d上行,进气口f重新关闭,使输出给拖车的制动信号气压不再增加,从而使挂车产生与主车同等强度的制动。

主制动阀解除制动时,A腔与E腔制动信号气压经主制动阀放空,活塞d在B腔气压与复位弹簧作用下上行,活塞体h在B腔气压作用下下行,从而迅速打开排气口e,挂车制动控制管路气从排气口e与放气口3放空,拖车制动解除。

主制动阀任何一回路失效时,同样可以产生制动控制信号气压输出。因此对于主制动系统而言,该阀既是双回路又是双管路控制阀。

当驻车制动手柄置"驻车"位置时,D腔气压经43口由驻车制动阀放空,活塞体h在c腔充气气压作用下迅速上行,从而关闭排气口e,打开进气口f,通过22口输出气压制动信号,使挂车产生制动。在应急制动时,驻车制动手柄置某一需要位置,D腔气压则相应降至某一数值,此时活塞体h在C腔和D腔气压差作用下上行,关闭排气口、打开进气口,当B腔气压上升到某一数值时,作用在活塞体h上的力与c腔、D腔压差作用力相平衡,输出控制信号气压由于进气口重新关闭而不再增大,从而使挂车产生一个与主车相应强度的应急制动。

当驻车制动阀置"行驶"位置时,43口输入到D腔的气压,使活塞体h下行,关闭进气口、打开排气口,使拖车控制信号气压放空,拖车制动解除。汽车在行驶中制动控制管路断、漏,而当主车制动时,该阀动作使进气口f打开,由于22输出管路断、漏,因此B腔不能建立气压,此时断气阀杆1的活塞下腔P,同样不能建立气压,而活塞上腔G即由A腔输入主制动气压,从而使阀杆迅速下行关闭11接口,使充气管路被切断。充气管路断气,通过拖车制动阀会使拖车自动产生制动,确保拖车制动的可靠。

由于断气阀杆1的上腔G仅与(中)后制动信号作用腔A相通。因此,当主车(中)后制动失效,则上述这种拖车自动与主车同步制动作用将不会产生。

3. 挂车制动系统的故障

(1)挂车储气筒不充气。

遇有挂车储气筒不充气的故障,首先应检查主车至挂车的充气管路有没有气。如果充气管路没有气(可用按下充气管接头的单向阀来检查),说明故障在挂车制动控制阀(安装在主车上)上,如果充气管路有气、主车与挂车连接接头也没问题,说明故障在挂车制动阀(安装在挂车上)上,需分别对其进行拆检。

(2)挂车没有制动。

当主车踩制动踏板时,挂车没有制动。遇到这种故障应首先检查:当主车踩制动踏板时,挂车制动控制管路有没有气压(可以用手按下挂车制动控制管路接头的单向阀,然后踩制动踏板,观察是否出气)。如果没有气压输出,则说明故障在主车上安装的挂车制动控制阀;如果有气压输出时,则说明问题在挂车上安装的制动阀上,应分别对其进行拆检修理。

(3)挂车制动"发咬"。

在正常行驶时,挂车车轮"发咬"、制动鼓发热,一般是由于充气管路或接头漏气,挂车制动阀自动产生制动造成的,应对充气管路与接头进行检查。

(4)主车制动阀或挂车制动阀漏气。

与上述阀件相同,这类故障都是由于阀内的进气、排气口的密封件损坏,或是由于阀与阀座之间有异物或污物造成封闭不严所致。

任务训练

气压制动传动装置故障诊断

制动系统的故障诊断时,可采用"截断法"对制动系统气路进行故障判断,利用各个

阀件的特性,能够快速地判断出故障部位。

截断法的核心是首先将故障发生的系统以及该系统有关的关联部件找出,然后将系统中的中间部位"拦腰砍断",用简单试验的方法判断故障在哪一边。然后,再在故障那半边系统内中间部位再"拦腰砍断",通过试验判断故障又在哪一后将系统中的中间部位"拦腰砍断",用简单试验的方法判断故障在哪一半边。然后,再在故障那半边系统内中间部位再"拦腰砍断",通过试验判断故障又在哪一边。这样每次可排除50%的部件,通过几次检查可迅速准确地将故障部位查到。然后再解体故障部件,分析故障原因,继而进行拆检修理,如此可达到事半功倍的效果。

下面针对故障车中、后桥制动气室推杆不动作的现象,采用"截断法"进行分析。

首先,检查储气罐是否有气,如有气,则按下列方法检查。

(1)如图4-4-15所示,从整车气路图中找出与中、后桥制动有关的气路和阀件。

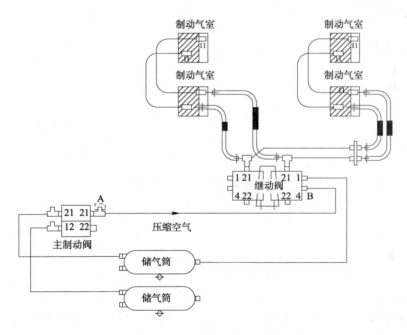

图4-4-15 中、后桥制动系统

(2)从上制动阀的21口(A处)松开管接头,踩下制动踏板。

①如踩下制动踏板,从松开处21口无气体排出,则故障在主制动阀及其前段的气路中。再松开主制动阀的11口,如有气体急速排出则主制动阀出现故障。如无气,则检查连接主制动阀与储气罐之间的管路是否堵塞。

②如踩下制动踏板,从松开处21口如有气体急速排出,则故障在主制动阀后段的气路中,连接好管接头。再从主制动继动阀21口(C处)松开管接头,踩下制动踏板,如21口有气急速排出则故障部位在继动阀后面的气路;如踩下制动踏板,21口无气体急速排出,则故障在继动阀21口与主制动阀之间的部位。

③经过检查最终确定继动阀有故障,更换后故障消除。

任务评价

气压制动系统气路检查评价表　　　　　表 4-4-1

序号	内容及要求	评分	评分标准	自评	组评	师评	得分
1	工具的使用	10 分	不能正确使用常用工具扣 5 分； 专用工具使用不正确扣 1~5 分				
2	拆装顺序正确	10 分	拆装顺序错误一次扣 10 分				
3	工具设备摆放整齐	10 分	摆放不整齐扣 5 分； 工具、零件落地一次扣 5 分				
4	设备使用正确	20 分	不能正确使用，每项扣 5 分				
5	问题分析正确，查找故障点	30 分	查找错误，一次扣 10 分				
6	工具、现场整洁	10 分	未对工具和实习场地整理、清洁扣 5 分				
7	安全文明实习	10 分	出现安全问题和不文明现象扣 1~10 分				
指导教师总体评价：							

指导教师＿＿＿＿＿＿＿＿＿＿
＿＿＿＿年＿＿月＿＿日

练一练

一、单项选择题

1. 气压制动系的制动气压压力由(　　)控制。
   A. 制动控制阀　　　B. 调压器　　　C. 气筒气压　　　D. 制动气室

2. 在不制动时，气压制动控制阀的进排气阀门的开闭情况是(　　)。
   A. 进气阀开启，排气阀关闭　　　　B. 进气阀关闭，排气阀开启
   C. 进、排气阀均关闭　　　　　　　D. 进、排气阀均开启

3. 前、后轮的制动气室膜片通常是(　　)。
   A. 前小后大　　　B. 前后相等　　　C. 前大后小　　　D. 无要求

4. 制动系统气路元件各个气路接口都用数字辨明了它的用途，符号"1"的含义为(　　)。
   A. 该阀件进气口　　　　　　　　B. 该阀件出气口
   C. 该阀件排气口　　　　　　　　D. 该阀件控制气口

5. 全车气路中空压机、空气干燥器、调压阀、四回路保护阀的位置关系是(　　)。
   A. 空压机——空气干燥器——调压阀——四回路保护阀
   B. 空压机——调压阀——空气干燥器——四回路保护阀
   C. 空压机——四回路保护阀——空气干燥器——调压阀

D. 空压机——四回路保护阀——调压阀——空气干燥器

二、多项选择题

1. 重卡的全车气路由(　　)以及辅助用气回路五部分组成。
   A. 气源部分　　　　　　　　　　　B. 前桥制动回路
   C. (中)后桥制动回路　　　　　　　D. 驻车制动回路

2. 中重型商用车制动系统都具有(　　)等制动装置。
   A. 主制动(行车制动)　　　　　　　B. 驻车制动
   C. 应急制动　　　　　　　　　　　D. 紧急制动

3. 制动控制阀上标注气路元件符号的含义：11-(　);12-(　);21-(　);22-(　)。
   A. 表示该阀件的第一进气口　　　　B. 表示该阀件的第一出气口
   C. 表示该阀件第二进气口　　　　　D. 表示该阀件的第二出气口

4. 空气处理单元能完成(　　)功能。
   A. 干燥器总成　　　　　　　　　　B. 调压器
   C. 四回路保护阀　　　　　　　　　D. 反冲气罐

5. 下列说法正确的是(　　)。
   A. 制动踏板行程越大，输出到制动回路的气压越大，制动力越大
   B. 当整车气压达到额定气压后，调压阀将四回路保护阀气路关闭，此时干燥器的排气口打开
   C. 在相同输出气压时(中)后桥制动总比前桥要早
   D. 应急制动是主制动失效时，用以代替主制动的备用制动系统

三、判断题

1. 多数商用车空气压缩机采用风冷式空气压缩机。　　　　　　　　(　　)
2. 应急制动系统与驻车制动共用一套制动系统。　　　　　　　　　(　　)
3. 继动阀的作用是缩短制动反应时间，起一个"快充"和"快放"的作用。(　　)
4. 重型商用车前桥、中后桥制动气室采用膜片式制动气室。　　　　(　　)
5. 双管路是主车与拖车由充气管路与制动控制两根管路连接。　　　(　　)

四、简答题

1. 简述重型商用车气压制动传动装置由哪些部分组成？
2. 简述四回路保护阀的工作情况。
3. 制动气室有哪些类型？说明在汽车上的应用。
4. 说明制动系统的故障诊断的"截断法"原理。

学习任务4.5　辅助制动系统构造与维修

任务目标

1. 通过查阅资料和观摩，掌握辅助制动系统的组成及其工作原理。
2. 学会辅助制动系统故障检修方法。

3. 根据环保要求,妥善处理辅料、废弃液体和损坏零部件。

任务导入

一辆苏州金龙 M461DQ 客车,已行驶了 40 万 km 在一次追尾事故中造成客车左前部撞瘪,需要钣金修复。该车驾驶人反映,当时高速行驶时前方突然出现紧急情况,但由于该车制动效果突然变差,因此没能及时停住车。

钣金修复后对该车路试,感觉其制动性能差。顶起前后车轮,检查制动蹄、鼓间隙正常;制动鼓内无漏油现象。怀疑故障是电涡流缓速器不工作所致。

任务准备

对于某些高速行驶、制动频繁,特别是经常行驶于山区的汽车,由于坡长弯多,如果长时间频繁使用行车制动器,势必使摩擦式车轮制动器内温度急剧升高,导致制动效能热衰退和液压制动系的气阻,使汽车的制动效能及制动器的使用寿命显著下降,影响行车安全。

为了减轻、分流行车制动器的负荷,提高行车速度和汽车运输效率,确保制动减速平稳、防滑和行车安全,减少轮胎和摩擦片的损坏,提高车辆的乘坐舒适性,重型汽车均装设不同类型的辅助制动器,主要有蝶阀排气制动、液力缓速装置和电力缓速装置等。

1. 蝶阀排气制动装置

1)蝶阀排气制动装置原理

蝶阀排气制动是利用发动机的摩擦阻力和泵吸阻力来消耗汽车动能的一种主要形式,还有发动机自然制动和发动机压缩制动。发动机自然制动是其自身固有的;而发动机压缩制动则是利用其是利用压缩行程来吸收功率,它是在发动机压缩行程接近上止点时,由控制装置打开排气阀,使压缩空气经排气支管、排气总管排出,压缩能量不再回输给发动机;排气制动就是在发动机排气支管与排气管接口处设置一个阀门,当使用排气制动时,将该阀门关闭并停止供给燃油,使发动机在排气冲程期间压缩排气歧管中的气体,借以消耗汽车的动能,取得更大的制动效果。

排气管中的压力受排气门弹簧弹力的限制,排气管中的气压可达 200~400kPa。在排气压缩的同时,排气管中的压缩气体会把其他缸的排气门顶开而倒流入汽缸。由进气冲程推开排气门而进入汽缸的压缩气体,会经进气门高速排出,从而使进气系统的噪声增大。

2)蝶形排气制动装置结构

蝶形排气制动装置是由排气制动阀和阀门控制系统组成。排气制动阀多采用蝶形的。阀门控制系统有机械式、气控式、电控气动式和电磁式。排气制动一般与行车制动无关,独成系统。而有些汽车(如菲亚特 650E 型汽车)的排气制动与行车制动是联控的,当行车制动踏板刚踏下时,排气制动就自动地发挥作用,当放松制动踏板或发动机转速降至接近最低速时,排气制动便自动地解除。

蝶形排气制动阀简称蝶形阀,如图 4-5-1 所示。该阀装在排气歧管与排气管之间,控制汽缸通过销轴驱动蝶形阀体中的蝶形阀门开闭,由限位螺钉来调整其全开和全闭的位置。

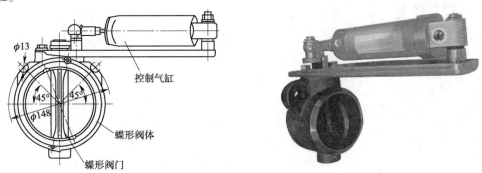

图 4-5-1 气动蝶形排气制动阀

3）电控气动排气制动系统

图 4-5-2a)所示为汽车电控气动排气制动系统结构图。该系统主要有排气制动开关2、离合器开关4、加速踏板开关5、电磁阀8、蝶形阀6和蝶形阀汽缸7组成。电磁阀控制着气源管路。它的绕组串联在三个开关控制电路中，其中任何一个开关断开，都会使电磁阀关闭而解除排气制动，如图4-5-2b)所示。

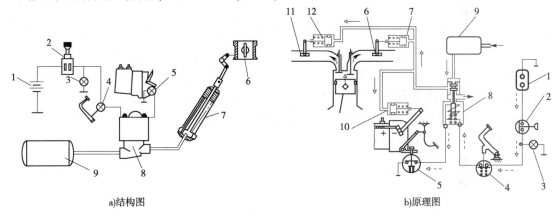

a)结构图　　　　　　　　　　　　b)原理图

图 4-5-2 汽车电控气动排气制动系统

1-蓄电池；2-排气制动开关；3-指示灯；4-离合器开关；5-加速踏板(油门踏板)开关；6-蝶形阀；7-蝶形阀汽缸；8-电磁阀；9-贮气筒；10-熄火汽缸；11-进气消音阀；12-进气消音阀汽缸

排气制动开关装于仪表板上，将其拉出即接通控制电路，指示灯点亮。电流通过离合器开关、电磁阀线圈、加速开关而形成回路。电磁开关阀吸开气路，排气制动即起作用。推入BK/SW，控制电路断开，指示灯灭，排气制动停止工作。这样，可使于在排气制动过程中更换变速器挡位，调节排气制动作用的大小。

离合器开关由离合器踏板控制，踩下离合器踏板，触点断开，电流切断，排气制动解除，发动机恢复喷油，保持怠速运转；加速开关装在喷油泵外壳上，由加速踏板操纵臂上的调整螺钉来控制。当踏板松开，触点闭合导通电路，排气制动工作，反之排气制动即停止工作。这样，可防止既加速又制动的矛盾现象。调整螺钉用来调节加速开关导通时间，发动机应在怠速状态时(500～600 r/min)，加速开关导通，排气制动才能正常工作。

根据行车需要接通排气制动开关2，抬起加速踏板和离合器踏板，使相应的开关5和

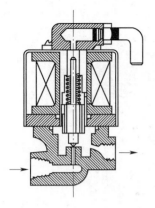

图 4-5-3 电磁阀示意

4 都接通,电磁阀 8 才打开气路,来自贮气筒的压缩空气推动汽缸活塞,使蝶形阀关闭,实现排气制动,若关闭排气制动开关,电磁阀就切断来自贮气筒的压缩空气,汽缸活塞在弹簧力的作用下回位,打开蝶形阀,解除排气制动。

图 4-5-3 为排气制动系统的电磁阀。当驾驶人抬起加速踏板和离合器踏板而使电磁阀线圈通电时,阀芯被吸引,克服弹簧的弹力上移,打开气路,推动蝶形阀关闭。

2. 液力缓速器

随着汽车技术发展和道路条件改善,汽车行驶速度大幅度提高。重型汽车高速行驶时,动量巨大,这给迅速减速和停车带来困难。如果仅仅依靠制动系统来控制车速和减速、停车,很难达到理想效果。在重型汽车上,频繁或长时间地使用行车制动器,会出现摩擦片过热、制动效能热衰退现象,这会严重威胁行车安全。另外一方面频繁使用行车制动器,会加大制动系统维修成本、降低轮胎使用寿命,这都会导致运输成本的提高。为了解决这一问题,各种车辆辅助制动系统应运而生,迅速发展,液力缓速器就是一种较为理想的辅助制动方案。

液力缓速器的最早出现是为了解决火车短距离内减速困难的问题。之后液力缓速器被用在汽车上,起到了很好的辅助制动效果。当今液力缓速器越来越多地被运用到重型货车和大、中型客车上。比较著名的液力缓速器厂商有德国福伊特(VOITH)公司、法国泰尔马公司、美国通用公司、日本 TBK 公司等。目前,液力缓速器生产技术已经相对成熟,形成了适用于各种车型的系列产品。我国自行研制的液力缓速器也已经装车、应用。

缓速器有串联和并联两种方式。串联安装时可装在变速器前、后;如果采取并联,则缓速器和变速器制成一体。下面以 VOITH 液力缓速器为例,介绍缓速器的结构和工作原理。

1)液力缓速器工作原理

VOITH 液力缓速器 R133-2 是针对公共汽车和载货汽车等重型系列车辆的一款大功率、下坡缓行制动器。VOITH 液力缓速器 R133-2 在车辆的传动系统中置于变速器和后桥之间。由此只有当传动轴转动时,液力缓速器制动力矩才存在。汽车停止时,接通液力缓速器无法保障汽车的制动。

R133-2 液力缓速器由一个最多 5 级的制动器分挡开关控制。作为特殊规格,制动器分挡开关在与 ABS 相连的状态下可以与一个 3 挡的踏板阀或一个压力开关单元连接。

(1)分挡开关挡位。

位置 1:在制动器分挡开关处于位置 1 时,瞬时速度得到储存,液力缓速器在最大制动力矩范围内可使车在坡道上保持恒定速度。如果将液力缓速器的"恒定速度"功能关掉(位置 0)或处于制动挡(位置 2~5),对"恒定速度"的储存即解除。重新设置"恒定速度"功能,又将储存新的瞬时速度。

位置 2~5:制动器分挡开关处于位置 2~5 时,相应地控制手动制动挡 1~4 挡。在制动器分挡开关的最大位置取得最大制动力矩。

(2)液力缓速器流体动力学原理(图4-5-4)。

缓速器主要由动轮和定轮组成,动轮与变速器输出轴相连,定轮与变速器壳体连接,固定不动。缓速器内不充液时,动轮随着传动轴旋转,缓速器内不产生液流,无减速作用。

当缓速器内被油液充满时,动轮和定轮就构成了一个液力耦合器。与普通耦合器不同之处在于,缓速器在工作时的定轮是固定不动的,在动轮和定轮间形成涡流,动轮将一定的转矩传递、作用于定轮。由于定轮被固定不动,定轮产生反作用转矩,传递给动轮,对动轮(即传动轴)产生制动作用。

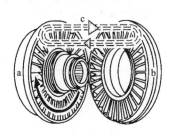

图4-5-4 流体动力学原理
a-动轮;b-定轮;c-油流

缓速器工作时,动轮和定轮间的液柱不断被剪切。制动力矩的大小与液柱强度成正比。在转速一定的条件下,液柱强度与缓速器的供液压力成正比。缓速器正是通过控制供液压力来实现对制动力矩的调节的。

图4-5-5所示为VOITH液力缓速器(R133-2)结构。

2) VOITH液力缓速器结构及工作原理

R133液力缓速器由定轮、动轮、热交换器、油池、油气分离室、定轮扰流柱等主要元件组成,系统还有一些控制阀参与液力系统工作控制,这些阀类包括出油节流阀P_1、进油节流阀P_2、油池开闭阀、油池止回阀、开闭阀等。

VOITH液力缓速器(R133-2)工作原理如图4-5-6所示。

液力缓速器的控制介质是压缩空气,它是由汽车辅助压缩空气储气筒提供。通过开动液力缓速器分挡开关16,控制盒2得到一个输入信号。依据这个输入信号,控制盒2控制流向比例阀21的电流。比例阀21根据控制电流的强弱对油池43产生一个气动压力P_y。在油池43中的气动压力P_y和传动轴转速一定条件下,向动轮46和定轮44之间的工作空间压入的油量就确定下来,缓速器的制动功率就确定下来。动轮46通过传动轴连接到车的驱动桥上,定轮44固定、连接在液力缓速器外壳上。

油液通过动轮46的转动而进入运动状态,在动轮46和定轮44之间形成涡流,闭合、循环流动。定轮室中液流的减速会引起动轮的制动,从而产生整车制动效果。在制动过程中制动能量转化为热能。为将热能散掉,不断地有在工作循环中的部分油量从动轮46中被泵送通过热交换器1,散热后再经过充油通道重新导入工作循环。在热交换器中,油的热量交换到冷却液中,通过汽车冷却系统散发到大气中。

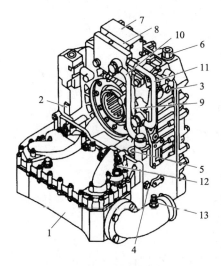

图4-5-5 VOITH液力缓速器(R133-2)结构
1-热交换器;2-液力缓速器标志;3-油压PG检测接头;4-油位螺塞;5-量油螺塞;6-加油口螺塞;7-比例阀;8-减振板;9-压缩空气管道系统压力P_v;10-压缩空气;11-管道控制压力P_y;12-排气管;13-温度传感器(油)

3) VOITH液力缓速器(R133-2)元件

(1)排气阀。工作循环中的空气在制动过程中

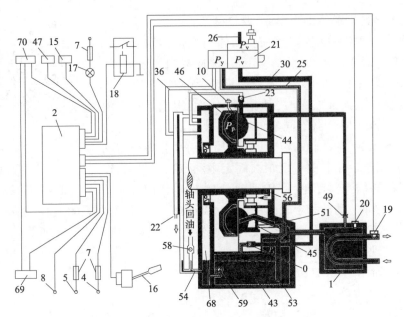

图 4-5-6 VOITH 液力缓速器(R133-2)工作原理图

1-热交换器;2-控制盒(ECU);4-接头(正极接线柱 15);5-接头(正极接线柱 30);7-熔断器(5A);8-接头(搭铁);10-检测接头(油压 P_G);15-ABS 信号;16-液力缓速器分挡开关;17-液力缓速器指示灯;18-制动信号灯继电器;19-温度传感器(冷却液);20-温度传感器(油);21-比例阀;22-排气口;23-排气阀;25-压缩空气管道控制压力 P_y;26-压缩空气管道系统压力 P_v(进比例阀);30-压缩空气管道系统压力 P_v(去开闭阀);36-排气管;43-油池;44-定轮;45-定轮扰流柱;46-动轮;47-里程表车速信号;49-出油节流阀 P_1;51-进油节流阀 P_2;53-充油道;54-回油道;56-溢流回油道;58-油池开闭阀;59-油池止回阀;60-开闭阀;68-油气分离室;69-插头(ISO 接口);70-插头(附加功能)

会通过排气阀 23 和排气口 22 排出液力缓速器。当空气被排净,则浮子升起,关闭排气阀。

(2)油池开闭阀 58。在轴密封环上渗漏的少量油会通过迷宫式密封盖被收集起来,经过溢流回油道 56、油池开闭阀 58 和管道 54 重新回到油气分离室 68,从而进入油池 43。在关闭液力缓速器时会有压缩空气通过油气分离室 68 和排气口 22 从液力缓速器中排出,同时通过管道 54 向油池开闭阀充气。铝制垫片被推力向上压来关闭溢流回油道 56。从而阻止关闭缓速器过程中油通过迷宫式密封装置溢出。

(3)油池止回阀 59。在接通液力缓速器时会有压缩空气向油池 43 充气,从而关闭油池止回阀 59。油池 43 与油气分离室 68 被隔开。在液力缓速器关闭后,油池止回阀 59 重新打开。油池 43 和油气分离室 68 之间的油面可以自动平衡。

(4)定轮扰流柱 45。在缓速器关闭的状态下,动轮 46 空转使工作空间中的空气运动,形成一股气流,这股气流受到定轮 44 的阻碍,在此形成一个损耗功率紊流。为尽量减少这一损失,在定轮叶片的外部装有自动工作的定轮扰流柱。扰流柱的圆片将加速的空气通过定轮叶片导出,从而阻止有效的气流的形成。当工作空间被油充满时,油将扰流柱的圆片逆着弹力压回到原位置,扰流柱将出气通道封堵,缓速器进入工作状态。

(5)开闭阀 60。开闭阀 60 为保障液力缓速器空载运行时的润滑而设置。当缓速器空载运行时,它受控于控制盒,为缓速器供给少量油液。

(6)温度传感器。温度传感器有两个,一个是冷却液温度传感器19,一个是油温传感器20。冷却液温度传感器置于液力缓速器热交换器的出水口,缓速器油温传感器在液力缓速器的油道里。这两个传感器向控制盒2传达冷却液温度和油温信息。为防止超过控制盒中给定的最高冷却液温度和油温,液力缓速器会相应缩减液力缓速器制动力矩。气动压力 P_y 会受到限制。制动力矩和累积的热量会一直缩减,直到在累积的制动热能和通过汽车冷却系统可散发的热量之间达到平衡。在制动时若温度超过极限值,为保护汽车冷却装置和液力缓速器,制动力矩会回调。若超过温度限制范围则缓速器的制动力矩会降为0。当温度限制功能启用或液力缓速器失灵时,汽车速度需用制动踏板调节。此外控制盒在油温升高过快时(与实际油温无关)也会将制动力矩回调。

4) VOITH 液力缓速器电控系统

(1)电控系统组成。

电控系统(图4-5-7)主要由传感器、控制开关、执行器(比例阀、指示灯)、ECU 及电源电路组成。ECU 接收传感器及其他开关信号,实现对系统的控制。

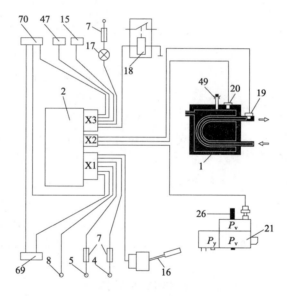

图4-5-7 VOITH 液力缓速器电控系统

1-热交换器;2-控制盒(ECU);4-接头(正极接线柱15);5-接头(正极接线柱30);7-熔断器(5A);8-接头(搭铁);15-ABS 信号;16-液力缓速器分挡开关;17-液力缓速器指示灯;18-制动信号灯继电器;19-温度传感器(冷却液);20-温度传感器(油);21-比例阀;26-压缩空气管道系统压力 P_v(进比例阀);47-里程表车速信号;49-出油节流阀 P_1

(2)电控系统故障诊断。

系统存储的故障可用维修电缆或缓速器手柄开关(从 Digiprop 1.0 版本起),通过缓速器指示灯(图4-5-8)以闪码形式读出。此外,还可借助"DigiDia"软件进行诊断。

①用维修电缆读取储存的故障码(Digiprop 0.2 版本)。将缓速器手柄开关置于关闭位置,汽车静止,点火系统接通。将维修电缆接在 ISO 接口上,按下维修电缆上的"L"按钮至少2s,读取第一个故障的闪码。当有多个故障时,可重复以上操作,读取所有闪码。例如,读取的闪码为23,闪码等按图4-5-9所示闪码。

Digiprop1.0 版本闪光代码可以与 0.2 版本相同的方法读出,另外也可以借助液力缓速器手柄开关读取闪光代码。读取的方法是:将液力缓速器手柄开关处于 0 挡;将液力缓速器手柄开关处于 1 挡(至少 2s);将液力缓速器手柄开关处于 0 挡;给出第一个故障的闪光代码。重复以上操作,可以读取所有闪码。

②清除存储器故障代码。操作步骤是:点火开关关闭,将 ISO 接口的 L 线搭铁(或按下维修电缆上的"L 按钮"),点火开关接通,5s 后断开搭铁(或将维修电缆上"L"按钮松开)。

5)壳体油压力检测

(1)静态测试。

①将液力缓速器外壳上的螺旋塞拧下,取下密封圈。

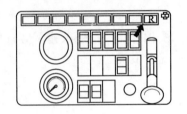

图 4-5-8 用作闪码灯的缓速器指示灯

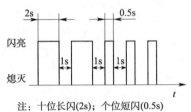

图 4-5-9 闪码"23"

②将检测压力表接到液力缓速器外壳上(图 4-5-10)。

③在车静止状态下,在分级开关上调至最高位置,接着从检测压力表上读出壳体油压。

④将读出的壳体油压同表 4-5-1 中稳定的壳体油压额定值相比较。

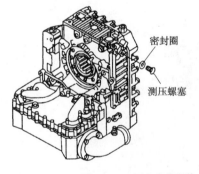

图 4-5-10 压力表的安装

(2)动态测试。液力缓速器手柄开关在最高挡,车辆运行中控制传动轴转速在 1000r/min,读取压力表读数,数据应符合表 4-5-1 的压力规范。

壳体压力规范　　　　　　　　　表 4-5-1

给定值/N·m	代码号	壳体油压静态值(额定值)/10^5Pa	壳体油压动态值 传动轴转速为 1000r/min 最小值/10^5Pa
4000	014/089/091	1.80~2.20	7.5
3750	013	1.65~2.05	7.0
3500	012/087/088/092/093	1.51~1.91	6.5
3250	011/086/090	1.35~1.75	5.5
3000	010/094/096/098	1.21~1.61	5.0

续上表

给定值/N·m	代码号	壳体油压静态值（额定值）/10^5Pa	壳体油压动态值 传动轴转速为1000r/min 最小值/10^5Pa
2750	009	1.05~1.45	4.0
2500	008/097	0.91~1.31	3.0

注：1. 液力缓速器手柄开关在最高挡。
　　2. 标准是在约30s后形成的压力（稳定、持续的压力）。
　　3. 代码号在控制盒上。

3. 电涡流缓速器

电涡流缓速器是利用电磁学原理把汽车行驶的动能转化为热能散发掉，从而实现减速和制动作用的装置。电涡流缓速器制动力矩范围相对液力缓速器制动力范围小，最大制动力矩在330N·m左右。电涡流缓速器通过控制电磁线圈通电工作，反应时间比较短，一般只需要20~40ms，因此反应时间比液力缓速器快20倍；而液力缓速器工作有一个通过气压将工作液压入工作腔的过程，因此液力缓速器比电涡流缓速器的反应时间要长得多。液力缓速器一般是与发动机共用冷却系统，散热能力强大，在缓速器的工作范围内，即使是长时间工作，最高温度一般也能控制在180℃以下。电涡流缓速器主要是通过风冷，在车速比较低的情况下持续制动时，工作温度较高，一般能达到600℃以上，所以在车辆下长坡时，电涡流缓速器不能连续地将缓速器手控开关放在最高挡，以避免缓速器持续过热导致线圈损坏。

电涡流缓速器价格便宜，安装简单多样，可以安装在变速器、传动轴、驱动桥上。液力缓速器一般只能安装在变速器输出轴端且安装要求相对较高。电涡流缓速器停用时，剩余力矩与转子的风阻有一定的能量损耗，但相对液力缓速器来说要小，大约为1%。由于自身的特点，电涡流缓速器在大型客车上应用较多，在重型货车上应用较少。

图4-5-11　电涡流缓速器

1）电涡流缓速器的工作原理

电涡流缓速器主要由转子和定子组成。转子与传动轴相连，定子固定于车架上。定子上有多组定子线圈，如图4-5-11所示。

电流通过定子的励磁线圈产生磁场，每两个相邻的励磁线圈磁场方向相反，形成交变磁场；与定子相配的转子在磁场中旋转时切割磁力线，产生电涡流，同时转子受到反向的阻力矩作用，使车辆产生制动作用，如图4-5-12所示。

缓速器在工作中，电涡流产生热效应，即将车辆的部分动能转化为热能。

2）电涡流缓速器系统构成

电涡流缓速器系统构成如图4-5-13所示，主要由缓速器、控制器、手拨开关、气压开关、指示灯和供电系统（蓄电池、电源总开关）组成，缓速器由定子和转子组成。

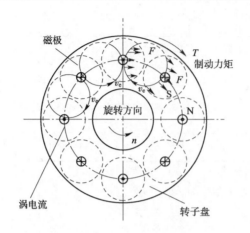

图 4-5-12 电涡流产生过程

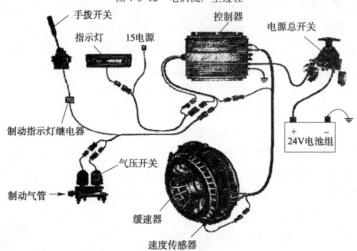

图 4-5-13 电涡流缓速器系统构成

①定子内置多组线圈,用于通电产生磁场,是缓速器的主要工作部件,通过固定支架与车辆底盘连接,如图 4-5-14 所示。

②转子由对称的前、后转盘组成,中间通过凸缘或者连接环将其固定为一体,如图 4-5-15 所示,与传动轴一起高速旋转。电涡流缓速器产生的热量,主要是通过空气对流方式将热量扩散到大气中。转子采用特种材料加工而成,具有力矩大、热衰退少、剩磁小等特点。转盘叶片充分采用空气动力学的先进技术,使得转盘散热效果好,冷却效率高。

图 4-5-14 定子结构　　图 4-5-15 转子结构

③控制器是缓速器的控制核心,采用微机内核控制,无触点式智能模块,如图 4-5-16

所示。它具备过温、过电流、过电压等自动保护功能,还能实现拖刹、开路、短路等故障检测报警功能。控制器接收各开关信号,对信号进行智能处理后,为定子总成提供相应的工作电流,驱动定子线圈工作,实现对制动力矩的动态控制。

④气压开关与气阀座一同安装在车架上。通过气管与前制动气路相连,是采用制动踏板激活缓速器工作时的控制开关。控制器根据开关通断情况分析控制相应缓速器功率输出,如图 4-5-17 所示。

图 4-5-16 控制器　　图 4-5-17 气压开关

⑤速度传感器通过固定支架一起安装在定子上。在转盘旋转过程中传感器产生脉冲信号,控制器计算车辆行驶的速度,如图 4-5-18 所示。

⑥手拨开关安装在驾驶室内,是手动操作缓速器的控制开关。使用手动开关可以单独启用缓速器控制车速,长期使用可以大大地减少制动蹄摩擦片的磨损,延长制动蹄摩擦片使用寿命,如图 4-5-19 所示。

图 4-5-18 速度传感器　　图 4-5-19 手拨开关

⑦指示灯。指示灯安装在驾驶室内,向驾驶人显示缓速器工作情况。打开点火开关,红色电源指示灯变亮,表示整个缓速器供电已经正常。汽车起动达到一定车速(约 5km/h)时,准备工作指示灯亮,表示缓速器进入工作待命状态,可以控制缓速器工作。踩下制动踏板或打开手拨开关,缓速器开始制动,车辆速度明显降低。根据踏下制动踏板的深度,以及手拨开关的挡位选择,缓速器以不同挡位进行工作,由工作指示灯依次显示(图 4-5-20)。

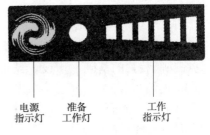

图 4-5-20 指示灯

随着车速的降低,当车速低于 5km/h 时,准备工作灯熄灭,缓速器停止工作。

3)缓速器电控系统

缓速器电控系统组成如图 4-5-21 所示。车辆行驶时,控制器通过速度传感器获取车速信息。车速超过 5km/h,如果手拨开关打开或制动踏板被踩下,控制器就会依据制动气压高低或手拨开关挡位,为涡流缓速器定子线圈提供相应电流,获得对应的制动转矩。

ABS起作用时,ABS电控单元会通过激活动断触点继电器,切断气压开关电路,缓速器随即退出工作。

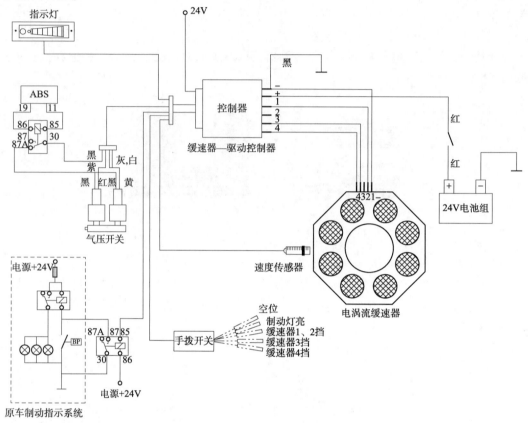

图4-5-21 缓速器电控系统

知识拓展

1. WEVB排气门制动系统

WEVB排气制动系统是基于蝶阀系统开发的一种辅助制动装置,属于发动机缓速器,它在蝶阀装置的基础上增设了柴油机排气门控制执行机构。EVB的英文Exhaust Valve Brake的缩写,译为"排气门制动","W"代表"潍柴",技术来源德国MAN公司。

制动时,蝶阀和排气门控制机构相互关联,同时作用。WEVB辅助制动系统起作用时,排气门在进气终了时,被压力波自动打开,此时排气门摇臂中WEVB起作用,将排气门保持在打开位置,直至排气行程排气门被重新顶开。由于在压缩行程排气门也处于微开位置,压缩空气被排除,消除了做功行程压缩空气对活塞的推力,增大了发动机的制动效率。

1) WP10发动机的两气门装置

WP10发动机的两气门WEVB装置结构如图4-5-22所示。

排气制动打开,蝶阀关闭后,当某汽缸进入排气行程时,排气门被摇臂顶开。此时排气门摇臂上的回油孔打开,小活塞受压,高压腔内的机油被排除,小活塞迅速回缩到底。

当排气行程结束时,排气门受惯性力作用关闭。排气门关闭后,回油孔被封堵,压力机油不断进入高压腔,推动小活塞下行,将气门间隙全部消除。由于活塞受到的油压推力小于气门弹簧力,所以排气门并不能够被顶开,油压作用仅是将气门间隙消除而已。排气门这种无气门间隙的关闭状态短暂保持。在接近进气终了时,排气门会被压力波打开(微开),排气门随即出现间隙,此时小活塞在油液压力作用下下移,将出现的间隙消除。之后排气门在气门弹簧作用下有关闭趋势,此时小活塞受到挤压,高压腔压力迅速上升,止回阀因受到油液的向上推力作用而关闭,此时高压腔为密闭的,小活塞保持在原位置不动,推气门保持微开不变,直到下一工作行程排气门被重新打开。以上过程不断循环。

与普通蝶阀排气制动相比可以看出,由于加装了WEVB,使压缩终了和做功行程排气门均处于微开位置。压缩行程建立的压力就不会在做功行程作用于活塞上,此时的发动机变成了消耗功率的空气压缩机,对整车产生理想的制动效果。

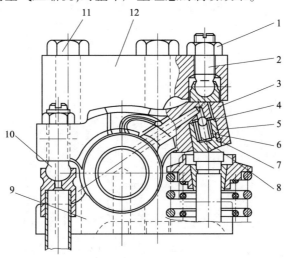

图 4-5-22　WEVB 的结构

1-WEVB 间隙调整螺栓;2-调整螺栓总成;3-排气门摇臂总成;4-钢球;5-气门摇臂活塞;6-摇臂活塞弹簧;7-滚针;8-球阀弹簧;9-气门摇臂座总成;10-气门间隙调整螺钉;11-六角头螺栓;12-支承臂

在发动机的四个行程中,WEVB 的工作情况如图 4-5-23 所示。排气行程中,排气门受凸轮驱动正常打开、关闭。在接下来的进气行程初期,排气门在排气背压作用下再一次被打开(微开),WEVB 将这一微开状态一直保持到排气行程。如此不断循环,发动机就相当于一台空气压缩机在工作,消耗着车辆的动能,产生制动效果。

2)WP12 发动机的四气门 WEVB 装置

潍柴 WEVB12 系列发动机所采用的四气门 WEVB 装置结构如图 4-5-24 所示。其作用机理与两气门 WEVB 相同。与两气门 WEVB 所不同的是,小活塞不在排气门摇臂内,而是在气门桥内,来自排气门摇臂的压力机油经气门桥内的油路、止回阀流入高压腔。由于结构上的差异,导致 WEVB 间隙调整方法不同。

3)潍柴发动机排气制动系统的检修

(1)WEVB 间隙调整。

①WP10 发动机的两气门 WEVB 装置间隙调整。采用两次调整法调整气门间隙和

WEVB 间隙。首先转曲轴至 1 缸压缩上止点，调整 1 缸两气门间隙，调整 3、5 缸排气门间隙和 WEVB 间隙，调整 2、4 缸进气门间隙。调整完成后盘转曲轴一周，调整 6 缸两气门间隙、2 缸和 4 缸排气门间隙和 WEVB 间隙、3 缸和 5 缸进气门间隙。

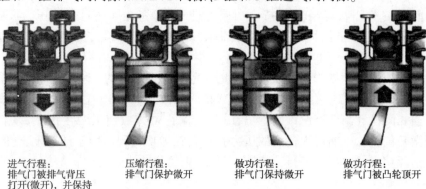

进气行程：
排气门被排气背压打开(微开)，并保持

压缩行程：
排气门保护微开

做功行程：
排气门保持微开

做功行程：
排气门被凸轮顶开

图 4-5-23　各行程中排气门的状态

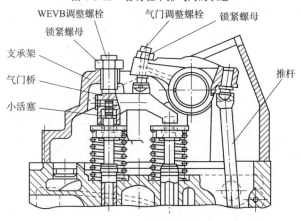

图 4-5-24　WP12 四气门发动机的 WEVB 结构

排气门间隙调整方法如图 4-5-25 所示。将气门间隙整螺螺钉松开，在不压紧排气门摇臂封油平面的情况下，在气门摇臂活塞与排气门杆端面或气门帽端面之间放入 0.4mm 的塞尺，先通过调整气门推杆端气门间隙调整螺钉，将排气门间隙调整为 0.4mm。调整过程中应注意要将小活塞收到底又不压缩气门弹簧。

接着调整 WEVB 间隙，如图 4-5-26 所示。在气门摇臂活塞与排气门杆端面或气门帽端面之间放入 0.25mm 的塞尺，通过调整 WEVB 调整螺栓总成，将气门端的间隙调整为 0.25mm，最后将锁紧螺母拧紧。

②WP12 发动机的四气门 WEVB 装置间隙调整。蓝擎 WP12 四气门发动机，排气门间隙为 0.6mm，WEVB 间隙为 0.40mm。排气门间隙和 WEVB 间隙调整方法如图 4-5-27 所示。先将 WEVB 支架上的调整螺栓向下旋压到排气门的气门桥上平面，直至将气门桥小活塞收缩到底。然后调整摇臂上的调整螺钉，将排气门间隙调整为 0.6mm，然后将锁紧螺母拧紧。接下来将支架上的调整螺栓向上旋，使其完全松开。将 0.4mm 塞尺放到排气门桥小活塞上平面上，再将 WEVB 支架调整螺栓下旋，直至将小活塞收缩到底，然后将

锁紧螺母拧紧即可。

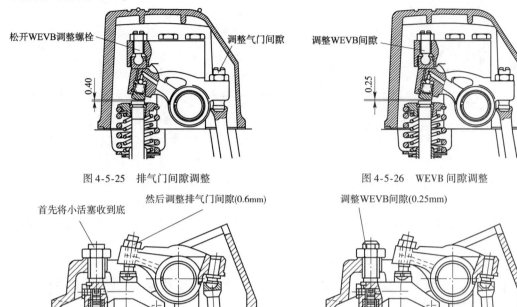

图 4-5-25　排气门间隙调整　　　　图 4-5-26　WEVB 间隙调整

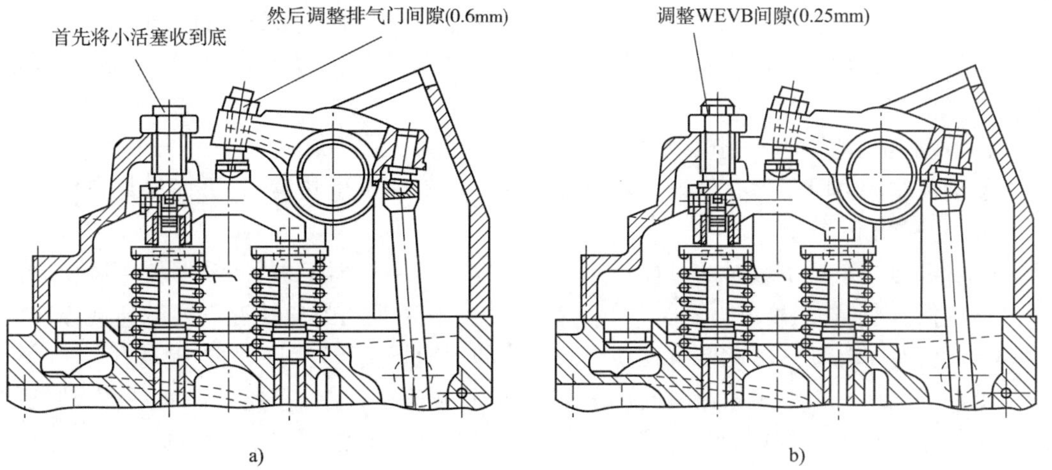

图 4-5-27　WP12 发动机四气门 WEVB 装置间隙调整

（2）WEVB 故障。

①蝶阀打不开。蝶阀卡滞不能完全打开，将影响发动机的功率输出。如果蝶阀卡滞不能关闭，将影响排气制动效果。

②WEVB 排气制动规律下降。故障原因：WEVB 间隙调整不合适；止回阀关闭不严；小活塞卡滞或在孔中松旷；机油压力偏低；摇臂供油不足等均会影响排气制动效果。

③无排气制动。故障原因：检查离合器开关、加速踏板开关、执行汽缸及供气情况、蝶阀是否卡滞等。

2. 皆可博发动机制动器（Jake brake）

皆可博发动机制动器是一种性能优异的辅助制动系统。该系统可用于车辆下长坡速度控制，也可用于停车条件下的减速。应用皆可博发动机制动器的柴油机主要有康明斯 M11/ISM 系列、东风雷诺 dcill 系列、卡特彼勒 C10/C12 系列等。图 4-5-28 所示为皆可博发动机制动器结构。皆可博是居于世界领导地位的车辆缓速装置的生产厂家，生产的制动系列产品在世界各地重型车辆上得到广泛应用。皆可博发动机制动器具有的特点有：能够提供 85% 的车辆制动需求；明显减少车轮制动器的磨损；保持制动器冷却待用从而确保最大的安全性；帮助驾驶人获得较高的平均驾驶速度从而缩短运输周期；能与所有车

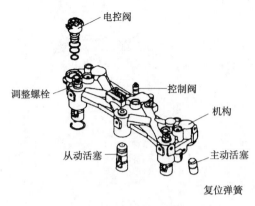

图 4-5-28 皆可博发动机制动器

辆功能衔接(ECM、ABS、巡航控制、冲撞预警系统和自动变速器)。

车轮制动器过热对车辆有非常大的影响,主要表现在以下两方面。

① 随着温度升高制动效率会下降。车辆在重载下长坡时,车轮制动器长时间大功率工作,车辆的动能被制动元件吸收,制动鼓和制动蹄的温度会持续升高。温度的升高使制动效能大幅度下降。这就是重载车辆下长坡容易车辆失控、诱发事故的主要原因。

② 当发热时车轮制动器磨损加快。制动器经常处于过热状态工作,制动鼓和制动蹄等零部件磨损速度大幅增加,维修频次、运输成本同步增加。

1) 发动机制动器的作用

发动机制动器除了具有保证车轮制动器的性能不会发生热衰退,进而保证车辆运行安全外,还有如下作用。

① 可以提高车辆下坡时的可控车速。运用发动机制动器下坡,制动器使用频次和时间明显降低,制动器温度就得到了很好的控制。当车辆遇到紧急情况需要减速或停车时制动效能就有了保证。因此装有发动机制动器的车辆下坡车速可以适当提高。

② 在平路上可以缩短减速时间(距离)。车辆减速过程中,只要条件满足,发动机制动器和行车制动可以同时使用(起作用),缩短减速时间,这对保证运行安全有着重要意义。

2) 发动机制动的原理

(1) 发动机制动器机械原理。

发动机制动起作用时,发动机制动系统在压缩行程结束之前打开排气门(ISM 发动机制动启用后,已经停止喷油)。压缩的空气通过排气系统排出,压缩能量不再通过做功行程驱动发动机运转。发动机此时相当于吸收功率的空气压缩机,车辆的冲量通过传动系统传递到发动机,反拖发动机运转。以上循环不断重复,车辆动能不断被吸收,车速便被得到控制。在发动机四个行程中,对应的气门状态如图 4-5-29 所示。当发动机制动器起作用时,每一工作循环排气门打开两次,如图 4-5-30 所示。

(2) 电控液压执行机构原理。

发动机制动器电控液压执行机构组成及控制原理如图 4-5-31 所示。在康明斯 ISM11 系列柴油机中共有两个电磁阀控制发动机制动器工作,一个负责 1~3 缸,一个负责 4~6 缸。发动机制动共有两个功率挡可供选择。当选择 I 挡时,负责控制 1~3 缸的电磁阀通电,1~3 缸起作用;当选择 II 挡时,负责控制 1~3 缸的电磁阀和负责 4~6 缸的电磁阀同时通电,此时 6 个汽缸起作用。

电磁阀接通时,来自发动机主油路的压力机油流过单向控制阀(将阀芯顶起),然后流到主动活塞和随动活塞间的油路中。机油压力推动主活塞下移,顶住喷油器摇臂的调

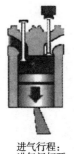
进气行程:
进气门打开,
排气门关闭

压缩行程:
上止点前排气门开

做功行程:
上止点后排气门关闭

排气行程:
排气门打开,进气门关闭

图 4-5-29　发动机制动器机械控制原理

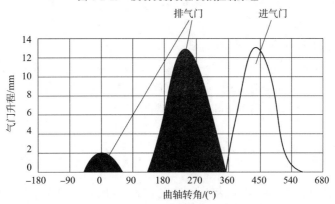

图 4-5-30　发动机制动起作用时的气门升程图

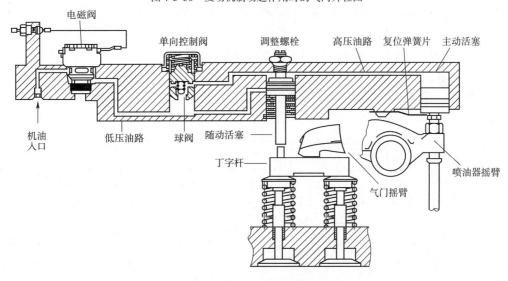

图 4-5-31　发动机制动液压控制原理

整螺栓。压缩行程接近终了时,喷油器推杆顶着摇臂调整螺栓向上移动。调整螺栓推动主动活塞,主动活塞的运动使主动活塞和随动活塞油路中油压升高。此时控制阀的止回球阀关闭,这时主动活塞与随动活塞的油路成为密闭的空间,油压急剧上升。高压油液推动随动活塞下移,压下丁字杆,将排气门打开。当喷油器凸轮转过顶点,喷油器摇臂换向下行,高压油路中油压迅速下降,随动活塞和排气门同时上行,排气门关闭。如此反复循环,使得每一工作循环中排气门打开两次。排气门被喷油器摇臂打开,泄掉了压缩终了的汽缸压力,防止了气体压缩的能量在做功行程重新作用于活塞顶,这就增大了发动机的制动力。

当打开发动机制动器开关后会ECM会判断离合器、加速踏板、发动机转速、车速条件是否满足,只有各方面条件都满足时,ECM才会使发动机制动器工作。如果踩下离合器或加速踏板,或发动机转速、车速低于设定值,会为发动机制动器电磁阀断电,停用制动器。

皆可博工作状态可分三种:打开发动机制动器开关和制动器功率选择开关就进入待用状态;当条件满足时处于使用状态;当条件不满足或关闭发动机制动器开关则处于停用状态。

(3)发动机制动器的排气门打开方式。

康明斯发动机制动器,在排气终了打开排气门方式有三种:ISM发动机采用同缸喷油器摇臂打开排气门;ISL发动机采用一个汽缸的排气门摇臂打开另一缸排气门的方式;ISX又采用双凸轮轴,每一缸摇臂有四种,分别为进气门摇臂、排气门摇臂、喷油器摇臂、制动器摇臂。

3)皆可博发动机制动元件

(1)电磁阀。

电磁阀受ECM控制,当ECM接收到发动机制动开关信号后,判断启用条件是否满足,满足则向电磁阀发出指令信号(即为电磁阀供电)。电磁阀通电时打开油路,来自主油路的压力油得以流过电磁阀为发动机制动器油路供油,发动机制动器随即进入工作状态。

电磁阀结构如图4-5-32所示。电磁阀通电时,阀杆在电磁力的作用下下移,推动球阀下移,球阀打开供油通路的同时关闭泄油孔C。来自A孔的压力油液自B孔流出,供给发动机制动控制油路。电磁阀断电时,阀杆所受的电磁力消失,球阀在弹簧作用下上移,进油孔被关闭,泄油孔被打开,来自B孔的控制油液得以经泄油孔C排空,如图4-5-33所示。

(2)单向控制阀组件。

单向控制阀的结构如图4-5-34所示。当电磁阀通电打开时,压力机油得以通过A孔进入阀芯下方,阀芯在油压作用下上移,球阀在油压的作用下打开,压力油液通过球阀提供的通路流至B孔,实现为控制油路供油。

当电磁阀断电时,单向控制阀的工作如图4-5-35所示。电磁阀排空了通往A孔的压力油液,阀芯在弹簧的作用下下移,B孔与泄油孔C相通,控制油液排空,发动机制动器随即退出工作。

4)皆可博发动机制动器电控系统

皆可博发动机制动器电控系统组成如图4-5-36所示。电控系统的主要传感器和开关有发动机制动(ON/OFF)开关、发动机制动选择开关、离合器开关、加速踏板位置传感器、车速传感器、发动机位置传感器等。ECM接受传感器和控制开关信号,控制着执行器的工作。执行器有两个电磁阀。电磁阀1负责控制1~3缸,电磁阀2负责控制4~6缸。

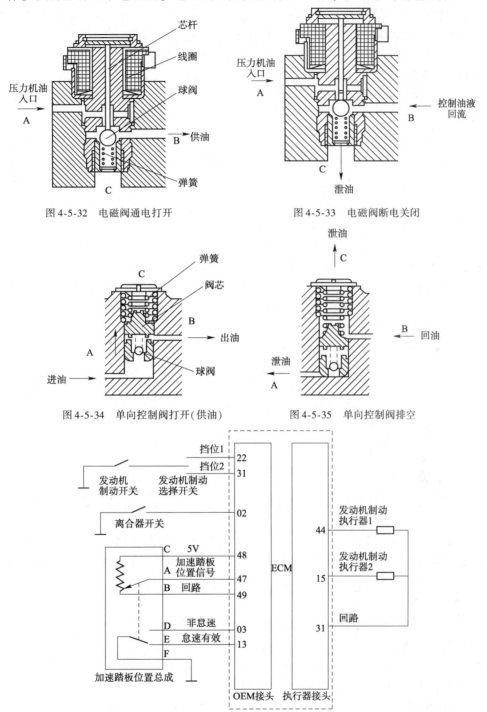

图4-5-32 电磁阀通电打开

图4-5-33 电磁阀断电关闭

图4-5-34 单向控制阀打开(供油)

图4-5-35 单向控制阀排空

图4-5-36 皆可博发动机制动器电控系统

ECM依据OEM接头的22、31号针脚电压高低来判定发动机制动(ON/OFF)开关和发动机制动选择开关的状态。在两个开关都断开的情况下,ECM为22、31号针脚提供高电压。当发动机制动(ON/OFF)开关被打开后,如果发动机制动选择开关处于挡位1位置,22号针脚经过两开关完成搭铁,电位随即变为低电位,据此可确定发动机制动(ON/OFF)开关已被打开并且制动功率选择为低挡;在发动机制动开关打开后,如果发动机制动选择开关处于挡位2位置,31号针脚经过两开关完成搭铁,电位变为低电位,ECM据此可确定发动机制动(ON/OFF)开关已被打开,并且制动功率选择为高挡。在康明斯ISM系列柴油机中低挡时只有1~3缸发动机制动起作用,高挡时6个缸的发动机制动都起作用。

ECM依据接头的02号针脚来判定离合器开关位置。离合器开关是个常闭开关。当离合器踏板放松时开关闭合,02号针脚完成搭铁,保持低电位;踩下离合器踏板时开关断开。ECM为02号针脚提供高电压。只有02号针脚为低电压时,才能够确认踏板是放松的,当发动机制动器启用的其他条件也满足时,发动机制动器才会被启用。如果02号针脚保持高电压,发动机制动器会退出工作。

在控制逻辑中,设定在加速过程中不启用发动机制动装置。即使车辆在发动机制动起作用的情况下运行,只要一踩下加速踏板,发动机制动随即退出工作。加速踏板放松时,13号针脚通过怠速有效触点完成搭铁,保持低电位。当踩下加速踏板时13号针脚的搭铁被断开,03号针脚通过踏板触点开关完成搭铁,电位由高变低。03号针脚和13号针脚信号的互非逻辑设计,能够起到互相监控作用,便于线路出现故障时ECM能够完成自诊断。ECM怠速(非怠速)开关状态逻辑判定如表4-5-2所示。

踏板状态判定表　　表4-5-2

针脚	03	13	含义	备注
逻辑值	1	0	怠速	1为高电位, 0为低电位
	0	1	非怠速	
	0	0	逻辑错误	
	1	1	逻辑错误	

ECM判定离合器踏板处于放松位置、加速踏板处于放松位置、发动机制动开关打开后,并不会直接为执行器(电磁线圈)通电。只有当车速和发动机转速均高于限值时,才会为电磁阀通电,发动机制动器才工作。执行器1通电时,1~3缸发动机制动起作用;两个执行器都通电时,6个缸的发动机制动都起作用。

3. IBrake发动机制动器

IBrake发动机制动器是康明斯ISG发动机配备的新一代发动机制动系统。该系统创新结构设计、简洁高效、性能优良。IBrake技术通过排气摇臂与压缩制动集成,系统启用后在压缩行程后期打开排气门、消除压缩气体能量反弹,为整车提供高达370hp的强大制动力,制动效率比排气制动提升50%,高达80%。

1)摇臂集成式压缩制动结构

ISG发动机采用的摇臂集成式压缩制动器结构如图4-5-37所示。排气凸轮轮廓被设计成双桃尖结构,即一个普通的排气桃尖和一个专为发动机制动设置的小桃尖。每两缸共用一个摇臂轴支架,每个支架上有一个发动机制动电磁阀,负责控制相邻两缸发动机制动。系统设有两种工作模式:2个电磁阀通电、4个缸发动机制动系统工作或3个电磁阀通电、6个缸发动机制动系统工作,驾驶人可根据道路情况和车辆负荷选择不同的工作模式。

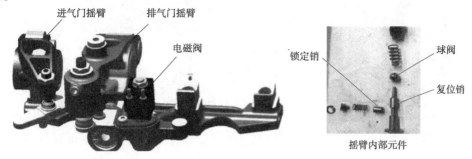

图 4-5-37　排气门摇臂和电磁阀

这种集成式排气门摇臂在控制下能够"伸长"和"缩短",这是由于液压活塞6(图4-5-38)在控制油压作用下可伸、可缩的缘故。

当发动机制动器被关闭时,摇臂"变短"、排气门间隙变大。由于气门间隙大于小桃尖升程,当小桃尖转过时,摇臂逆时针转动尚没有完全消除气门间隙,排气门保持关闭、发动机正常做功。当打开发动机制动器时,摇臂"变长"、排气门间隙变为零。当小桃尖转过时,摇臂逆时针转动驱动排气门微开,开启时刻为压缩上止点附近,这样缸内压缩终了的高压空气,得以通过排气门释放。

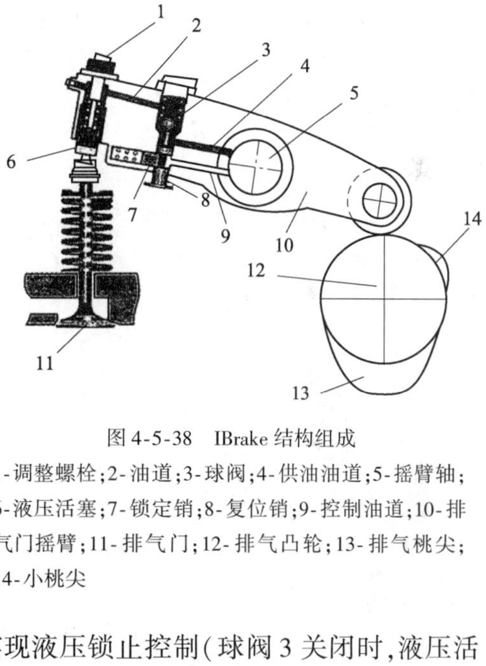

2)IBrake 工作原理

IBrake 的核心元件集成在排气门摇臂内部,如图4-5-38所示。调整螺栓1用于调整发

图 4-5-38　IBrake 结构组成
1-调整螺栓;2-油道;3-球阀;4-供油油道;5-摇臂轴;6-液压活塞;7-锁定销;8-复位销;9-控制油道;10-排气门摇臂;11-排气门;12-排气凸轮;13-排气桃尖;14-小桃尖

动机制动间隙(也即排气门间隙);油道2用于实现液压锁止控制(球阀3关闭时,液压活塞6就不能回缩);球阀3、锁定销、复位销工作受控于控制油道9的油压,控制油道9的供油受控于发动机制动电磁阀;供油油道4与发动机主油道相通。

(1)IBrake 关闭时。

如图4-5-39所示,IBrake关闭时,电磁阀关闭,控制油道9中的压力油液排空,锁定销7在复位弹簧作用下右移,当排气凸轮转动至接近排气阀尖顶点时,复位销下断面刚好与缸盖平面接触;当摇臂继续转动时,复位销将在摇臂销孔内上行,凸轮攀升至顶点时,锁定销与复位销切槽对正,锁定销在弹簧作用下继续右移、进入复位销切槽,这就将复位销锁定在高位、球阀3保持常开,控制油道9内的油液经球阀、供油油道4回流到储能器(图中未画出)储存起来。随着油道2内的油液排空,液压活塞在摇臂孔内上行、回缩到顶(顶面与调整螺栓下端面接触)。

如图4-5-40所示,当凸轮转到基圆时,油道2内重新进液补充,液压活塞6重新在摇臂孔内伸出、下行。

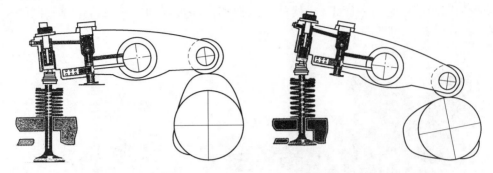

图 4-5-39　IBrake 关闭　　　　　图 4-5-40　滚轮与基圆接触

如图 4-5-41 所示,当凸轮转到小桃尖顶时,液压活塞上方油液再次经球阀 3、供油油道 4 排出,液压活塞随之在摇臂孔内上行。在排气门间隙预设正确条件下,当凸轮转到小桃尖顶端时,液压活塞上行还有一定余量(Δx),因此小桃尖转过时,排气门保持关闭状态,发动机正常做功不受影响。

(2)IBrake 打开时。

由发动机制动电磁阀供给的压力机油经控制油道 9 作用于锁定销右端面,锁定销压缩弹簧左移,这样复位销解锁。如图 4-5-42 所示,凸轮由大桃尖工作回落基圆时,油道 2 内油压下降,来自主油道的压力机油经供油油道 4、顶开球阀进入油道 2 及液压活塞上方,液压活塞伸出,消除了气门间隙。

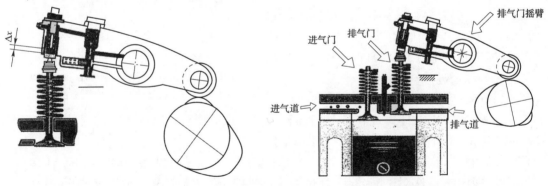

图 4-5-41　滚轮至小桃尖顶　　　　　图 4-5-42　摇臂滚轮与基圆接触

如图 4-5-43 所示,当活塞上行接近压缩上止点时,凸轮转至小桃尖攀升位置,油道 2 及液压活塞上方油腔压力急剧增长,此油压作用于球阀上方,使球阀和复位销下移,球阀随即关闭。此时油道 2 及液压活塞上方油腔成为密闭空间,小活塞无法再回缩,摇臂长度固定不变,排气门便被小桃尖驱动微开,这就将缸内压缩终了的气体通过排气门排除。

当凸轮转至接近排气阀尖顶点时,复位销下端面与汽缸平面接触,摇臂气门一端继续下摆时,球阀便被复位销顶开,油道 2 内的压力机油得以通过球阀及供油油道返回储能器,提前泄压;当凸轮继续转动、向大桃顶攀升时,排气门升程(最大开度)不再增大,如图 4-5-44 所示。这就使得开启发动机制动后,不会因为排气门摇臂"伸长"而使排气门升程增大。

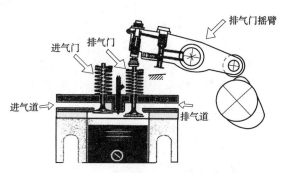
图 4-5-43 摇臂滚轮与小桃尖接触

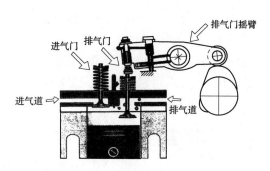
图 4-5-44 排气门最大升程位置

3) IBrake 的使用条件

发动机制动启用条件有：以发动机转速高于 1000r/min；机油温度高于 65.6℃；放松加速踏板；车速大于等于 0（OEM 可刷写）；放松离合踏板。满足以上条件，打开发动机制动开关或踩制动踏板（如果开启制动踏板与发动机制动联动）或松离合踏板（如果 OEM 开启离合踏板与发动机制动联动），发动机制动将被启用。

具有下列情况之一，IBrake 发动机制动器将会解除：关闭发动机制动器开关；踩下加速踏板；踩下离合踏板；发动机转速低于 900r/min；使用巡航功能。

任务训练

KLQ6129Q 客车装用电涡流缓速器作为安全制动的辅助系统，采用驻车制动、行车制动联动控制装置，能缓解制动蹄摩擦片磨损、发热，增强制动效能，缩短制动距离，提高车辆行驶安全性、经济性。

打开缓速器控制继电路盒，顶起两后车轮，起动发动机后挂挡行驶，使车速保持在约 30km/h，拉手动缓速器开关、踩制动踏板，仪表板上缓速器工作指示灯不亮，缓速器控制盒内继电器不工作，用手指分别按下Ⅰ、Ⅱ、Ⅲ、Ⅳ挡缓速器继电器触点，触点间有火花，缓速器有明显的减速效果，怀疑故障是由缓速器中央控制器控制失效引起的。

在车厢前部除霜器边上找到了缓速器输出端子 6、7、8、9 通电，缓速器继电器都会工作；测量缓速器中央控制器输出端子 1、2、3、4（至手动开关挡），以及端子 10、11、13、14（至脚控气压开关组）均无电，测量缓速器中央控制器连接线 5（电源线）无电，怀疑缓速器中央控制器无电源供给。

缓速器中央控制器 5 号线是和前部电器控制盒上缓速器继电器 2 的端子 87 连接的，测量缓速器继电器 2 的端子 87，无电；端子 30 上也无电。测量缓速器继电器 1 的端子 30，电源正常，但端子 87a 上无电源。拔下缓速器继电器 1 后再插上，能听到该继电器动作声，确定缓速器继电器 1 已受到 ABS ECU 控制，切断了对缓速器继电器 2 的端子 30 的电源供应，使缓速器中央控制器根本无电源供应。拔下 ABS ECU 导线侧连接器，缓速器继电器 1 就不再工作了，使缓速器继电器 2 的端子 30 上有电了，缓速器中央控制器上有电源了。更换了 ABS ECU 后，顶起两后车轮试车，缓速器还是不工作，并且车速表也不工作。根据维修经验，车速信号是缓速器中央控制器采集的重要数据，排除车速表不工作的故障，可能会是车速传感器故障。

当车速约为 30 km/h 时,测量变速器上车速传感器上的端子 1 和端子 2(端子 1 接车速表 Vo 柱,为稳压电源,端子 2 搭铁)间电压,为 12.2V;测量其端子 2 和端子 3(端子 3 为车速传感器信号输出端子)间电压,为 8.4V;测量其端子 4 和端子 2(4 为车速传感器信号输出端子,未用)间的电压,为 8.6 V。怀疑车速传感器信号电压不准确,于是更换了 1 个车速传感器后试车,车速表工作了,变速器手动挡也工作了。故障排除。

任务评价

VOITH 液力缓速器电控系统故障诊断评价表 表 4-5-3

序号	内容及要求	评分	评分标准	自评	组评	师评	得分
1	使用缓速器指示灯读取闪码	10 分	操作程序不正确不得分				
2	正确分析	20 分	分析不正确一次扣 10 分				
3	故障代码消除	10 分	操作程序不正确不得分				
4	使用维修电缆读取故障代码	10 分	不能正确使用,每项扣 5 分				
5	正确分析	20 分	分析不正确一次扣 10 分				
6	故障代码消除	10 分	操作程序不正确不得分				
7	工具、现场整洁	10 分	未对工具和实习场地整理、清洁扣 5 分				
8	安全文明实习	10 分	出现安全问题和不文明现象扣 1~10 分				
指导教师总体评价:							

指导教师_____
_____年___月___日

练 一 练

一、单项选择题

1. 排气制动阀多采用( )的。
   A. 方形　　　B. 圆形　　　C. 椭圆形　　　D. 蝶形

2. 缓速器在工作时的定轮是固定不动的,在动轮和定轮间形成( )。
   A. 环流　　　B. 涡流　　　C. 导流　　　D. 常流

3. 缓速器通过控制( )来实现对制动力矩的调节的。
   A. 供液压力　　B. 出液压力　　C. 速度　　　D. 强度

4. 与普通蝶阀排气制动相比可以看出,由于加装了 WEVB,使压缩终了和做功行程排气门均处于( )位置。
   A. 常开　　　B. 常闭　　　C. 微开　　　D. 微开

5. IBrake 发动机制动器技术通过排气摇臂与压缩制动集成,系统启用后在( )打开排气门、消除压缩气体能量反弹，为整车提供高达 370hp 的强大制动力。

    A. 进气行程   B. 压缩行程前期

    C. 压缩行程后期   D. 排气行程

二、多项选择题

1. 重型汽车均装设不同类型的辅助制动器，主要有（　　）等。

    A. 蝶阀排气制动   B. 液力缓速装置

    C. 电力缓速装置   D. 气压缓速器

2. 蝶形排气制动装置是由（　　）和组成。

    A. 排气制动阀   B. 阀门控制系统

    C. 液压传动系统   D. 气压传动系统

3. 关于液力缓速器说法正确的是（　　）。

    A. 它主要由动轮和定轮组成

    B. 动轮与变速器输出轴相连

    C. 定轮与变速器壳体连接，固定不动

    D. 缓速器内不充液时，动轮随着传动轴旋转，缓速器内不产生液流，无减速作用

4. 液力缓速器中有两个温度传感器分别是（　　）。

    A. 冷却液温度传感器   B. 油温传感器

    C. 进气温度传感器   D. 排气温度传感器

5. 皆可博发动机制动器，ECM 判定满足（　　）条件才会为电磁阀通电，发动机制动器才工作。

    A. 离合器踏板处于放松位置   B. 加速踏板处于放松位置

    C. 发动机制动开关打开后   D. 车速和发动机转速均高于限值时

三、判断题

1. 在液力缓速器工作过程中，最终汽车行驶动能通过汽车冷却系统散发到大气中。（　　）

2. 电涡流缓速器是利用电磁学原理把汽车行驶的动能转化为热能散发掉，从而实现减速和制动作用的装置。（　　）

3. 电涡流缓速器制动力矩范围相对液力缓速器制动力范围大。（　　）

4. 电涡流缓速器通过控制电磁线圈通电工作，反应时间比液力缓速器慢 20 倍。（　　）

5. 电涡流缓速器主要是通过发动机冷却液进行冷却。（　　）

四、简答题

1. 普通蝶阀排气制动的基本原理是什么？
2. WEVB 排气制动系统的基本原理是什么？
3. 皆可博发动机制动器的基本原理是什么？
4. IBrake 发动机制动器的基本原理是什么？
5. 液力缓速器的基本原理是什么？
6. 电涡流缓速器的基本原理是什么？

模块小结

1. 汽车制动系的功用是：按照需要使汽车减速或在最短离内停车；下坡行驶时保持车速稳定；使停驶的汽车可靠驻停。按功能的不同，汽车制动系可以分为行车制动系、驻车制动系以及应急制动、安全制动和辅助制动系。

2. 汽车制动系包括行车制动和驻车制动。行车制动系用于使行驶中的车辆减速或停车、驻车制动系用于使停驶的汽车驻留原地。较为完善的制动系还包括制动力调节装置以及报警装置、压力保护装置等。

3. 车轮制动器利用旋转元件和固定元件之间的摩擦，产生制动器制动力。鼓式车轮制动器可分简单非平衡式、平衡式和自动增力式等。根据使两蹄张开的能量不同，鼓式车轮制动器又可分为液压轮缸张开式车轮制动器（适用于液压制动传动装置）和气压凸轮张开式车轮制动器（适用于气压制动传动装置）。钳盘式制动器按制动钳固定在支架上的结构形式可分为：定钳盘式和浮钳盘式。

4. 驻车制动器的功用是：车辆停驶后防止滑溜；使车辆在坡道上能顺利起步；行车制动系失效后临时使用或配合行车制动器进行紧急制动。

5. 制动传动装置按传力介质的不同可分为液压式、气压式和气—液综合式；按制动管路的套数可分为单管路和双管路制动传动装置。按照交通法规的要求，当代汽车的行车制动系须采用双管路制动传动装置，若其中一套管路损坏时，另一套仍然起制动作用，从而提高了制动的可靠性和安全性。双管路液压制动传动装置是利用彼此独立的双腔制动主缸，通过两套独立管路，分别控制两桥或三桥的车轮制动器。常见的双管路的布置方案有前后独立式和交叉式两种形式。

6. 重型汽车均装设不同类型的辅助制动器，主要有蝶阀排气制动、液力缓速装置和电力缓速装置等。蝶阀排气制动是利用发动机的摩擦阻力和泵吸阻力来消耗汽车动能的一种主要形式，还有发动机自然制动和发动机压缩制动。缓速器有串联和并联两种安装方式。串联安装时可装在变速器前、后。如果采取并联，则缓速器和变速器制成一个整体。缓速器通过控制供液压力来实现对制动力矩的调节的。电涡流缓速器是利用电磁学原理把汽车行驶的动能转化为热能散发掉，从而实现减速和制动作用的装置，可以安装在变速器、传动轴、驱动桥上。电涡流缓速器主要是采用风冷。

另外还有其他用于各公司车型上是辅助制动系统如 WEVB 排气制动系统、皆可博发动机制动器、IBrake 发动机制动器等。

学习模块 5　商用车防滑控制系统构造与维修

模块概述

汽车在行驶过程中紧急制动或急加速时,若制动力或牵引力超过地面附着力,会出现车轮抱死或滑转,造成车轮不能转向、横向滑移或滑转,是不稳定现象,极易造成事故,因此许多汽车上安装有防滑控制系统。商用车上防滑控制系统主要有 ABS、ASR 等。本模块主要学习 ABS、ASR 基本理论知识、气压制动 ABS、ASR 的结构与工作原理以及故障代码的读取方法,同时学习其扩展 TPM 胎压监测系统。

【建议学时】

10 学时。

学习任务 5.1　商用车防滑控制系统构造与维修

1. 通过查阅资料和观摩,掌握商用车防滑控制的组成及其工作原理。
2. 学会商用车防滑控制的检修操作方法。
3. 根据环保要求,妥善处理辅料、废弃液体和损坏零部件。

一辆 2015 年生产的青年 JNP6105T 客车,行驶里程约为 15 万 km。该车在进行二级维护后,ABS 故障灯常亮,路试 ABS 不工作,需要进行检查与维修。

任务准备

操纵稳定性是保证行驶安全、提高行车速度的重要保证,汽车防滑控制是提高操纵稳定性的重要措施,主要包括制动防抱死系统(ABS)、驱动防滑转控制系统(ARS)等。

1. 制动防抱死系统(ABS)

汽车在遇到障碍或突发事件等紧急情况时,要求在很短距离和时间内停车,如制动强度过大,将会使车轮抱死。后轮抱死将使车辆丧失方向稳定性(甩尾侧滑),前轮抱死则使车辆失去转向能力(转向盘失控)。ABS 主要作用就是根据汽车行驶状态和车轮转动情况,在制动过程中自动调节各车轮制动力,使车轮滑移率被控制在一个狭小的理想范围内,车轮不会抱死,使其纵向制动力和侧向附着能力保持较大值,充分利用轮胎与路面间的纵向和侧向附着力提高汽车抗侧滑的能力,改善汽车的操纵性和方向稳定性,缩短制动距离,有效提高行车安全性。随着人们对汽车安全性能要求的不断提高,ABS 已逐渐成为商用车的标准装备。

1) 制动防抱死系统的优点

为了提高汽车的制动性能,防止汽车制动时车轮抱死,现代汽车加装制动防抱死系统,通常简写为 ABS(Anti-lock Brake System),使用 ABS 有以下优点。

(1) 改善了汽车制动时的方向稳定性。

汽车制动时的方向稳定性是指汽车阻止外界干扰保持原来行驶方向的能力,即抵抗制动跑偏、侧滑、甩尾的能力。外界干扰通常是指横向风力、汽车转向时产生的离心力、左右侧制动力不等产生的旋转力矩等。汽车制动时的方向稳定性与制动时车轮与路面间的横向附着系数有关,横向附着系数越大,路面所能提供横向力就越大,汽车制动时的稳定性就好,反之则差。ABS 使汽车在制动过程中车轮将不再被抱死,车轮具有一定的横向附着系数,车轮能提供一定的横向作用力,特别是能很好地防止后轮在制动过程中丧失横向附着力,保证了汽车在制动过程中具有良好的方向稳定性。

(2) 缩短了制动距离。

汽车的制动距离主要取决于制动过程中制动力的大小,如果汽车能够充分有效地利用各个车轮的最大纵向附着力进行制动,汽车就能够在最短的距离内制动停车,制动距离就短。由于制动防抱死系统能够有效地利用各个车轮的最大纵向附着力,使汽车获得更大的制动力,所以,一般情况下都能使制动距离缩短,特别是在良好的路面上,缩短效果就更为显著。

(3) 增加了汽车制动时的转向操纵能力。

汽车制动系统中加装了 ABS 后,在制动过程中防止汽车转向轮被制动抱死,使其保持一定的横向附着力,那么,汽车在制动过程中路面能够提供一定的横向作用力,汽车就能按照驾驶人操作实现转向,汽车在制动过程中就具有了转向操纵能力。

(4) 减少了轮胎磨损。

由于使用了 ABS,车轮在制动过程中不是完全拖滑而是滑转,因此轮胎磨损小,另外,轮胎磨损也比较均匀。

2) 制动防抱死的基础理论

(1) 制动力与附着系数。

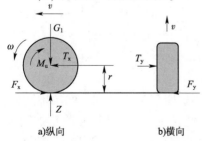

图 5-1-1 制动时的车轮受力分析

如果忽略车轮及与其一起旋转部件的惯性力矩和车轮的滚动阻力,汽车前轮制动时的车轮受力情况见图 5-1-1。

在制动时,车轮制动器产生制动摩擦力矩 M_u,在摩擦力矩的作用下,车轮开始制动,在纵向,车轮在地面上滑拖时,地面产生一个与车轴对车轮的纵向推力 T_x 及汽车行驶方向相反的制动力 F_x,在制动力的作用下,汽车减速直至停车;在横向,车轴给车轮一个横向

作用力 T_y，地面给车轮横向反作用力 F_y，横向力 F_y 阻止车轮侧滑，横向力 F_y 称为横向附着力。其纵向制动力的大小可用下式表示：

$$F_x = \frac{M_u}{r} \leq Z\varphi_x$$

式中：F_x——制动力，N；

Mu——车轮制动器摩擦力矩，N·m；

r——车轮滚动半径，m；

Z——地面对车轮的反作用力，N；

φ_x——纵向附着系数。

制动力与车轮制动器的摩擦力矩有关，当摩擦力矩小时，其制动力就小，制动距离就长，因此，车轮制动器必须产生足够的摩擦力矩汽车才能有良好的制动性能。当摩擦力矩足够大时，最大纵向制动力与路面的纵向附着系数有关，附着系数越大，制动力越大。

其横向附着力的大小为：

$$F_y = Z\varphi_y$$

式中：F_y——横向附着力，N；

φ_y——横向附着系数。

由上式可知，地面的横向附着系数直接影响横向附着力的大小，横向附着系数大，则横向附着力大，横向附着力对防止汽车侧滑、甩尾起着决定性的作用。

(2) 滑移率与附着系数的关系。

汽车在制动过程中，车轮在路上是一边滚边滑的过程，汽车未制动时，车轮处于纯滚动状态；当车轮制动抱死时，车轮在路面上的运动处于纯滑动状态。为了定量的描述汽车制动时车轮的运动状态，引入车轮滑移率的概念，滑移率的定义为：

$$S = \frac{V - V_\omega}{V} \times 100\% = \frac{V - r\omega}{V} \times 100\%$$

式中：S——滑移率；

V——车速，m/s；

V_ω——车轮速度，m/s；

r——车轮滚动半径，m；

ω——车轮转动角速度，rad/s。

从公式可以看出，所谓滑移率就是汽车在制动过程中，车轮的滑动位移占总位移的比例。当车轮完全转动时，$V = V_\omega$，$S = 0$，车轮完全转动，不产生制动；当车轮制动抱死时，$r\omega = 0$，$S = 100\%$，车轮完全抱死，车轮在地上滑拖；当车轮又滑又转时，如 $S = 15\% \sim 30\%$ 则表示车轮在制动过程中有 15% ~ 30% 的位移是抱死，有 70% ~ 85% 的位移是转动。

车轮滑移率的大小对车轮与地面间的附着系数有很大影响，图 5-1-2 为车轮滑移率与附着系数之间的关系，从图中可以看出，附着系数随路面性质不同呈大幅度变化，干燥路面附着系数大，潮湿路面附着系数小，冰雪路面附着系数更小。在各种路面上，附着系数随滑移率的变化而变化，各曲线的变化趋势大致相同，只有积雪路面在滑移率接近 100% 时附着系数会有所上升。

为了能够更方便地说明附着系数和滑移率的关系,下面以典型的干燥硬实路面上附着系数与滑移率的关系进行介绍,参见图 5-1-3。

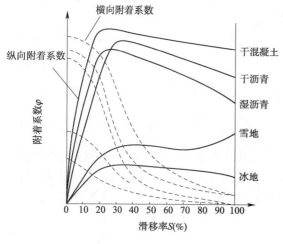

图 5-1-2　附着系数与车轮滑移率的关系

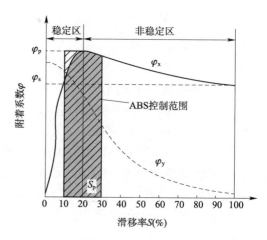

图 5-1-3　干燥硬实路面上附着系数和滑移率的关系

① 纵向附着系数:当滑移率由 0% ~ 10% 时,滑移率越大,附着系数越大;当滑移率为 10% ~ 30% 时,纵向附着系数最大,该最大值称为峰值附着系数,用 φ_p 表示,此时与其相对应的车轮滑移率称为峰值附着系数滑移率,用 S_p 表示;当滑移率大于 30% 时,纵向附着系数逐渐变小。通常把车轮完全抱死即车轮在路上滑动的附着系数称为滑动附着系数,用 φ_s 表示。车轮抱死时的滑动附着系数一般小于峰值附着系数,通常干燥硬实路面上的 φ_s 比 φ_p 小 10% ~ 20%,潮湿硬实路面上 φ_s 比 φ_p 小 20% ~ 30%。

② 横向附着系数:横向附着系数用 φ_y 表示,横向附着系数随滑移率的增大而变小,当滑移率为 100% 即车轮完全抱死时,附着系数为 0,即完全失去了横向附着的能力。当滑移率为 10% ~ 30% 时,纵向附着系数最大,横向附着系数一定,是较稳定状态;当滑移率为 100% 时,即车轮完全抱死时,纵向附着系数变小,制动距离增大,横向附着系数为 0,汽车完全失去横向附着能力,后轮很容易产生横向甩尾,失去方向稳定性。同时也失去了转向能力,驾驶员不能控制汽车行驶方向。

(3)理想的制动系统。

制动开始,让制动力迅速增加,使滑移率达到最佳状态,即纵向附着系数最大,制动力最大,而后调节制动压力,使车轮抱死(制动压力增大)、转动(制动压力减小)循环,使滑移率维持在 10% ~ 30% 范围内,始终让车轮在纵向保持具有最大附着系数,使纵向产生最大制动力,同时在侧向具有一定的侧向附着能力。从而缩短制动距离,保持制动时的方向稳定性,同时在制动时具有改变行驶方向的能力。

3)ABS 控制原理

ABS 控制原理如图 5-1-4 所示。轮速传感器为 ABS 电控单元提供轮速信号,当电控单元确认车轮无抱死倾向时,电磁阀将制动控制阀与制动气室间气路接通,此时的制动回路与普通气路(无 ABS)完全相通,制动气室内的气压等于制动控制阀输出气压,而制动控制阀输出气压与制动踏板深度成正比。此阶段称为压力增长过程。

当 ABS 电控单元通过轮速传感器信号判定车轮有抱死倾向时,激活电磁阀将制动控制阀与制动气室之间的气路切断,此时制动气室不再与制动控制阀相通,制动气室内压力保持不变,此控制阶段被称为压力保持过程。

如果经压力保持控制车轮抱死倾向仍未解除,ABS 电控单元就会触发电磁阀进入压力降低控制阶段:电磁阀将连接制动气室的管路与排气口连通(连接制动控制阀的管路被封堵、与制动气室和排气口都不通),制动气室内的压缩空气经电磁阀的排气口排入大气,制动气室内压力降低,

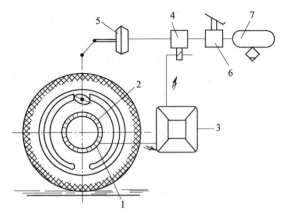

图 5-1-4 ABS 控制原理
1-轮速传感器;2-信号盘;3-ABS 电控单元;4-ABS 电磁阀;
5-制动气室;6-制动控制阀;7-储气筒

制动力下降,车轮抱死倾向随即消除。此阶段称为压力降低过程。

车轮抱死倾向消除后,ABS 电控单元为电磁阀完全断电,电磁阀将制动控制阀和制动气室重新连通,制动气室内气压增长,系统重新进入压力增长阶段。

以上三个阶段反复循环,车轮制动力得到有效控制,车速便逐渐被降下来。当车速低于一定限值后,ABS 将会关闭,气路被常接通,车辆最终会停下来。一般情况,ABC 只在紧急制动致使车轮趋向抱死的情况下才起作用。ABS 在起作用时就像驾驶人快速频繁"点制动",但驾驶人的"点制动"频率无论如何也无法与 ABS 相比,ABS 能在 1s 内完成 3~5 次控制循环。

装有 ABS 的车辆,遇有险情紧急制动时,应先迅速踏下离合器踏板,然后猛踩制动踏板,同时仍可转动转向盘使车辆避开障碍物。如果车辆行驶期间 ABS 灯亮,说明 ABS 出现故障,应及时检修,但在进行检修前,常规制动仍然起作用,仍可以安全驾驶车辆。

4)威伯科 ABS 系统组成

威伯科(WABCO)ABS 有着良好的市场声誉,在我国重型汽车领域应用广泛,普遍受到业界欢迎。图 5-1-5 所示为 4×4 牵引车配装的威伯科 ABS 系统。它包括常规气压制动系统和 ABS 电控系统两部分。带 ABS 的制动气路与不带 ABS 的常规制动气路最大差异在于:每个制动气室供气管路上都装有电磁阀,用于车轮制动抱死时,对制动气压(车轮制动力)进行调控。

(1)ABS 组成。

ABS 主要部件有:电子控制单元(ECU)、齿圈(信号盘)、轮速传感器、电磁阀、ABS 警告灯、ABS 诊断开关等。如果系统有 ASR 功能,则会增加 ASR 指示灯、ASR 开关、ASR 电磁阀、双通单向阀等元件。威伯科 ABS 电控系统(4S/4M)如图 5-1-6 所示。图 5-1-7 为 ABS 主要元件的实物图

(2)ABS 的配置类型。

因使用车辆的不同,威伯科 ABS 有多种类型。按照 ECU 是否带 ASR 控制,分为基本型和全功能型。基本型 ECU 主要的配置为 4S/3M 和 4S/4M。全功能型在制动防抱死功

能基础上增加了驱动防滑功能。它的主要配置从 4S/4M 至 6S/6M。按照传感器和电磁阀的数量不同,常见的配置有:4S/3M (4 个传感器和 3 个电磁阀);4S/4M (4 个传感器和 4 个电磁阀);6S/4M (6 个传感器和 4 个电磁阀);6S/6M (6 个传感器和 6 个电磁阀)。

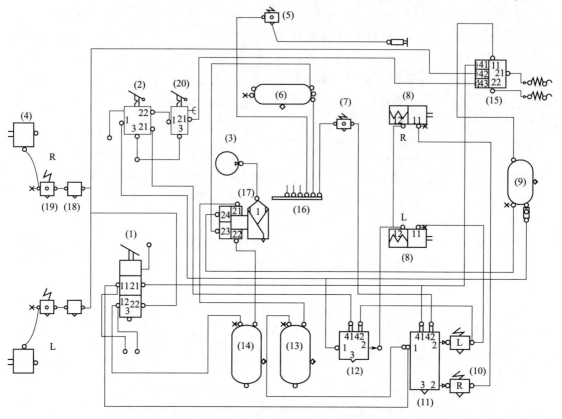

图 5-1-5　带有 ABS 的威伯科气压制动系统

1-双腔制动阀;2-驻车制动阀;3-空气压缩机;4-前桥制动气室;5-电磁阀;6-储气筒;7-ABS 电磁阀;8—后桥制动气室;9-驻车制动储气筒;10-ABS 电磁阀;11-继动阀;12-差动继动阀;13-后桥制动储气筒;14-前桥制动储气筒;15-挂车阀;16-多路接头;17-干燥器和四回路保护阀;18-快放阀;19-ABS 电磁阀;20-挂车驻车制动阀

(3) 轮速传感器。

轮速传感器(图 5-1-8)的作用是为 ABS 电控单元提供轮速信号,ECU 依此判定车轮有无抱死倾向,从而实现对抱死车轮的制动力调节。

轮速传感器为磁电感应型传感器,它由铁芯、磁铁和线圈组成。齿圈(信号盘)安装于每个车轮的轮毂上,随车轮一起旋转。当车辆行驶时,环绕线圈的磁力线被旋转运动的齿圈切割产生交流电压,频率和车轮速度成比例。交变的交流信号送入 ABS 电控单元后,就能够计算出车轮转速。轮速传感器(后轮)的安装位置如图 5-1-9 所示。

(4) 电磁阀。

电磁阀是 ABS 电控系统的执行器,它通过接受 ECU 指令对车轮制动力进行调控。电磁阀外形如图 5-1-10 所示。电磁阀既可以控制一个车轮,也可以同时控制两个车轮。

电磁阀有两个气路接口与制动管路相连,进气接口与主制动阀或继动阀相连,出气接口与制动气室相连(图5-1-11)。电磁阀有一个三针线束插头,其中一根用于搭铁,另外两根与连接。

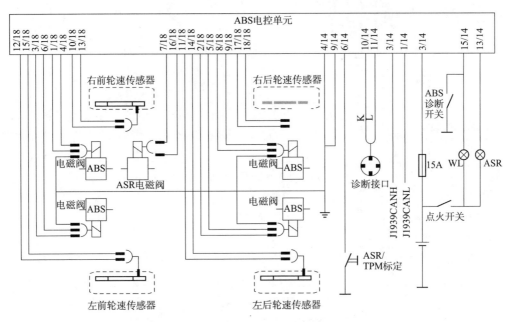

图5-1-6 具有ASR功能的威伯科ABS电控系统(4S/4M)

图5-1-7 为ABS主要元件的实物图　　　　图5-1-8 轮速传感器

图5-1-9 轮速传感器安装位置

 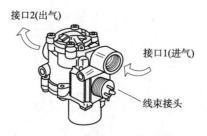

图 5-1-10 ABS 电磁阀　　图 5-1-11 ABS 电磁阀的气路接口

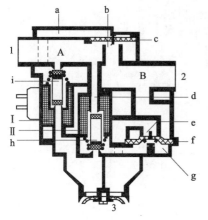

图 5-1-12 电磁阀的结构
1-进气口(接主缸);2-出气口(接轮缸);3-排气口(通大气);Ⅰ-进气控制线圈;Ⅱ-排气控制线圈;A、g-气室;b-进气阀门;c-进气膜片;d-通道;e-排气阀门;f-排气膜片;h-排气控制阀芯;i-进气控制阀芯;A、B-腔

电磁阀内部结构如图 5-1-12 所示。阀内有两组线圈:进气控制线圈Ⅰ和排气控制线圈Ⅱ。进气控制线圈Ⅰ通过控制阀芯 i 位置,来控制膜片 c 打开(或关闭)。排气控制线圈Ⅱ通过控制阀芯 h,来控制膜片 f 打开(或关闭)。

电磁阀有三种工作状态:压力增长、压力保持和压力减小。

①压力增长(正常工作位置)。如图 5-1-13 所示,电磁阀处于此工作位置时,电磁阀中的两组线圈均断电。进气控制阀芯 i 在弹簧作用下上移,将阀芯上方的气孔封堵,下方气孔打开。排气控制阀芯 h 在弹簧作用下下移,将阀芯下方的气孔封堵,上方气孔打开。

进气膜片 c 上方气室 a 经进气控制阀芯 i 下方的气孔与大气相通,进气膜片下方受到 A 腔气压作用,结果进气膜片压缩弹簧上移,打开了进气阀门 b。A 腔的压缩空气也经过排气控制阀芯 h 上方的气孔进入排气膜片下方气室 g,推动排气膜片 f 上移,将排气阀门 e 关闭。

来自储气筒的压缩空气由进气口 1 进入电磁阀,然后由出气口 2 流出,为制动气室(轮缸)供气。制动气压受控于制动控制阀,与制动踏板深度成正比。

②压力保持在车辆制动时,ABS 电控单元通过轮速传感器提供的车轮转速信号来判定车轮有无抱死倾向。通常抱死的车轮转速低于其他没抱死的车轮。如果认定某一车轮有抱死倾向,则对控制该轮的电磁阀发出控制指令进行干预。首先进入的控制环节是压力保持控制。压力保持阶段电磁阀的状态如图 5-1-14 所示。

在压力保持阶段,排气控制线圈Ⅱ仍保持断电状态,来自 A 腔的压缩空气经通道 d 进入 g 腔作用于排气膜片 f 下方,排气阀门 e 保持关闭。ECM 为进气控制

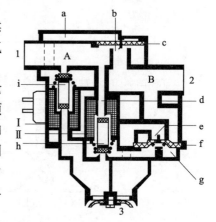

图 5-1-13 电磁阀压力增长工况(两组线圈断电状态)(注同图 5-1-12)

线圈Ⅰ通电,进气控制阀芯 i 在电磁力的作用下压缩弹簧并下移,阀芯上方的气孔被打开,下方的气孔被关闭。A 腔的压缩空气经进气阀芯 i 上方的气孔,得以进入进气膜片 c 上方的气室 a,结果膜片在上方气压作用下将进气阀门 b 关闭。此时 B 腔压力(即制动气压)保持不变。

③压力减小 经过压力保持阶段后,如果车轮抱死倾向仍未消除,ABS 电控单元将实施减压控制。在此工况下,电磁阀的两组线圈均通电。进气控制线圈Ⅰ通电,阀芯 i 压缩弹簧下移,打开 A 腔通往膜片 c 上方气腔 a 的气道,膜片 c 在 a 腔气压作用下下移,关闭了进气阀门 b。排气控制线圈Ⅱ通电,阀芯 h 压缩弹簧上移,打开 g 腔的泄气口,膜片 f 被上方气体压力推开,排气阀门 e 被打开,B 腔(也即制动气室气压)内的压缩空气得以通过排气阀门排入大气,制动气室气压随即降低。压力减小阶段电磁阀的状态如图 5-1-15 所示。通过压力减小控制,制动力下降,车轮抱死倾向最终被消除。

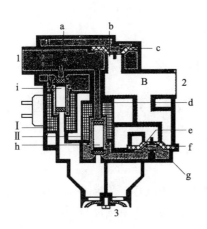 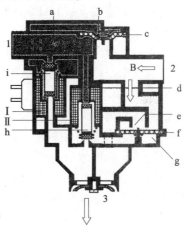

图 5-1-14　电磁阀压力保持工况(线圈Ⅰ通电状态)(注同图 5-1-12)　　图 5-1-15　电磁阀压力减小工况(两组线圈通电状态)(注同图 5-1-12)

车辆制动时,车轮抱死倾向产生后,通过控制电磁阀在以上三种工况间循环变化,使车轮滑移率控制在理想范围之内,既保证了车辆制动距离最短,也使车辆操控性能得到保证。当车速低于一定限值,ECU 便持续保持为两组线圈断电,制动力干预结束。

(5) ABS 电控单元(ECU)。

ABS 电控单元是系统的控制中心。其主要功能是依据轮速传感器等输入信号,对车辆制动过程中趋于抱死的车轮制动气压进行调节,将滑移率控制在理想的范围之内。ECU 另外一项重要的功能是自诊断。当 ABS 电控系统发生故障时,ECU 储存故障码,同时将 ABS 故障灯点亮,以便于维修。

5) ABS 故障与维修

(1) ABS 功能判定。

ABS 功能判定有三种方法:一是通过观察 ABS 指示灯;二是在车速大于 40km/h 时实施紧急制动来判断 ABS 是否工作正常;三是观察 ABS 自检是否能够完成。

①观察 ABS 指示灯。ABS 指示灯的作用是使驾驶人了解 ABS 的状况,也用来显示诊断闪码。通常情况下,如果 ABS 无故障,打开点火开关,ABS 指示灯会点亮(自检),3s 之

后熄灭。如果 ABS 有故障,打开点火开关,ABS 指示灯会常亮。

需要注意的是,在第一次起动车辆或系统经过诊断后,ABS 指示灯常亮并不一定存在故障。此时应使车辆行驶,等到车速大于 7km/h 后再去观察 ABS 指示灯,如果熄灭说明系统正常,如果继续常亮才说明系统存在故障。

② 紧急制动。在宽阔平坦的道路上,在车速大于 40km/h 的情况下,实施紧急制动,然后观察制动痕迹,如果无制动拖痕说明 ABS 起作用,如果所有车轮有拖痕或某一车轮有拖痕,同时 ABS 指示灯常亮,说明 ABS 不起作用或某一车轮的 ABS 不起作用,出现这种情况,要对车辆的 ABS 或某一车轮的 ABS 功能进行诊断和维修。

③ 观察 ABS 自检过程。正常情况下,打开点火开关,ABS 指示灯亮起后熄灭,同时能够听到 ABS 电磁阀的响声循环。对于 4S(传感器)/4M(电磁阀)ABS,电磁阀将有 4 声自检声,电磁阀被激活的次序是:右前轮→左后轮→左前轮→右后轮。如果打开点火开关后以上自检过程不能完成,说明 ABS 存在故障。

(2) ABS 的故障诊断方法。

威伯科 ABS 提供了多种故障的诊断方法,主要有诊断仪和闪码诊断。诊断仪和 PC 诊断较适合整车生产厂的下线检测和较有实力的服务站。便携式诊断仪和闪码诊断适合于检修服务人员。

在威伯科 ABS 中故障被分为实际故障和储存故障两类。实际故障是指故障目前存在于 ABS 中。储存故障有两种:一种是修理后的故障还没有从 ECU 中清除;另一种为曾经出现过但已不存在的故障(如导线接触不良)。因为储存的故障目前不是实际的故障,在从记忆中清除以前没有必要进行修理。

① 诊断仪诊断。诊断仪的主要功能是读取故障码和 ECU 数据,帮助诊断故障。同时它还能够激活 ABS 部件,如 ABS 灯、电磁阀、ASR 阀等,对这些部件及线路进行快捷地检查。

(a) 诊断仪的连接。将具有 9 针插头的诊断导线插入诊断仪的相应接口;将诊断导线的另一端与诊断接口连接;打开点火开关;诊断仪显示屏会立即显示"888";大约 1s 后会显示"ABS",表示诊断仪与 ABS 连接成功;进行需要的诊断操作。

(b) 故障查找。在诊断仪与 ABS 连接成功后,按下"ERROR"键约 1s,然后松开"ERROR"键,屏幕会以三组数字显示当前故障。表 5-1-1 为实际显示案例(屏幕显示 411)。

故障诊断仪显示方式　　　　表 5-1-1

	区域1(故障路径)	区域1(故障种类)	区域1(故障次数)
显示数字(例)	4	1	1
含义	传感器故障	右前轮	出现次数

当前故障显示完成后会出现"old",此时按下并松开"ERROR"键,随后显示储存故障。所有故障显示完毕后,会显示"ABS"。

(c) 故障清除。当故障排除后应将故障码清除。操作步骤为:按下大于 0.5s,并松开"CLEAR"键;屏幕会显示"Clr";然后屏幕显示"ABS";断开点火开关,然后重新打开;所有储存故障被清除。

② 闪码诊断。闪码诊断是一种简单实用的诊断方法。作为闪码器的可以是 ABS 指

示灯或 ASR,取决于 ECU 类型。所谓闪码诊断,就是使 ABS 或 ASR 灯搭铁一定时间,灯会出现一系列闪烁,根据闪烁次数,确定闪码的诊断方法(图 5-1-16)。闪码读取后,通过闪码表可以确知 ABS 故障部。搭铁时间的不同意味着不同的模式。如果信号灯搭铁时间超过 15s, ECU 会判断为指示灯断路故障并储存在 ECU 中。

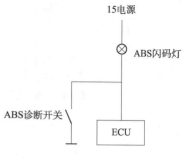

图 5-1-16　闪码诊断电路

(a)读取闪码。打开点火开关,闪码灯搭铁 1~3s。如果有当前故障,ECU 会闪出这个故障,如果有更多的故障,闪码灯会闪出最新检测的故障。只要是实际故障,指示灯将重复闪该故障。例如:当前故障码为 42,则闪码如图 5-1-17 所示。如果没有当前故障,最后四个记忆故障将以相反的顺序显示(即最后发现的故障第一个闪出),且故障码只闪一次,如图 5-1-18 所示。

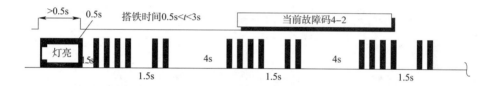

图 5-1-17　当前故障闪码"42"

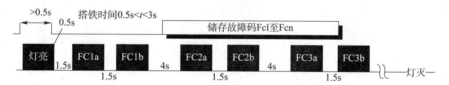

图 5-1-18　储存故障闪码

(b)故障清除。打开点火开关,指示灯搭铁时间 3~6.3s。如果 ABS 闪码灯显示 8 次快速闪烁,随后闪出系统结构代码,说明清理是成功的,ABS 故障已经从记忆中清除(图 5-1-19)。如果 ABS 灯不出现 8 次闪烁,只闪系统结构代码,说明 ABS 仍然有实际故障,在清理以前必须修理。系统结构代码代表 ABS 的类型:4S/3M 闪 3 次;4S/4M 闪 2 次; 6S/4M 闪 4 次;6S/6M 闪 1 次。

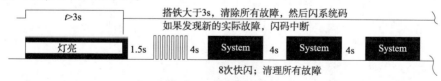

图 5-1-19　故障清除完成

(c)系统的格式化。在某些情况下,系统需要重新确认。操作方法:在清除模式下,系统代码闪过 3 次后,将指示灯搭铁 3 次,每次大于 0.5s,随后会有 4 次快闪,然后闪出系统的代码,格式化完成,如图 5-1-20 所示。

(d)闪码表。读取 ABS 闪码后,通过闪码表确定故障部位,便于下一步维修,见表 5-1-2。

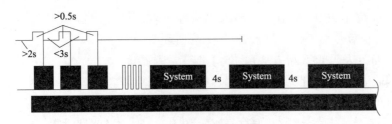

图 5-1-20 系统格式化完成

闪 码 表　　　　　　　　　　　　　　　　　表 5-1-2

第一组闪码		第二组闪码	
次数	故 障 部 位	次数	故 障 部 位
1	无故障	1	无故障
2	ABS 电磁阀	1	右前轮
3	传感器间隙大	2	左前轮
4	传感器断路、短路	3	右后轮
5	传感器信号不稳定	4	左后轮
6	齿圈故障	5	第三桥右轮
		6	第三桥左轮
7	系统功能	1	数据接口
		2	ASR 差动阀
		3	第三制动继电器
		4	ABS 灯
		5	ASR 布置
		6	ASR 比例阀
8	ECU	1	电压低
		2	电压高
		3	内部故障
		4	系统布置故障
		5	搭铁

③SPN/FMI 码。一些诊断仪或汽车智能化仪表可以读取 SPN/FMI 码。与闪码相似，SPN/FMI 码也是用数字记录故障信息。维修人员获取码后,需查阅相关资料获取故障信息。

(3) ABS 元件检测。

①轮速传感器的测试。

(a) 信号电压测试。断开轮速传感器插接器,将万用表与传感器触针连接,用万用表的交流电压挡测量传感器两极之间的电压;用手转动轮子达到 30r/min;读取传感器电压必大于 0.20V,最大感应电压与最小感应电压的比值应小于 2.0,否则 ABS 不工作,ABS 警告灯会亮。

(b) 传感器电阻检测。传感器电阻应在 1100~1250Ω,如果明显超出此范围应更换传感器。

②电磁阀检查。电磁阀每个触针与搭铁间的电阻为 14～15.5Ω，如图 5-1-21 所示。

2. 驱动防滑转控制系统(ARS)

当代汽车为了追求高速性能，发动机的比功率都比较高，而且还有继续增加的趋势，若汽车行驶在附着系数较小的路面上起步或急加速时，对后桥驱动的汽车后轮可能产生滑转，汽车将会产生不规则的旋转运动，对前桥驱动的汽车前轮可能产生滑转，汽车将会失

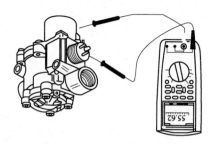

图 5-1-21　电磁阀的检测

去转向的能力。因此，为了保证大功率汽车在低附着系数道路上的行驶安全性能，通常采用驱动防滑技术(Acceleration Slip Regulation)，简称 ASR。ASR 可以独立设立，但是大多数与 ABS 组合在一起使用，常用 ABS/ASR 表示，统称为防滑控制系统。

1) 驱动防滑原理分析

汽车行驶依靠发动机输出转矩，通过传动系传到驱动轮上，驱动轮旋转作用到地面上产生一个向后的作用力，按照作用力与反作用力原理，路面将给驱动轮一个与汽车行驶方向相反的作用力，此力称为驱动力 F_t，驱动力与驱动轮上的扭矩 M_n 成正比，与驱动轮滚动半径 r 成反比，驱动轮上的转矩越大，驱动力就越大，同制动力一样，驱动力不能无限增大，它受地面所能给出的附着力限制，地面所能给出的最大附着力等与驱动轮上的载荷 Z 与地面附着系数 φ 之积，上述关系式为：

$$F_t = \frac{M_n}{r} \leqslant Z\varphi$$

式中：F_t——汽车驱动力，N；

　　　M_n——作用在驱动轮上的转矩，N·m；

　　　r——驱动轮滚动半径，m；

　　　Z——驱动轮上的载荷，N；

　　　φ——车轮与地面间的附着系数。

随着驱动轮输出转矩不断增大，当驱动轮上的驱动力大于地面所能给出的附着力时，驱动轮就会开始滑转，附着系数与驱动滑移率 S_d 之间的关系见图 5-1-22，驱动滑移率 S_d 表达式为：

$$S_d = \frac{v_\omega - v}{v_\omega} \times 100\% = \frac{r\omega - v}{r\omega} \times 100\%$$

式中：S_d——滑移率；

　　　v——车速，m/s；

　　　v_ω——车轮速度，m/s；

　　　r——车轮滚动半径，m；

　　　ω——车轮转动角速度，rad/s。

当车轮在地面上纯滚动时，$v = r\omega$，驱动滑移率 $S_d = 0$；当车轮在地面上完全滑转时，$v = 0$，驱动滑移率 $S_d = 100\%$；当车轮在地面上边滚边滑时，$r\omega > v$，$0 < S_d < 100\%$，在车轮转动过程中，滑转所占的比例越大，驱动滑移率 S_d 就越大。

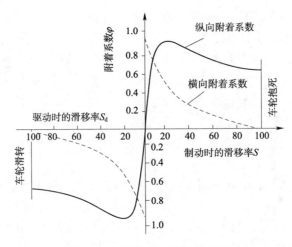

图 5-1-22 附着系数与驱动滑移率

从图 5-1-14 以看出,与制动时相似,当滑移率在 10%～20% 时,纵向附着系数达到峰值,此时的横向附着系数也比较大,而当滑移率在 100% 时,即车轮完全滑转时,纵向附着系数变小,且横向附着系数几乎为零,为了最大限度地利用附着系数,获得较大的驱动力,得到较好的方向稳定性和转向控制能力,防止驱动时车轮滑转,必须将滑移率控制在 10%～20% 范围内。ASR 就是一个让汽车在驱动轮打滑时,控制驱动轮滑移率在 10%～20% 范围的系统,装有 ASR 的汽车的优点有:在汽车行驶打滑时驱动轮可提供最大的驱动力,提高了汽车的动力性;提高了汽车操纵稳定性,特别是在附着力较小路面上起步、加速等工况时尤为突出;减少轮胎的磨损和发动机的油耗。

ASR 是基于 ABS 开发的,是 ABS 防滑技术的升级版本。它与 ABS 共用轮速传感器等元件进行工作。当驱动轮打滑时,对驱动轮实施制动,驱动力下降后,滑转倾向就能够消除。在一些 ASR 系统中,当两侧驱动轮滑转同时发生时,可以激活发动机转矩控制功能,减小发动机输出转矩,取得更佳的防滑效果。

在驱动防滑控制过程中,ASR 指示灯会被激活,并且将相关的信息通过总线发送出去(有总线车辆)。

2) ASR 制动控制回路

ASR 制动控制回路如图 5-1-23 所示。当驱动轮滑转时,系统激活 ASR 电磁阀 7,来自储气筒 6 的压缩空气经电磁阀 7 进入继动阀 11 的接口 42,继动阀被触发后将接口 1 和接口 2 连通。后桥制动储气筒 13 的压缩空气经继动阀 11 和两个电磁阀 10 为两个后桥制动气室 8 供气,实现两个驱动轮的制动。

3) ASR 的工作方式

(1) 制动干预。

当 ECU 检测到驱动轮滑转时,通过对打滑的驱动轮实施制动,降低滑转率,保证车辆行驶稳定性。

(2) 发动机转矩控制。

在一些装有电控发动机的重型汽车上,在驱动轮滑转发生时,滑转信号可通过 CAN 总线送到发动机,激活发动机限转矩控制功能(图 5-1-24)。通过控制发动机输出转矩来达到降低滑移率，提高驱动力，从而提高车辆备操控性能的目的。

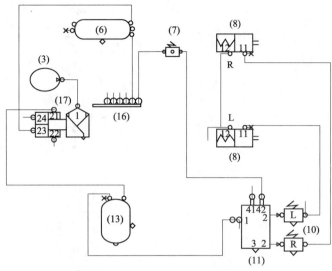

图 5-1-23 ASR 制动控制回路

1-双腔制动阀；3-空气压缩机；6-储气筒；7-ASR 电磁阀；8-后桥制动气室；10-ASR 电磁阀；11-继动阀；12-差动继动阀；13-后桥制动储气筒；16-多路接头；17-干燥器和四回路保护阀

车速高于 35km/h，ASR 系统采用限制发动机转矩控制方式。车速低于 35km/h 时，如 ASR 电控单元认定单轮打滑，则实施制动来控制滑转；如果认定双轮打滑，则激活限转矩功能。

3. 威伯科（WABCO）商用车电子稳定系统

随着人们对车辆安全性要求的不断提高，车

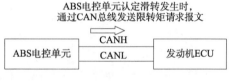

图 5-1-24 限转矩控制

辆行驶的稳定性变得越来越重要。翻车是造成商用车事故的重要原因，而 50% 以上的翻车事故会导致人员伤亡。为了有效避免翻车事故，提高车辆稳定性，WABCO 开发了基于电子制动系统（EBS-Electronic Brake System）的电子稳定控制系统（ESC-Electronic Stability Control），并将其应用于商用车。

同时，为使更多的商用车能够实现电子稳定控制，WABCO 又开发出了基于 ABS 系统而拓展出的商用车稳定控制系统。为车辆实现稳定性控制提供了更多的可能。本文将系统介绍基于 WABCO 在其 ABS 的 E 版本基础上拓展出的电子稳定控制系统。

WABCO 基于 ABS E 版本拓展出的电子稳定系统分为两种：一种是防侧翻电子稳定系统（RSC-Roll Stability Control），它主要作用于高附着系数路面相对成本较低，且较容易实现。另外一种是电子稳定控制系统（ESC-Electronic Stability Control），它是一种全功能的电子稳定控制系统。不仅包含防侧翻电子稳定系统，还具备纠正车辆转向的能力，覆盖了低附着系数路面的工作情况，让车辆行驶更安全也更稳定，如图 5-1-25 所示。

1）ABS 的防侧翻稳定控制系统（RSC）

在高附着系数路面上，翻车通常都是由于在过弯时车速过高造成车辆横向加速度过大而导致的。如图 5-1-26 所示，当车辆在转弯过程中由于离心力的作用，车辆产生横向加速度过大时,就会导致翻车,如图 5-1-27 所示。

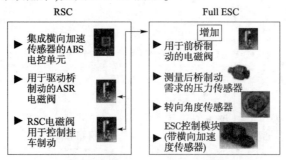

图 5-1-25　RSC 与 ESC 的区别

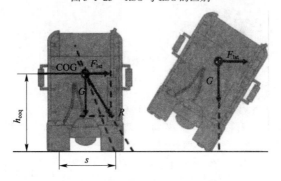

图 5-1-26　车辆在转弯受力分析

当横向加速度接近临界点时,驾驶人通常无法及时感知到这一危险,往往无法避免翻车事故。RSC 系统布置如图 5-1-28 所示,其在 ABS ECU 中集成了一个横向加速度传感器 1,这个传感器随时测量车辆相应的横向加速度,并计算临界加速度限制。当横向加速度接近这一临界点时,系统就会激活原有的 ASR 电磁阀 2 和驱动桥的 ABS 电磁阀,从而对驱动桥进行制动,以使车辆减速,同时对于带挂车的牵引车,系统将激活额外的一个电磁阀 3,对挂车控制阀输出制动信号,从而对挂车进行减速。另外 RSC 系统还会通过 SAE J 1939 CAN 总线控制发动机和缓速器的输出扭矩,从而有效地避免翻车事故。

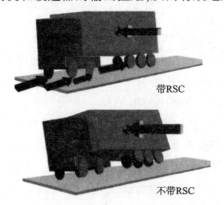

图 5-1-27　带 RSC 与不带 RSC 翻车的可能性

2) 基于 ABS 的电子稳定控制系统(ECS)

当车辆处于低附着系数路面时,不仅要面对横向加速度过大的危险,还要面对转向不足或者转向过度的危险。对于带挂车的列车而言,更有折叠的危险。如图 5-1-29 所示,相对于 RSC 系统而言,ECS 系统会在车辆在低附着系数路面上转向时,不仅像 RSC 那样监测车辆的横向角速度,在出现翻车危险时通过对驱动轮和挂车进行制动,并通过 CAN 总线控制发动机和缓速器输出扭矩,以降低车速,从而避免翻车。同时更增加了带角加速度传感器的 ESC 控制模块 1,通过这个控制模块不断监测并计算车辆的角加速度,并与安装在转向管内转向角度传感器 2 测得的方向机转向角度相比较。当两者出现差异时,通过 ABS ECU 激活安装在前桥的电磁阀 4 和相应的前桥 ABS 电磁阀对转向轮进行制动,以纠正车辆转向不足或者转向过度的情况,从而让车辆在低附着系数路面上更易控制。不仅如此,在制动回路中增加的压力传感器 3 还能精确地测量制动压力输出的大小,从而实现更准确的控制。同时由于这个压力传感器的存在,也使这个系统同时具备了电子制动力限制(EBL,Electronic BrakeLimitation)。

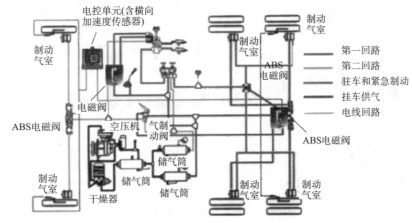

图 5-1-28　防侧翻的电子稳定控制系统(RSC)示意图

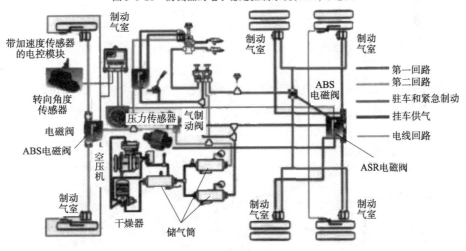

图 5-1-29　基于 ABS 的电子稳定控制系统(ECS)示意图

ESC 的工作过程如图 5-1-30 所示,当车辆在低附着系数路面上避让障碍物时,不带稳定性控制系统的整个过程如图所示,整个过程中转向轮角度调整非常大,但仍然无法避免车辆滑出车道,而且整个过程中车辆也有折叠的危险。当稳定性控制系统激活时,转向

· 259 ·

轮角度调整不大,和在正常道路上避让障碍物的调整情况类似。车轮上的红色箭头表示该车轮的制动情况。整个过程中,首先当车轮转向变道时,系统监测横向加速度,对车辆所有车轮进行制动,以降低车辆横向加速度,防止翻车,接着当驾驶人向左转向时,由于路面附着系数低,车辆出现转向不足,系统对左侧转向轮进行制动,以纠正车辆的转向不足,帮助车辆进入正确行驶车道,防止车辆滑出车道,出现危险。当车辆进入车道后,还是由于路面附着力不够,而导致了车辆向左转向过度,这时根据 ESC 控制器中的角加速度传感器和转向管内的转向角度传感器测得差异,对车辆右侧转向轮进行制动,使车辆完成整个避让过程,恢复到直线行驶状态。

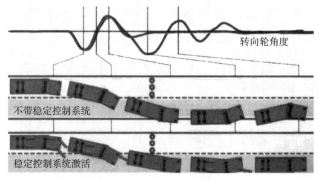

图 5-1-30　ESC 工作过程

从图 5-1-30 所示的两个相同的避让过程中,由于电子稳定控制系统的帮助,让驾驶人对车辆的操纵变得更容易,也让整个过程更安全。

 知识拓展

TPM 胎压监测

TPM(Tire Pressure Monitoring)是基于 ABS 轮速的胎压监测系统。系统根据 ABS 传感器产生相应的信号脉冲数来计算每个车轮的转速,再通过计算对角线间轮速差别,来检测胎压,如图 5-1-31 所示。为区分转弯所致左右轮差速现象,ECU 认定车辆直行距离超过 5km 后才进行胎压判断。如果差别超出了预先设定的极限,通过 ABS 警告灯显示轮胎压力降低(轮胎气压低对应的闪码为 78)。

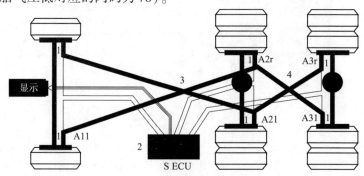

图 5-1-31　基于轮速的胎压监控系统
1-轮速传感器;2-ABS ECU;3-第一判断参考;4-第二判断参考

TPM 功能的激活使用 ASR 功能开关,步骤为:车辆处于停止状态,并且关掉点火开关;按住 ASR 复位开关;打开点火开关;等待 3s(直到 ABS 的警告灯熄灭);松开 ASR 复位开关;等待功能初始化的确认信息(ASR 指示灯闪 3 次);TPM 功能成功初始化完成。

ASR 指示灯有两种形式,如图 5-1-32 所示。TPM 初始化可用专用的初始化开关完成,有些车辆 ASR 复位开关兼有此功能,如图 5-1-33 所示。

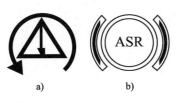

a)TPM 初始开关　　b)ASR 复位开关

图 5-1-32　ASR 指示灯　　　　图 5-1-33　胎压监测初始化开关

任务实施

青年 JHP6105T 客车采用气压制动式 ABS。踩住制动踏板,接通点火开关,能先后听到 4 声排气阀的排气声,而 ABS 故障灯常亮。

打开车辆右后部行李舱,找到 ABS 控制器,型号为 RL144-1。正常情况下,接通点火开关,ABS 故障灯连续亮 3s 后熄灭;若 ABS 出现故障,ABS 在自检后会通过 ABS 故障灯进行闪码,ABS 功能自动关闭,车辆只有常规制动。另外,若 ABS 控制器存有多个故障闪码,先提示一个故障内码,待此故障排除后,再提示下一个故障闪码。

接通点火开关,ABS 故障灯连续亮 3s 后熄灭,接着出现 3 次快闪,间隔几秒后又出现 3 次快闪,由此可知故障闪码为 33。查表可知,故障闪码 33 的含义为右后轮轮速传感器信号弱。用万用表测量 4 个轮速传感器的电阻,均约为 1110Ω,正常。

脱开各轮速传感器导线连接器,分别顶空各轮胎并用同等力度旋转轮胎,同时用万用表交流电压挡测量各轮速传感器输出电压。右后轮、左后轮、右前轮和左前轮的轮速传感器输出电压分别为 0.2V、1.55V、0.5V、1.2V。由测量结果可知,右后轮和右前轮的轮速传感器输出电压过低。

用工具慢慢推动各轮速传感器,使其与齿圈接触(转动轮胎有摩擦声),然后再拨出少许。重新调整各轮速传感器与齿圈的间隙后,再次测量 4 个轮速传感器输出电压,均在 2V 以上。连接各轮速传感器导线连接器后,清除故障码。

路试,ABS 故障灯熄灭,ABS 可正常工作,故障排除。

ABS 电控系统故障诊断　　　　　　　　　　　　　表 5-1-3

序号	内容及要求	评分	评分标准	自评	组评	师评	得分
1	使用诊断仪读取故障码连接诊断仪	10 分	操作程序不正确不得分				
2	操作正确	10 分	操作不正确一次扣 10 分				

续上表

序号	内容及要求	评分	评 分 标 准	自评	组评	师评	得分
3	读取故障码	10 分	分析不正确一次扣 10 分				
4	分析故障码	10 分	分析不正确一次扣 10 分				
5	故障代码消除	10 分	操作程序不正确不得分				
6	使用闪码诊断连接诊断仪	10 分	操作程序不正确不得分				
7	操作正确	10 分	操作程序不正确不得分				
8	读取故障码	10 分	分析不正确一次扣 10 分				
9	分析故障码	10 分	分析不正确一次扣 10 分				
10	故障代码消除	10 分	作程序不正确不得分				

指导教师总体评价：

指导教师_____
_____年___月___日

练 一 练

一、单项选择题

1. ASR 的含义是(　　)。
   A. 制动防抱死　　　B. 驱动防滑　　　C. 制动力再分配　　　D. 横向稳定程序
2. 使用 ABS 装置的汽车在紧急情况下制动,车轮处于(　　)状态。
   A. 抱死　　　　　　　　　　　　　B. 转动
   C. 侧向滑动　　　　　　　　　　　D. 临界抱死
3. 要求车轮与地面的制动力与横向附着力之间关系是(　　)。
   A. 大于　　　　　B. 小于　　　　　C. 等于　　　　　D. 小于等于
4. 当滑移率 $S=100\%$ 时,车轮处于(　　)。
   A. 转动　　　　　　　　　　　　　B. 抱死
   C. 侧向滑动　　　　　　　　　　　D. 临界抱死
5. 当滑移率为(　　)时,纵向附着系数、横向附着系数最大,是一个较稳定状态。
   A. 5% ~ 10%　　　　　　　　　　B. 5% ~ 15% 抱死
   C. 10% ~ 30%　　　　　　　　　　D. 30% ~ 50%

二、多项选择题

1. ABS 的主要作用是(　　)。
   A. 在制动过程中自动调节各车轮制动力,使车轮滑移率被控制在一个狭小的理想范围内
   B. 车轮不会抱死

C. 充分利用轮胎与路面之间的纵向和侧向附着力提高汽车抗侧滑的能力

　　D. 改善汽车的操纵性和方向稳定性，缩短制动距离，有效提高行车安全性

2. 使用 ABS 的优点是(　　)。

　　A. 改善了汽车制动时的方向稳定性　　　B. 缩短了制动距离

　　C. 增加了汽车转向操纵能力　　　　　　D. 减少了轮胎磨损

3. ABS 调节压力的过程包括(　　)。

　　A. 压力增长　　　B. 压力保持　　　C. 压力调节　　　D. 压力降低

4. ASR 的工作方式有(　　)。

　　A. 制动干预　　　　　　　　　　　　B. 发动机转矩控制

　　C. 单侧车轮制动　　　　　　　　　　D. 双侧车轮制动

5. 关于磁电式轮速传感器说法正确的是(　　)。

　　A. 产生直流电信号

　　B. 信号的幅值与车轮转速成正比

　　C. 传感器内有线圈，其电阻为 1100 ～ 1250Ω

　　D. 齿盘安装在轮毂上

三、判断题

1. 汽车遇到障碍或突发事件时，如制动强度过大，将会使车轮抱死。后轮抱死将使车辆丧失方向稳定性(甩尾侧滑)，前轮抱死则使车辆失去转向能力(转向盘失控)。　　　　　　　　　　　　　　　　　　　　　　　　　　　　　　(　　)

2. ABS 在驾驶人"点制动"时就可以起作用。　　　　　　　　　　　(　　)

3. 驾驶人在紧急制动时，发现制动踏板有抖动的现象，说明 ABS 有故障。(　　)

4. 当 ABS 系统失效后，汽车将无法制动。　　　　　　　　　　　　(　　)

5. 磁电感应型轮速传感器产生的信号为交变的交流信号。　　　　　(　　)

四、简答题

1. 威伯科 ABS 系统组成有哪些？

2. 威伯科 ABS 系统的基本原理是什么？

3. 如何检查轮速传感器？

4. 如何检查 ABS 电磁阀？

5. ASR 系统的基本原理是什么？

6. TPM 的基本原理是什么？

7. 如何采用不同的方式读取 ABS 故障码？

模块小结

　　1. 汽车 ABS 防抱死制动系统是一种安全控制制动系统，既有普通制动系的制动功能，又能防止车轮制动抱死。汽车防抱死制动系通常由轮速传感器、制动压力调节器、电子控制单元(ECU)和 ABS 警示装置等组成。汽车制动时，轮速传感器将各车轮的转速信号输入 ECU；ECU 根据每个车轮轮速传感器输入的信号对车轮的运动状态进行监

测和判定,并形成响应的控制指令,再适时发出控制指令给电磁阀;电磁阀对各制动器的制动气压力进行调节,防止制动车轮抱死。其过程包括压力增长、压力保持、压力降低,将滑移率控制在理想的范围之内。ECU另外一项重要的功能是自诊断。当ABS电控系统发生故障时,ECU储存故障码,同时将ABS故障灯点亮,以便于维修。故障码的读取方法有诊断仪和闪码两种。

2. 汽车驱动防滑系的功用是防止汽车在加速过程中打滑,特别是防止汽车在非对称路面或在转向时驱动轮滑转,以保持汽车行驶方向的稳定性、操纵性和维持汽车的最佳驱动力以及提高汽车的平顺性。ASR是基于ABS开发的,是ABS防滑技术的升级版本。它与ABS共用轮速传感器等元件进行工作。当驱动轮打滑时,对驱动轮实施制动,驱动力下降后,滑转倾向就能够消除。在一些ASR系统中,当两侧驱动轮滑转同时发生时,可以激活发动机转矩控制功能,减小发动机输出转矩,取得更佳的防滑效果。

3. 电子稳定系统分为两种:一种是防侧翻电子稳定系统(RSC,Roll Stability Control),它主要作用于高附着系数路面相对成本较低,且较容易实现;另外一种是电子稳定控制系统(ESC,Electronic Stability Control),它是一种全功能的电子稳定控制系统,不仅包含防侧翻电子稳定系统,还具备纠正车辆转向的能力,覆盖了低附着系数路面的工作情况,让车辆行驶更安全也更稳定。

参 考 文 献

[1] 王林超,陈德阳.汽车构造[M].2版.北京:人民交通出版社股份有限公司,2016.
[2] 魏建秋.中重型柴油汽车底盘结构与检修[M].北京:金盾出版社,2012.
[3] 赵国富,赵阳.重型货车新技术与故障诊断[M].北京:机械工业出版社,2015.
[4] 埃里希·霍佩克,等.商用车技术:原理、系统和部件[M].北京:北京理工大学出版社,2016.
[5] 德龙 F3000 商用汽车使用与保养手册[Z].陕西重型汽车有限公司.2009.
[6] 秦峰,李庆标,伍昀.陕汽重卡系统功能规范[Z].大陆汽车亚太管理(上海)有限公司.2009.
[7] 中国汽车技术信息资料中心.欧曼重型汽车维修手册.2013.
[8] 中国汽车技术信息资料中心.新版陕汽德龙 F3000 汽车维修技术培训手册.2015.

人民交通出版社汽车类高职教材部分书目

书　号	书　名	作者	定价	出版时间	课件
一、高职高专工学结合课程改革规划教材					
978-7-114-09233-6	机械制图	李永芳、叶　钢	36.00	2014.07	有
978-7-114-11239-3	■汽车实用英语（第二版）	马林才	38.00	2016.12	有
978-7-114-10595-1	汽车结构与拆装技术（上册）	崔选盟	55.00	2015.01	有
978-7-114-11712-1	汽车结构与拆装技术（下册）	周林福	59.00	2014.12	有
978-7-114-11741-1	汽车使用与维护	王福忠	38.00	2016.11	有
978-7-114-09499-6	汽车维修企业管理基础	刘　焰、田兴强	30.00	2015.07	有
978-7-114-13667-2	服务礼仪（第二版）	刘建伟	24.00	2017.05	有
978-7-114-09588-7	汽车传动系统检测诊断与修复	秦兴顺、刘　成	28.00	2016.08	有
978-7-114-09497-2	汽车行驶、转向和制动系统检测诊断与修复	宋保林	23.00	2016.01	有
978-7-114-09385-2	汽车电路和电子系统检测诊断与修复	彭小红、陈　清	29.00	2014.12	有
978-7-114-14028-0	汽车保险与理赔（第二版）	陈文均、刘资媛	22.00	2017.08	有
978-7-114-09887-1	汽车维修服务接待	王彦峰、杨柳青	25.00	2017.06	有
978-7-114-14015-0	客户沟通技巧与投诉处理（第二版）	韦　峰、罗　双	24.00	2017.09	有
978-7-114-09225-1	汽车维修服务企业管理软件使用	阳小良、廖　明	30.00	2017.08	有
978-7-114-09603-7	汽车车身构造与修复	李远军、陈建宏	38.00	2016.12	有
978-7-114-09259-6	保险法律法规与保险条款	曹云刚、彭朝晖	30.00	2016.07	有
二、交通职业教育教学指导委员会推荐教材、高等职业教育规划教材					
1. 汽车运用技术专业					
978-7-114-11263-8	■汽车电工与电子基础（第三版）	任成尧	46.00	2017.06	有
978-7-114-11218-8	■汽车机械基础（第三版）	凤　勇	46.00	2017.05	有
978-7-114-11495-3	汽车发动机构造与维修（第三版）	汤定国、左适够	39.00	2017.05	有
978-7-114-11245-4	■汽车底盘构造与维修（第三版）	周林福	59.00	2016.11	有
978-7-114-11422-9	■汽车电气设备构造与维修（第三版）	周建平	59.00	2017.06	有
978-7-114-11216-4	■汽车典型电控系统构造与维修（第三版）	解福泉	45.00	2016.01	有
978-7-114-11580-6	汽车运用基础（第三版）	杨宏进	28.00	2017.05	有
978-7-114-09167-4	汽车电子商务（第二版）	李富仓	29.00	2017.06	
978-7-114-13916-1	汽车专业资料检索（第二版）	张琴友	32.00	2017.08	
978-7-114-11215-7	■汽车文化（第三版）	屠卫星	48.00	2016.09	
978-7-114-11349-9	■汽车维修业务管理（第三版）	鲍贤俊	27.00	2016.12	有
978-7-114-11238-6	■汽车故障诊断技术（第三版）	崔选盟	30.00	2017.11	有
978-7-114-14078-5	汽车维修技术（第二版）	刘振楼	25.00	2017.08	有
978-7-114-14098-3	汽车检测诊断技术（第二版）	官海兵	27.00	2017.09	有
2. 汽车技术服务与营销专业					
978-7-114-11217-1	■旧机动车鉴定与评估（第二版）	屠卫星	33.00	2017.07	有
978-7-114-14102-7	汽车保险与公估（第二版）	荆叶平	36.00	2017.09	有
978-7-114-08196-5	汽车备件管理	彭朝晖	22.00	2016.08	
978-7-114-11220-1	■汽车结构与拆装（第二版）	潘伟荣	59.00	2016.04	有
978-7-114-07952-8	汽车使用与维修	秦兴顺	40.00	2017.08	
978-7-114-08084-5	汽车维修服务	戚叔林	23.00	2015.08	
978-7-114-11247-8	■汽车营销（第二版）	叶志斌	35.00	2016.04	有
3. 汽车整形技术专业					
978-7-114-11377-2	■汽车材料（第二版）	周　燕	40.00	2016.04	有
978-7-114-12544-7	汽车钣金工艺	郭建明	22.00	2015.11	有
978-7-114-12311-5	汽车涂装技术（第二版）	陈纪民、李　扬	33.00	2016.11	有

书　号	书　名	作　者	定　价	出版时间	课　件
978-7-114-09094-3	汽车车身测量与校正	郭建明	22.00	2016.12	
978-7-114-11595-0	汽车车身焊接技术（第二版）	李远军、李建明	28.00	2016.04	有
978-7-114-13885-0	汽车车身修复技术（第二版）	韩　星、陈　勇	29.00	2017.08	有
978-7-114-12143-2	车身结构及附属设备（第二版）	袁　杰	27.00	2017.06	有
978-7-114-13363-3	汽车涂料调色技术	王亚平	25.00	2016.11	有
	4. 汽车制造与装配技术专业				
978-7-114-12154-8	汽车装配与调试技术	刘敬忠	38.00	2015.06	
978-7-114-12734-2	车身焊接技术	宋金虎	39.00	2016.03	有
978-7-114-12794-6	汽车制造工艺	马志民	28.00	2016.04	有
978-7-114-12913-1	汽车 AutoCAD	于　宁、李敬辉	22.00	2016.06	有
	三、21世纪交通版高职高专汽车专业教材				
978-7-114-10520-3	汽车概论	巩航军	29.00	2016.12	有
978-7-114-10722-1	发动机原理与汽车理论（第三版）	张西振	29.00	2017.08	有
978-7-114-10333-9	汽车维修企业管理（第三版）	沈树盛	36.00	2016.05	有
978-7-114-13831-7	汽车空调构造与维修（第二版）	杨柳青	30.00	2017.08	有
978-7-114-12421-1	汽车柴油机电控技术（第二版）	沈仲贤	26.00	2015.10	有
978-7-114-11428-1	汽车使用与技术管理（第二版）	雷琼红	33.00	2016.01	有
978-7-114-11729-9	汽车保险与理赔（第四版）	梁　军	32.00	2015.12	有
978-7-114-08934-3	汽车发动机机械系统检修（第二版）	林　平	35.00	2017.06	有
978-7-114-08942-8	汽车底盘机械系统检修（第二版）	陈建宏	39.00	2017.06	有
978-7-114-14077-8	汽车运行材料（第二版）	崔选盟	25.00	2017.09	有
978-7-114-13874-4	汽车底盘电控系统检修（第二版）	张立新、屈亚锋	32.00	2017.07	有
978-7-114-13753-2	汽车维修技术基础（第二版）	刘　毅	32.00	2017.07	有
978-7-114-14091-4	汽车使用性能与检测技术（第二版）	巩航军	30.00	2017.09	有
978-7-114-09961-8	汽车构造	沈树盛	54.00	2017.03	有
	四、高等职业教育"十三五"规划教材				
978-7-114-10280-6	汽车零部件识图	易　波	42.00	2014.10	有
978-7-114-09635-8	汽车电工电子	李明、周春荣	39.00	2012.07	有
978-7-114-10216-5	汽油发动机构造与维修	刘　锐	49.00	2016.08	有
978-7-114-09356-2	汽车底盘构造与维修	曲英凯、刘利胜	48.00	2016.12	有
978-7-114-09988-5	汽车维护（第二版）	郭远辉	30.00	2014.12	有
978-7-114-11240-9	■车载网络系统检修（第三版）	廖向阳	35.00	2017.11	有
978-7-114-10044-4	汽车车身修复技术	李大光	24.00	2016.12	有
978-7-114-12552-2	汽车故障诊断技术	马金刚、王秀贞	39.00	2017.05	有
978-7-114-09601-3	汽车营销实务	史　婷、张宏祥	26.00	2016.05	有
978-7-114-13679-5	新能源汽车技术（第二版）	赵振宁	38.00	2017.03	有
978-7-114-08939-8	AutoCAD 辅助设计	沈　凌	25.00	2011.04	有
978-7-114-13068-7	汽车底盘电控系统检修	蔺宏良、张光磊	38.00	2016.08	有
978-7-114-13307-7	汽车发动机电控系统检修	彭小红、官海兵	35.00	2016.11	有
	五、新能源汽车技术专业职业教育创新规划教材				
978-7-114-13806-5	新能源汽车概论	吴晓斌、刘海峰	28.00	2017.06	有
978-7-114-13778-5	新能源汽车高压安全与防护	赵金国、李治国	30.00	2017.05	有
978-7-114-13813-3	新能源汽车动力电池与驱动电机	曾　鑫、刘　涛	39.00	2017.06	有
978-7-114-13822-5	新能源汽车电气技术	唐　勇、王　亮	35.00	2017.06	有
978-7-114-13814-0	新能源汽车维护与故障诊断	包科杰、徐利强	33.00	2017.06	有

■为"十二五"职业教育国家规划教材。咨询电话：010-85285962、85285977；咨询QQ：616507284、99735898。